Umwelt und Herrschaft in der Geschichte

deutsches
historisches
institut
historique
allemand

paris

Ateliers des
Deutschen Historischen Instituts Paris

Herausgegeben vom
Deutschen Historischen Institut Paris

Band 2

R. Oldenbourg Verlag München 2008

Umwelt und Herrschaft in der Geschichte

Environnement et pouvoir: une approche historique

Herausgegeben von François Duceppe-Lamarre und Jens Ivo Engels

R. Oldenbourg Verlag München 2008

Ateliers des Deutschen Historischen Instituts Paris
Herausgeberin: Prof. Dr. Gudrun Gersmann
Redaktion: Veronika Vollmer
Institutslogo: Heinrich Paravicini, unter Verwendung eines Motivs am Hôtel Duret-de-Chevry
Anschrift: Deutsches Historisches Institut (Institut historique allemand)
Hôtel Duret-de-Chevry, 8, rue du Parc-Royal, F-75003 Paris

Bibliografische Information der Deutschen Nationalbibliothek
Die Deutsche Nationalbibliothek verzeichnet diese Publikation in der Deutschen
Nationalbibliografie; detaillierte bibliografische Daten sind im Internet
über <http://dnb.d-nb.de> abrufbar.

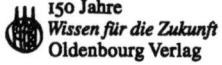
150 Jahre
Wissen für die Zukunft
Oldenbourg Verlag

© 2008 Oldenbourg Wissenschaftsverlag GmbH, München
Rosenheimer Straße 145, D-81671 München
Internet: oldenbourg.de

Das Werk einschließlich aller Abbildungen ist urheberrechtlich geschützt. Jede Verwertung
außerhalb der Grenzen des Urheberrechtsgesetzes ist ohne Zustimmung des Verlages un-
zulässig und strafbar. Dies gilt insbesondere für Vervielfältigungen, Übersetzungen, Mikro-
verfilmungen und die Einspeicherung und Bearbeitung in elektronischen Systemen.

Umschlaggestaltung: Thomas Rein, München

Gedruckt auf säurefreiem, alterungsbeständigem Papier (chlorfrei gebleicht).
Gesamtherstellung: Grafik + Druck GmbH, München

ISBN 978-3-486-58585-8

Inhalt

Introduction de François DUCEPPE-LAMARRE et Jens Ivo ENGELS 7

Olivier BÜCHSENSCHÜTZ
Nature, pouvoir et constructions idéologiques dans l'Europe des origines
(mit deutscher Zusammenfassung) 18

Gerrit Jasper SCHENK
Der Mensch zwischen Natur und Kultur. Auf der Suche nach einer Umweltgeschichtsschreibung in der deutschsprachigen Mediävistik – eine Skizze
(avec résumé français) 27

François DUCEPPE-LAMARRE
Chasser ou être chassé au Moyen Âge (mit deutscher Zusammenfassung) 52

Martin KNOLL
Dominanz als Postulat. Höfische Jagd, Natur und Gesellschaft
im »Absolutismus« (avec résumé français) 73

Jérôme BURIDANT
Croissance industrielle et demande énergétique. Le cas du bois
(XVIIIe–XIXe siècles) (mit deutscher Zusammenfassung) 92

Dirk VAN LAAK
Infrastrukturen und Macht (avec résumé français) 106

Laurence LESTEL
Pouvoir et modifications urbaines. Le cas de Paris au XIXe siècle
(mit deutscher Zusammenfassung) 115

Perspektiven

Joachim RADKAU
»Nachhaltigkeit« als Wort der Macht. Reflexionen zum methodischen Wert
eines umweltpolitischen Schlüsselbegriffs 131

Robert DELORT
Aux racines des idées que les Occidentaux se font de leur pouvoir
sur l'environnement 137

Autorinnen und Autoren 141

FRANÇOIS DUCEPPE-LAMARRE / JENS IVO ENGELS

Introduction

Spontanément on serait tenté de supposer que le sujet de ce livre, l'environnement et le pouvoir, devrait figurer de manière prééminente parmi les orientations de recherche, ne serait-ce que dans le champ de l'histoire de l'environnement. En effet, avec un sujet comme »environnement et pouvoir«, nous sommes au cœur et aussi au ventre des relations des sociétés avec leur milieu. Des relations diversifiées, parfois mouvantes ou récurrentes dont les coévolutions s'inscrivent tant dans l'histoire humaine que dans l'histoire naturelle. Il est ainsi justifié de se demander en quoi la démarche historique peut-elle décrire les différents seuils techniques et les systèmes agro-sylvo-pastoraux mais aussi les systèmes urbains des périodes historiques.

Malgré tout, on chercherait en vain une riche littérature sur le sujet. Il est vrai que bon nombre d'études d'histoire de l'environnement abordent le sujet de manière implicite[1]. Cela s'explique entre autre par le fait qu'une bonne part des sources écrites renseignant sur l'histoire de l'environnement est le résultat de conflits d'usages des ressources naturelles. Étant souvent une histoire de conflits, l'histoire de l'environnement implique la question d'instruments régulateurs – régulant non seulement l'échange entre l'homme et son milieu naturel, mais aussi le déroulement et la solution des conflits; ce qui comprend toujours la question du pouvoir. Dans ce domaine il faut penser aux régulations juridiques, aux processus politiques dans un sens restreint, mais aussi aux rapports de force sur le plan économique. Car grand nombre d'arguments soutiennent bel et bien l'hypothèse que les rapports entre les hommes et leur environnement sont influencés par des fins économiques.

Quoi qu'il en soit, il n'y a presque pas de travaux qui analysent les relations entre le pouvoir et la nature de manière systématique. Cela se voit très bien quand on recherche, dans la base de données bibliographiques »Historical abstracts«, les deux termes combinés: il n'y a qu'une maigre douzaine de résultats, dont aucun ne répond au besoin d'une approche systématique. Nous disposons pourtant d'une étude magistrale intitulée »Natur und Macht« (»Nature et pouvoir«), parue en l'an 2000, signée par Joachim Radkau[2]. Dans cet ouvrage le lecteur est informé, entre autres, sur le fait que les problèmes environnementaux et leurs solutions sont souvent à la base d'une élaboration ou d'une extension du pouvoir – la domination de l'environnement étant l'occasion pour ainsi dire de redéfinir les relations sociales. Tandis que Radkau cite, avant tout, les sociétés agraires prémodernes (en Chine par exemple), il n'est pas inutile de

---

[1] Voir p.ex. Paul WARDE, Ecology, Economy and State Formation in Early Modern Germany, Cambridge 2006, ou bien Bernd-Stefan GREWE, Der versperrte Wald. Ressourcenmangel in der bayerischen Pfalz 1814–1870, Cologne 2004, mais aussi Robert DELORT, François WALTER, Histoire de l'environnement européen, Paris 2001.
[2] Joachim RADKAU, Natur und Macht. Eine Weltgeschichte der Umwelt, Munich 2000.

rappeler que les »grands projets« dans les sociétés communistes du XXe siècle constituent d'autres exemples importants[3].

Comme le sujet du pouvoir et de l'environnement ne fait pas (encore) partie du discours historiographique bien établi, nous proposons, par cette publication, de mettre en évidence son importance[4].

Le pouvoir, d'abord, c'est évidemment l'un des sujets-clé de toute société. Le fait trivial qu'une société soit un groupe d'humains organisé (de quelque manière que ce soit), implique déjà la question des hiérarchies et par là, du pouvoir. On ne va pas s'attarder, ici, à donner une description ou même une définition exacte de ce qu'est le pouvoir. Au lieu de se remettre en la formule wébérienne assez violente, qui postule que le pouvoir serait la capacité de forcer quelqu'un d'autre d'agir contre son gré[5], on se contente ici de souligner la pluralité du phénomène »pouvoir«, sachant bien que les formes et les techniques du pouvoir varient fondamentalement selon les périodes et les cultures, incluant bien entendu des situations, dans lesquelles les »puissants« ainsi que les non-puissants profitent de leurs relations. Retenons donc simplement le constat que la question du pouvoir hante (presque) tout travail d'historien. D'une certaine manière, toute analyse de sociétés, soit-elle récente ou historique, est organisée autour de la question de qui détient le pouvoir, comment le pouvoir se stabilise, pourquoi est-il soumis à des mutations et comment il est mis en question.

L'environnement est aussi un facteur vital. Si l'histoire de l'environnement analyse les bases naturelles de la vie humaine: c'est donc une perspective de recherche qui soulève des problèmes qui ne peuvent être davantage fondamentaux. De plus, l'histoire de l'environnement intègre aussi l'évolution des rapports entre les sociétés et la nature ainsi que la pensée de l'homme sur l'environnement[6]. En outre, la question de l'environnement contient une dimension politique d'actualité au sens plein du terme. Depuis deux ou trois décennies la plupart des sociétés contemporaines a intégré les problèmes environnementaux, ne serait-ce que dans leurs réflexions sur les coûts de l'industrialisation et de la société de consommation[7]. Ainsi, c'est devenu de nos jours l'une de préoccupations centrales dans les débats publics: en Allemagne (peut-être plus qu'en

---

[3] Klaus GESTWA, Technik als Kultur der Zukunft. Der Kult um die »Stalinschen Großbauten des Kommunismus«, dans: Geschichte und Gesellschaft 30 (2004), p. 37–73.
[4] Après tout, l'histoire peut être vue »comme un processus, une marche au sein de laquelle l'historien est lui-même en marche« pour reprendre un des entretiens publiés de Edward H. CARR, Qu'est-ce que l'histoire?, Paris 1988, p. 199.
[5] Weber fait la différence entre »Macht« et »Herrschaft«, la dernière étant qualifiée par l'existence d'institutions et par l'idée d'un exercice légitime du pouvoir; »Macht« serait »jede Chance, innerhalb einer sozialen Beziehung den eigenen Willen auch gegen Widerstreben durchzusetzen, gleichviel, worauf diese Chance beruht«; »Herrschaft« par contre »die Chance, auf einen Befehl bestimmten Inhalts bei angebbaren Personen Gehorsam zu finden«; cf. Max WEBER, Wirtschaft und Gesellschaft. Grundriß der verstehenden Soziologie, Tübingen 1980, p. 28.
[6] L'écologie, »la plus humaine des sciences de la nature« selon Jean-Paul DELÉAGE, Une histoire de l'écologie, Paris 1994.
[7] John McNEILL, Something New Under the Sun: an Environmental History of the Twentieth-Century World, New York 2000; pour l'Allemagne et certains pays européens cf. Franz-Josef BRÜGGEMEIER, Jens Ivo ENGELS (dir.), Natur- und Umweltschutz nach 1945. Konzepte, Konflikte, Kompetenzen, Francfort/M. 2005.

France[8]) l'écologie politique a eu de grands succès et certains groupes de la société ont changé leur style de vie (bien qu'il ne faut pas surestimer les effets pratiques et les façons de vivre »alternatives«). Dans la vie politique internationale, en plus, le concept du développement durable s'avère une formule impérieuse, structurant ainsi l'exercice du pouvoir dans les relations internationales[9]. Il est vrai que dans les discours des historiens, surtout dans les livres d'histoire générale, l'environnement ne joue pas encore un rôle en rapport avec son importance pour l'idée que nos sociétés actuelles se font d'elles-mêmes[10] – ce que souligne Gerrit Jasper Schenk à propos de la recherche médiéviste en Allemagne.

Mettant en relation les deux termes d'environnement et du pouvoir, nous proposons ici d'aborder les rapports entre deux facteurs fondamentaux structurant chaque société. En plus, nous entendons par là souligner l'importance de l'approche historique de l'environnement pour toute l'histoire. Par la voie d'un des sujets majeurs de l'historiographie nous espérons inciter un débat qui va au-delà des cercles des spécialistes »écologisants«, étant convaincus que la perspective de l'environnement vaut la peine d'être intégrée dans le discours de l'histoire générale – comme il ouvre de nouvelles perspectives, enrichissant notre compréhension des sociétés historiques, et, dans notre cas, surtout l'analyse des rapports de pouvoir.

L'»environnement« et le »pouvoir« – ce sont évidemment deux catégories vastes, et l'on pourrait reprocher à cette démarche de vouloir aborder un sujet peu défini, surtout dans un contexte scientifique dominé par la spécialisation des chercheurs. Il faut tout de même mettre en relief les avantages de nos catégories. L'environnement et le pouvoir ouvrent la voie précisément grâce à leur caractère global, à des approches comparatistes. Ces deux catégories sont opérationnelles des sociétés de l'Antiquité jusqu'aux XXe et XXIe siècles. En fait il nous semble qu'il n'y a pas de contradiction entre la spécialisation et le sujet de cet ouvrage, car le spécialiste est appelé à revoir son champ de recherche à la lumière de la perspective en question – ce qui est vrai pour la plupart des textes réunis.

Comme notre sujet se présente sous un aspect nouveau, il nous revient de tracer quelques pistes à partir desquelles on pourrait aborder les relations entre le pouvoir politique et social d'un côté et de l'environnement de l'autre. Tout d'abord, on est tenté de regarder la question du pouvoir comme une affaire purement humaine, structurant les relations entre les membres de la société des hommes et des femmes. La dimension de l'environnement serait ainsi un facteur »extérieur«, structurant seulement le cadre et les conditions pour les activités de domination ou de soumission sociales,

---

[8] En tout cas de manière récurrente, encore qu'il faille ajouter ce thème depuis la pré-campagne et la campagne présidentielle française de 2006–2007. Est-ce toutefois une tendance de fond?
[9] Surtout dans la politique d'aide au développement, cf. la brochure du Ministère fédéral pour la coopération économique: Umwelt – Entwicklung – Nachhaltigkeit. Entwicklungspolitik und Ökologie, publ. par Bundesministerium für wirtschaftliche Zusammenarbeit, Bonn 2002.
[10] Introduction/Einleitung, dans: Franz BOSBACH, Jens Ivo ENGELS, Fiona WATSON (dir.), Environment and History in Britain and Germany / Umwelt und Geschichte in Großbritannien und Deutschland, Munich 2006.

qui resteraient des drames (ou à l'opposé des comédies voire des tragicomédies) purement humaines.

Par les travaux de Bruno Latour sur l'histoire des sciences aux XIXe et XXe siècles, en revanche, nous savons très bien que le travail de purification, le travail intellectuel qui essaie de séparer la société de la nature, est une illusion. En fait, selon Latour tout phénomène est le résultat d'un mixage entre la société et la nature; tout est »hybride« selon lui[11]. Bien entendu, tous les arguments de Latour ne sont pas nécessaires pour comprendre que l'exercice du pouvoir a souvent, sinon toujours, besoin d'apports matériels.

Il est essentiel de mettre en relief la dimension matérielle de tout exercice de pouvoir – la matérialité du pouvoir n'étant bien entendu pas définie par la présence d'argent ou de facteurs économiques, mais étant définie par les faits physiques, chimiques, biologiques, géographiques dont il faut tenir compte pour bien comprendre les enjeux du pouvoir des hommes sur les hommes. Il faut mettre en évidence que les échanges au sein de la société sont très souvent, sinon toujours, appuyés sur ou accompagnés par des échanges de matières avec le milieu, au moins dès qu'il y a une certaine complexité des sociétés[12]. Comme le montre Olivier Büchsenschütz dans son texte, cela est valable même pour les sociétés protohistoriques; d'autant plus qu'elles constituent à des degrés divers un héritage pour les époques historiques.

Nous n'entendons pas, par là, soutenir la thèse du déterminisme naturel, qui verrait dans les conditions matérielles l'agent d'un »programme« ou d'une »programmation« qui forcerait les êtres humains à développer des comportements ou des attitudes bien précis. Au lieu d'un déterminisme désuet, qui ferait une histoire d'automates et non d'hommes, nous proposons de faire valoir l'interconnectivité de l'environnement naturel et des relations sociales. Ainsi le regard historique tiendra compte de relations dynamiques entre les sociétés et leur environnement, décrivant des relations dynamisées soit par des processus naturels, soit par l'activité de l'homme. Nous ne voulons pas, non plus, soutenir que les relations avec l'environnement constitueraient la dimension ou le facteur principal pour comprendre le phénomène du pouvoir – car ce serait décidément une œuvre de naïveté. Loin de cela, nous sommes très conscients du fait que le pouvoir représente un phénomène complexe – peut-être aussi complexe que la société dans sa globalité. En revanche, notre propos est d'ajouter à nos connaissances sur cette complexité un regard additionnel qui serait celui de la dimension de l'environnement.

On pourrait avoir l'impression que cette idée ›matérialiste‹ se mettrait en opposition contre la tendance méthodologique récente qui a privilégiée les approches d'histoire culturelle. La nouvelle histoire du politique, la »neue Politikgeschichte« par exemple, est caractérisée par l'idée que le fonctionnement et l'idée même du pouvoir (et des échanges politiques) doit être décrite en des termes de culture, c'est-à-dire de symboles

---

[11] Bruno LATOUR, Nous n'avons jamais été modernes. Essai d'anthropologie symétrique, Paris 1991.
[12] Nous entrons, par les échanges, dans la théorie des flux et de ses formalisations mathématiques mais aussi dans le champ anthropologique des transferts.

et d'énoncés qui constituent, par leur échange, le champ du politique[13]. Récemment et dans ce contexte, des concepts émergent qui s'intéressent de plus en plus aux acteurs et aux logiques voire aux auto-dynamismes des pratiques sociales qui constituent, à leur tour, la mise en œuvre du politique[14]. Quoi qu'il en soit: le lecteur remarquera aisément que l'approche défendue dans cet ouvrage ne prêche pas un dédain de l'histoire culturelle, il s'agit plutôt de l'inverse – ce qui ne surprend pas puisque plusieurs participants allemands surtout ont déjà travaillé dans ce vaste champ (Engels, van Laak, Schenk). Il s'agit plutôt de chercher à étendre encore la grille de recherche proposée par l'histoire culturelle par la voie des pratiques qui jouent un rôle central dans bon nombre d'articles. Ainsi les pratiques de la chasse établissent des échanges matériels autant que symboliques et sociaux entre le paysage, les animaux, les gens de pouvoir, les groupes inférieurs... (Duceppe-Lamarre, Knoll). Les infrastructures modernes étant la matérialisation d'échanges entre l'homme et l'environnement ainsi que de relations de pouvoir, constituant en même temps des énoncés hautement symboliques, comme elles sont, entre autres, porteuses d'une image des sociétés qui les établissent (van Laak, Lestel)[15]. Gerrit Jasper Schenk propose, ayant en vue la recherche des médiévistes allemands, de rapprocher l'histoire de l'environnement à une tradition, qui a pensé le social et le pouvoir ensemble. Dans cette perspective, l'histoire sociale rentre dans la perspective de recherche, ce qui est d'ailleurs caractéristique pour presque toutes les communications présentées dans ce cadre.

Bref, on prend parti pour la multiplicité des méthodes et pour la multiplicité des regards qui ne constitue pas une *Meistererzählung*, pas de récit d'autorité. Il ne s'accorderait d'ailleurs pas avec la rencontre internationale qui se trouve à l'origine de ce livre. Mais nous avons tout de même besoin de certains repères pour orienter les recherches.

Dans sa contribution, Robert Delort réalise une double ouverture du débat sur l'environnement et le pouvoir. Il le fait de manière spatiale et disciplinaire en situant les cas allemand et français au sein du vaste ensemble linguistique indo-européen. L'historien adopte ainsi une approche du temps long en proposant de considérer les langues comme étant un levier de pouvoir sur l'environnement. La question étant de savoir comment l'Occident a réussi à exploiter la nature au profit de l'homme? Vaste question... Plusieurs hypothèses ont déjà été proposées auparavant: l'hypothèse religieuse avec le christianisme, l'hypothèse écologique avec un milieu naturel favorable à l'homme et l'hypothèse linguistique sur laquelle Robert Delort revient et qui présente l'avantage de faire partie des sources mêmes de l'historien puisque ce dernier travaille (principa-

---

[13] Cf. par exemple Ute FREVERT, Heinz-Gerhard HAUPT (dir.), Neue Politikgeschichte. Perspektiven einer historischen Politikforschung, Francfort/M. 2005.
[14] Dietrich HARTH, Gerrit SCHENK (dir.), Ritualdynamik. Kulturübergreifende Studien zur Theorie und Geschichte rituellen Handelns, Heidelberg 2004; Thomas MERGEL, Überlegungen zu einer Kulturgeschichte der Politik, dans: Geschichte und Gesellschaft 28 (2002), p. 574–606; pour le domaine du mouvement écologiste Jens Ivo ENGELS, Naturpolitik in der Bundesrepublik. Ideenwelt und politische Verhaltensstile in Naturschutz und Umweltbewegung 1950–1980, Paderborn 2006.
[15] Pour le nouveau champ des recherches historiques sur les infrastructures cf. le numéro spécial de la revue Saeculum 57/1 (2007).

lement mais non exclusivement) sur les textes[16] qui consignent les langues et leurs évolutions. Car pour les linguistes il existe un lien entre les structures mentales et les structures linguistiques. Pour les historiens, l'enregistrement par l'écrit des langues permettrait d'étudier les évolutions de la pensée en relation avec la mainmise progressive de l'homme sur son environnement, étant entendu que le potentiel de compréhension du monde est augmenté par les capacités linguistiques à décrire le monde. Voilà donc une hypothèse globale qui attend sa démonstration ou ses détracteurs et qui implique une combinaison d'analyses linguistique, historique, environnementale et des mentalités dont des mentalités religieuses.

De son côté, Joachim Radkau propose l'usage du terme »Nachhaltigkeit«, »développement durable«, comme une notion de référence avec laquelle on pourrait mettre en relief non seulement les rapports entre la société et l'environnement ainsi que l'importance d'un argument »proto-écologique« pour l'établissement du pouvoir, surtout celui d'experts, mais qui tient aussi compte du facteur temps: l'idée de durabilité étant toujours liée à l'idée de perdurer dans l'avenir, elle a une logique similaire à l'exercice du pouvoir. Comme le pouvoir tend à se stabiliser, souvent même à s'éterniser par la voie d'institutions, par exemple, l'idée du développement durable prétend stabiliser ou éterniser les rapports homme – nature. Pourtant il y a, faut-il l'ajouter, d'autres conceptions surtout à l'époque contemporaine. L'alternative classique du développement durable, fondamentalement »conservateur« serait donc un développement dynamique, guidé par l'idée de la croissance (non seulement économique, mais aussi du pouvoir, de la mainmise progressive des autorités sur la société et visant à la transformation accélérée du milieu). Dans cette optique, on pourrait faire la comparaison historique de ces conceptions qui toutes les deux prétendent à rendre stables l'existence de l'homme. Toutes deux ont un côté idéologique ainsi que pratique; et les effets écologiques des deux peuvent être décrits.

De manière très générale il paraît possible d'identifier au moins quatre types de relations entre pouvoir et environnement, ou plutôt quatre dimensions de recherche, qui interfèrent pourtant, à savoir: la domination de l'environnement par l'homme, les restrictions imposées par les conditions environnementales pour l'exercice du pouvoir des hommes sur les hommes, l'environnement dans lequel sont inscrits les rapports de pouvoir et l'environnement qui est un argument de pouvoir. En soulignant que ces dimensions interfèrent, nous voudrions indiquer qu'elles peuvent être, toutes les quatre, appliquées à la fois à une multitude de phénomènes, comme par exemple la gestion des forêts, les relations entre l'homme et l'animal, etc. Ainsi on peut voir que les communications écrites rassemblées dans ce livre renseignent sur plusieurs de ces dimensions à la fois.

– La domination de l'environnement par l'homme peut nous intéresser sous au moins deux aspects. D'abord, elle se présente en tant que telle: dans quelle mesure une société étend-elle son emprise sur l'environnement naturel, c'est-à-dire jusqu'à quel

---

[16] Il est évident que Robert Delort ne se cantonne pas uniquement aux sources écrites, lui qui a plaidé tout au long de sa carrière pour la diversité des sources que ce soit pour écrire une histoire des animaux ou celle de l'environnement.

point sait-elle manipuler les données matérielles et biologiques avec lesquelles elle est confrontée dans son cadre d'existence et depuis quand? Pour gagner en épaisseur historique, nous avons choisi de remonter jusqu'aux âges des métaux avec la contribution d'Olivier Büchsenschütz. Dans quelle mesure chaque société est consciente de possibles désavantages ou de répercussions funestes pour elle-même[17]? Quel est le rôle de l'animal: pur instrument pour l'homme, ou membre inférieur de la société avec qui on habite les mêmes endroits, auquel on adresse la parole? Suivant cette optique, les frontières entre l'animalité et l'humanité sont-elles véritablement étanches ou possèdent-elles des similarités qu'il conviendrait d'examiner par exemple dans le cadre de la chasse (cf. l'article de François Duceppe-Lamarre)?

Le deuxième aspect concerne davantage les relations entre les hommes en fonction de la domination sur l'environnement. Est-ce que la domination de l'environnement et l'accès aux ressources naturelles changent la nature du pouvoir, est-ce qu'ils renforcent le pouvoir de certains groupes ou est-ce qu'ils causent des conflits? Quelles techniques ou pratiques permettent à la société de dominer ou de manipuler des processus naturels – et dans quelle mesure la stabilité (plus ou moins assurée) des relations entre société et environnement stabilise ou met en danger les rapports de force entre les hommes? La maîtrise de l'eau, dans les sociétés agraires, par exemple, peut à la fois être à la base d'un pouvoir économique voire politique par rapport à des sociétés voisines, et elle peut créer, par l'existence d'une bureaucratie, les fondements de nouvelles relations sociales au sein de la société en question. Concernant l'époque contemporaine il faudrait penser aux sciences naturelles, à la chimie et à la technologie moderne qui n'ont pas seulement changé les savoirs et la mainmise sur l'environnement, mais qui ont aussi ouvert de nouvelles pistes pour accumuler du savoir sur l'homme; ainsi la domination intellectuelle de la nature a pu être élargie sur la société. Les infrastructures modernes en sont un exemple important (cf. les articles de Dirk van Laak et de Laurence Lestel). Finalement, les conflits sur l'accès aux ressources naturelles se présentent souvent comme des questions de pouvoir (militaire) dont témoignent les conflits sur les régions d'industrie lourde aux XIXe et XXe siècles (Lorraine, région de la Sarre)[18].

– La deuxième dimension représente les restrictions imposées par des conditions environnementales à l'exercice du pouvoir. Souvent, et surtout dans les sociétés prémodernes, l'environnement peut mettre un frein à l'exercice ou l'expansion du pouvoir, ne serait-ce que lorsque les données géographiques ou les conditions météorologiques s'avèrent défavorables à des expéditions militaires ou à l'établissement de systèmes d'information ou d'administration. L'indépendance culturelle et politique de certaines régions montagnardes, qui a souvent survécue jusqu'au XIXe/XXe siècle, en témoigne. Martin Knoll souligne dans son analyse des chasses d'apparat du XVIIIe siècle que l'impression d'une domination totale sur la surface boisée était plutôt une illusion et

---

[17] Avec cette idée apparaît le vaste thème des risques qui est un des axes féconds de recherche de la géographie contemporaine. Pour une vision d'ensemble: André DAUPHINÉ, Risques et catastrophes. Observer, spatialiser, comprendre, gérer, Paris ²2003.
[18] Sabine Barles montre des autorités publiques qui se voient dans la situation de devoir réagir face aux nuisances industrielles.

que les manipulations de la forêt ainsi que du gibier se heurtaient souvent à des limites étroites. Jérôme Buridant met en relief l'importance des coûts de transport pour le prix du bois en comparaison à celui du charbon, structurant ainsi les prix des combustibles. En général on peut formuler l'hypothèse qu'une société qui sait créer une »deuxième nature« ou des infrastructures qui garantissent l'approvisionnement régulier de ses membres en matières premières, est capable de créer des relations internes de pouvoir assez stables. En revanche, elle est plus vulnérable dans le cas où les infrastructures s'écrouleraient. Entre ces deux cas de figure, Laurence Lestel démontre qu'il existe aussi des phases de doute durant lesquelles l'État enregistre les dysfonctionnements environnementaux qu'il a généré tout en hésitant sur la marche à suivre.

Finalement il ne faut pas oublier que les nuisances causées par la manipulation de l'environnement peuvent déstabiliser un système de gouvernement, si elles atteignent un degré qui remet en question l'efficacité ou les avantages de ce système. Les mouvements écologiques pendant les dernières années de l'ex-RDA constituent un bon exemple.

– La troisième dimension met l'accent sur le rôle révélateur de l'environnement pour l'historien. Le façonnage de l'environnement reflète les relations de pouvoir. Là, où l'environnement est manipulé ou travaillé par l'homme, c'est-à-dire partout en Europe, il porte les traces de la société qui l'habite, reflétant entre autres les rapports sociaux. Ainsi le pouvoir social et politique est inscrit dans l'environnement. Le regard sur le paysage en donne de multiples exemples. Le droit de succession et les relations entre paysans et seigneurs façonnent la forme des champs; l'environnement urbain avec ses différentes zones d'habitation (exposées de manière inégale aux effets de la pollution) reflète nettement les hiérarchies sociales. Les transformations des paysages et du métabolisme humain par les infrastructures modernes informent très bien sur les mécanismes du pouvoir au sein des sociétés, par l'inclusion des uns, et par l'exclusion des autres qui n'ont pas droit à l'eau potable, aux lignes TGV… (cf. van Laak). Sur une autre échelle, les effets écologiques d'exploitation, dans les colonies européennes par exemple, manifestent les rapports de force entre les différentes parties du monde. Cette troisième dimension est d'autant plus importante pour une approche d'histoire de l'environnement qu'elle met en relief la valeur documentaire des données environnementales: le paysage et son façonnage constituant une source importante pour l'histoire humaine – ce qui se voit surtout dans les données archéologiques utilisées par Olivier Büchsenschütz et François Duceppe-Lamarre, pouvant se réclamer ici d'une tradition importante qui inclut, entre autres, l'école des Annales et l'approche d'histoire »totale«.

Mais on peut aussi renverser la perspective qui voit dans les pratiques (et les archives, surtout) du pouvoir politique un révélateur de l'état de l'environnement.

– La quatrième dimension tient compte du fait que l'environnement est souvent transformé en argument de pouvoir. Dans cette dimension on se concentre sur la perception de l'environnement et sur sa transformation en un argument politique ou en une métaphore du pouvoir et de sa légitimité: Les aristocrates par l'usage de la chasse aux époques médiévale puis moderne, mais aussi auparavant lorsqu'ils utilisent des insignes du pouvoir provenant de l'exploitation des ressources naturelles durant l'âge du fer (cf. l'article d'Olivier Büchsenschütz), ou bien les grands rois qui, par la transformation du paysage en un jardin, se sont mis en scène comme les maîtres du pays voire même de l'univers. La maîtrise de l'environnement paraît »naturaliser« la maîtrise sur les hommes, la mettant hors de question pour ainsi dire. Un argument similaire est à la base des frontières dites »naturelles« comme le Rhin pour les Français et les Allemands. En Amérique du Nord, cependant, la *rolling frontier* et l'idée du combat contre la nature sauvage – et ses représentants les Amérindiens – a donné une identité à une société de pionniers[19]. Actuellement, la nature en danger sert, entre autres, d'argument pour l'extension des pouvoirs de l'Union européenne, multipliant les directives concernant la protection du milieu, élargissant ainsi les compétences de Bruxelles. Jérôme Buridant met en relief dans sa communication le rôle du débat sur la pénurie de bois mais qui est en fait un débat sur la légitimité de la mainmise sur les produits de l'environnement forestier; François Duceppe-Lamarre insiste sur la constitution de territoires de chasse parfois monumentaux qui ont un sens seigneurial bien avant un sens écologique; Martin Knoll nous informe sur la valeur représentative des grandes chasses aux temps modernes, incluant l'espace boisé et l'animal pourchassé dans les cérémonies de cour, et Dirk van Laak souligne la dimension représentative des infrastructures surtout en normalisant ce qu'elles font, c'est-à-dire l'approvisionnement régulier des hommes avec les ressources naturelles. Par la normalisation de la mise en service permanente des richesses de la nature, les infrastructures légitiment les agents qui les mettent à disposition, en l'occurrence: l'État – bien qu'il soit en train d'être délégitimé, depuis les années 1970, dans la mesure où nombre d'infrastructures sont (re)converties dans la gestion privée.

Ces quelques remarques laissent bien voir que la question du pouvoir et de l'environnement possède de nombreuses facettes. En présentant au lecteur les communications de notre rencontre, nous ne voulons pas soutenir qu'elles constituent une analyse totale des phénomènes en question. Il s'agit volontairement d'une première approche, guidée par l'idée de mettre ensemble des exemples concernant plusieurs démarches et plusieurs sujets dans une continuité chronologique: méthodologie chez Olivier Büchsenschütz, Gerrit Jasper Schenk, Robert Delort et Joachim Radkau, chasse chez François Duceppe-Lamarre et Martin Knoll, ressources naturelles chez Jérôme Buridant, infrastructures chez Laurence Lestel et Dirk van Laak.

Cette publication convie les sciences historiques à la rencontre des sciences de la vie et de la terre. Il est loin le temps où Georges Bertrand pouvait écrire à juste titre que »l'interprétation historique du facteur naturel dans ses relations avec la société et la structure agraires reste donc le problème le plus mal élucidé, le plus rarement abordé et surtout le plus mal posé de toute l'histoire rurale«[20]. Cette prise de position et de conscience a servi et sert encore de position de départ de générations de recherches historiques qui ont souvent donné des travaux sous forme de manifestes[21]. Certains ont ajouté

---

[19] Roderick NASH, Wilderness and the American Mind, New Haven ³1982.
[20] Georges DUBY, Armand WALLON (dir.), Histoire de la France rurale, vol. 1, Paris 1992, p. 40–41 (première édition de 1975).
[21] Des »manifestes« aux titres évocateurs comme: Jean GUILAINE (dir.), Pour une archéologie agraire à la croisée des sciences de l'homme et de la nature, Paris 1991; Corinne BECK, Robert DELORT (dir.), Pour une histoire de l'environnement. Travaux du programme interdisciplinaire

une dimension spatiale, d'autres un élément de l'écosystème, tous des outils et des méthodes, bref des travaux pionniers en la matière.

Et puisque »nous sommes des nains sur des épaules de géants...«[22], cet ouvrage permettra une réflexion sur les disciplines en présence, les méthodes d'approche et les sources utilisées voire utilisables à partir d'une diversité de sujets. Le lecteur se rendra aisément compte que l'approche française est informée par les méthodes archéologiques, géographiques ou même des sciences naturelles. Surtout la tradition géographique, très forte dans l'historiographie de l'hexagone, se fait remarquer dans les textes. À l'est du Rhin, par ailleurs, on remarque une plus grande »pureté« des méthodes historiques, surtout influencées par l'histoire sociale et l'histoire des techniques. Conséquence de l'*Umweltgeschichte* qui a développé en Allemagne une identité de filière historique à part entière et à part. Concernant les disciplines, la France les panache avec un certain bonheur. La géographie et l'histoire se rencontrent jusqu'aux concours de l'enseignement secondaire, l'archéologie et l'histoire de l'art durant les premiers cycles universitaires, l'histoire et l'archéologie du Moyen Âge dans quelques universités et grandes écoles. Le dernier rapport CNRS des sciences de l'homme et de la société ne va-t-il pas dans le même sens lorsqu'il affirme, entre autre, que »l'analyse de la complexité tend également à favoriser l'interdisciplinarité par complémentarité des regards, concepts et méthodes propres de nos différentes disciplines. Chacune pouvant apporter aux autres«[23]. Belle profession de foi qui nous meut et nous émeut. Mais après? Y a-t-il une réalité autre que scientifique, c'est-à-dire professionnelle, à l'approche interdisciplinaire? Ou est-ce que le pouvoir de l'environnement s'arrête après avoir fermé à double tour la porte des formations telle une source inépuisable de données mais qui n'étanche malheureusement pas la soif de la demande sociale? Parlant de sources, là réside une des originalités fortes des historiens travaillant sur l'environnement: celle d'interroger autrement ce qu'il convient d'appeler un éparpillement documentaire. L'enquête sur cette hétérogénéité de sources, comme l'a naguère affirmé Robert Delort[24], fait émerger des méthodes d'analyses qui permettent d'une part de mieux appréhender les réalités sociales et écologiques, d'autre part leurs relations et leurs coévolutions pour reprendre cette fois la pertinente expression de Joëlle Burnouf et de Corinne Beck. Raisons de plus d'aborder un thème complexe mais riche d'enseignements comme l'environnement et le pouvoir à partir d'une rencontre interdisciplinaire et transpériodique[25].

de recherche sur l'environnement, Paris 1993; François DUCEPPE-LAMARRE, Chasse et pâturage dans les forêts du nord de la France. Pour une archéologie du paysage sylvestre (XIe–XVIe siècles), Paris 2006; sans parler des nombreux articles qui s'inscrivent dans cette veine historiographique (»Pour une histoire des zones humides«, etc.).

[22] Citation attribuée à Bernard de Chartres.
[23] Rapport de conjoncture 2004 publié en 2005 sous le titre »L'État de l'art«, t. 1, p. 105, rédigé par le conseil scientifique composé de Gérard GRUNBERG, Frank BRAEMER, Sylvie DENOIX, Michel ESPAGNE, Bernard FRADIN, Anne-Marie DAUNE-RICHARD et Christian TAILLARD.
[24] Voir dans Robert DELORT, Les animaux ont une histoire, Paris 1984, la partie du 1er chapitre intitulé »Les animaux des siècles passés: leur connaissance et leur étude«, p. 15–99.
[25] Ce type de démarche se retrouve par exemple dans: Tatiana MUXART et al., Des milieux et des hommes: fragments d'histoires croisées, Paris 2003.

En travaillant sur le long terme, le sujet met en exergue les spécificités des relations nature/société par milieu. L'optique de la longue durée, chère à l'école historique française depuis Fernand Braudel, permet en effet de distinguer les évolutions rapides de leur contraire, les »nappes d'histoire lente« pour reprendre le langage braudélien[26]. Toutefois, si le temps long est privilégié pour le thème du colloque, les pas de temps et leur agencement restent au choix des intervenants: microhistoire, histoire médiane, temps long, chacune avec ses singularités. C'est ainsi que les siècles sont franchis, de l'âge du fer à l'époque contemporaine, en passant par le Moyen Âge et les Temps modernes.

Finalement, nous comptons faire un point historiographique à partir des recherches françaises et allemandes[27]. À la base de ce livre se trouve la première rencontre du genre en histoire de l'environnement organisée depuis la fondation de l'Institut historique allemand de Paris[28]. C'est déjà en soi un vide à combler qui rappelle l'inexistence de moments de rencontres scientifiques spécifiques (autre que les colloques qui sont essentiellement internationaux ou nationaux voire nationaux saupoudrés de quelques rares collègues ayant franchis les lignes imaginaires des frontières nationales...) entre les chercheurs des historiographies françaises et allemandes[29]. Or, cet atelier-colloque franco-allemand sur l'environnement et le pouvoir a eu lieu sous le regard d'un illustre prédécesseur, le naturaliste Alexander von Humboldt (1769–1859)[30] qui incarne un moment de rapprochement entre les chercheurs français et allemands. Dans le monde globalisé du XXIe siècle, n'est-il pas autant nécessaire de délier les langues nationales et d'ouvrir les historiographies sur des sujets aussi sensibles et rabattus dans les médias que l'environnement et le pouvoir?

---

[26] Les recherches françaises en histoire de l'environnement baignent encore dans une large mesure dans cette conception fondatrice. Par exemple: Didier GALOP, La forêt, l'homme et le troupeau dans les Pyrénées. 6000 ans d'histoire de l'environnement entre Garonne et Méditerranée, Toulouse 1998.
[27] Une telle démarche eut lieu, pour les médiévistes, à Sèvres les 21 et 22 novembre 1997 puis à Göttingen les 20 et 21 novembre 1998 avec une publication dans chacune des deux langues. Pour la version française: Jean-Claude SCHMITT, Otto Gerhard OEXLE (dir.), Les tendances actuelles de l'histoire du Moyen Âge en France et en Allemagne, Paris 2002. Si le thème de l'espace a été effectivement abordé lors de la rencontre de Göttingen, il ne couvre cependant qu'une partie des dimensions et des problématiques liées à l'environnement.
[28] L'Institut historique allemand de Paris qui a été fondé en 1958.
[29] Un vide qui doit cependant être comblé afin d'entrer dans un espace européen de la recherche. Si »L'Europe est l'espace où se joue l'avenir de la recherche française«, pour reprendre les paroles du Directeur général du CNRS Bernard Larrouturou, une telle journée s'intègre ainsi de plain-pied avec les objectifs affichés par l'établissement public scientifique et technologique d'après le rapport sur l'activité du CNRS en 2004 rédigé par Gérard Mégie et Bernard Larrouturou et présenté lors du conseil d'administration du 24 mars 2005.
[30] Une copie d'un portrait fait par Heino Zingerling en 1961 d'après un original de Karl Begag se trouve en effet accroché au mur côté cour intérieure de la salle de conférences de l'Institut historique allemand de Paris, signalant ainsi une des missions de ladite institution.

OLIVIER BÜCHSENSCHÜTZ

Nature, pouvoir et constructions idéologiques dans l'Europe des origines

On peut lire encore dans l'ouvrage paru cette année de Pascal Dibie, un ethnologue qui analyse »Un village métamorphosé, une révolution dans la France profonde«[1], la description d'une Europe antique rigoureusement classique. Il écrit en page 19:

> ce moment où la Grèce s'identifiait à une Europe qui s'inventait en triomphant contre la barbarie, en imaginant la démocratie, la loi et la raison, pour s'opposer à la violence de l'autre [...] Les Grecs transmirent leur idéal à Rome qui [...] allait le préciser et le répandre dans tout le ›monde habitable‹ [...] Je m'imagine la vie sur le limes, qui séparait le monde romain des barbares où [...] se construisaient des cultures, notre culture.

Suit une évocation du déferlement de ces barbares, dont la culture s'interpénètre avec celle de Rome et trouverait son équilibre au contact de l'empire byzantin, hellénisé et christianisé.

Ce n'est pas de cette Europe là dont je vous parlerai aujourd'hui, mais de celle que la culture que ce spécialiste du monde rural ignore, résume, classe dans la barbarie, tout en y situant les origines du monde rural actuel qu'il étudie. Strabon[2] et Tacite[3] avaient déjà perçu qu'entre le monde des nomades, que nous regroupons aujourd'hui dans la catégorie des chasseurs-cueilleurs, et celui des cités, *poleis* ou *civitates*, s'intercalait, en Espagne, au nord des Alpes et jusque dans les îles Britanniques, des *kômai*, que j'aurais tendance à traduire finalement par »campagnes«; là où des gens vivaient sinon en citadins, du moins en ›bons pères de famille‹, en propriétaires-exploitants de domaines dont Caton et les agronomes latins auraient apprécié la compétence et la sagesse. Strabon[4], qui explique l'organisation des sociétés humaines par l'influence des conditions naturelles, explique la violence des vrais barbares par les montagnes arides et le climat détestable qui rend leur territoire impropre à l'agriculture; il identifie en Europe tempérée un milieu propice au développement d'une certaine forme de civilisation, qui n'a pas toutefois atteint l'étape de l'urbanisation.

Les historiens ont longtemps considéré les cultures de l'Europe tempérée à travers les textes relativement tardifs des auteurs classiques, et adopté leurs messages idéologiques sans décrypter les particularités ethnographiques, les *mirabilia*, qu'ils avaient relevés au passage. Sur cette construction intellectuelle antique s'étaient de plus gref-

---

[1] Pascal DIBIE, Un village métamorphosé, une révolution dans la France profonde, Paris 2006.
[2] STRABON, Géographie. Livres III et IV, texte établi et traduit par François LASSERRE, Paris 1966.
[3] TACITE, La Germanie. Texte établi et traduit par Jacques PERRET, Paris 1967.
[4] Patrick THOLLARD, Barbarie et civilisation chez Strabon. Étude critique des livres III et IV de la géographie, Paris 1987.

fés toutes sortes de mythes nationalistes, revendiqués encore par les acteurs de la Seconde Guerre mondiale. Ce sont les résultats spectaculaires de l'archéologie, et peut-être aussi l'utopie radicale d'Astérix, qui ont débarrassé l'histoire de l'Europe tempérée de tous les obstacles qui masquaient sa réalité aux historiens.

Du néolithique au début de l'âge du fer, cette Europe offre des ressources agro-pastorales et minières largement équivalentes à celle des pourtours de la Méditerranée, et les différences économiques entre les sociétés septentrionales et méridionales ne sont pas criantes. La divergence, qui n'exclue pas des contacts étroits, se produit dans la façon dont est intégrée la mode orientalisante, et surtout dans le développement des cités. S'il faut résumer les choses de façon caricaturale, le pouvoir dans le nord reste à la campagne jusqu'au IIe siècle avant J.-C., alors que la ville s'impose au sud dès le milieu du Ier millénaire avant J.-C.

Je commencerai cet article par un bref rappel historiographique de la démarche qui a conduit les historiens à remplacer le mythe des origines par une étude plus objective des données disponibles, intégrant peu à peu les rapports dialectiques entre l'homme et son milieu. Nous verrons ensuite comment on peut définir l'économie des populations de l'âge du fer européen. Enfin nous aborderons l'évolution de la société et du pouvoir dans les manifestations collectives.

1. HISTORIQUE DE LA RECHERCHE

Au début des années 1930 paraissent presque simultanément les essais de Gaston Roupnel, Roger Dion, et Marc Bloch[5] qui abordent, chacun à leur manière, les origines du paysage rural européen. Roupnel a bien défini cette Europe des champs et des troupeaux, originale aussi bien par rapport au système méditerranéen que par rapport aux forêts du nord. Il oppose les régions d'*openfield*, ce qu'il appelle »la vraie campagne«, cultivées selon une organisation collective, au bocage, synonyme pour lui d'exploitation individualiste et primitive. C'est aux populations du néolithique et de l'âge du bronze qu'il attribue le premier système, tandis que le second aurait été réintroduit par des populations belliqueuses intrusives, celtiques, puis germaniques. Cette attribution ethnique nous semble aujourd'hui tout à fait fantaisiste, d'autant plus que l'organisation des parcellaires a changé de nombreuses fois dans les mêmes régions pendant les âges des métaux. Marc Bloch se contente dans ses ouvrages de faire remonter les origines du paysage au Moyen Âge, en même temps qu'il exprime dans ses comptes rendus de la revue »Les Annales« un certain scepticisme prudent vis-à-vis des premières attributions de parcellaires fossiles britanniques à la protohistoire. Roger Dion développe, à partir de l'analyse des témoignages de César et de Tacite, une théorie sur les racines de la rotation des cultures. C'est en fait cette pratique qui serait décrite chez les Germains, où les champs cultivés sont redessinés chaque année, dé-

---

[5] Marc BLOCH, Les caractères originaux de l'histoire rurale française, Oslo, Paris 1929; Gaston ROUPNEL, Histoire de la campagne française, Paris 1932; Roger DION, Essai sur la formation du paysage rural français, Paris 1934.

duits d'un vaste espace consacré avant tout à l'élevage. Au-delà des discussions des géographes, entre le rôle respectif du déterminisme naturel et celui de la volonté humaine, qui avait opposé en 1903 Vidal de La Blache[6] aux géographes allemands, les tentatives de ces historiens visent assez naïvement à dater et à attribuer à un groupe culturel l'origine des grands types de paysage.

L'»Histoire de la France rurale«, publiée en 1978, invite à développer une histoire du monde paysan, confronté au milieu naturel et aux aléas du climat. Gérard Bailloud signale déjà comment l'étude de l'évolution de l'élevage et des plantes, spécialité jusque là de la préhistoire, va fixer l'attention des archéologues protohistoriens et historiens dans les décennies suivantes. Les premiers résultats sont réunis en 1989 dans l'ouvrage collectif »De Lascaux au Grand Louvre«[7]. Ici il n'est plus question de rechercher les sources des idéologies ou des nations dans le passé. L'idée de progrès continu, et de hiérarchie entre les cultures, barbares ou civilisées, disparaît. L'homme est analysé dans son milieu, c'est le dialogue avec la nature et les stratégies de subsistance qui fondent la plupart des recherches. On voit même apparaître ici ou là des tentatives d'explication des événements historiques par un brusque changement du climat, ou bien au contraire une exagération du rôle de l'homme dans la dégradation du milieu. La causalité en histoire repose toujours sur une multiplicité de facteurs. Cette réorientation des recherches sur l'environnement de l'homme a permis la collaboration active, sur des périodes postérieures à la préhistoire, des spécialistes des sciences de la nature et des historiens. Dès lors les querelles traditionnelles des géographes, sur le déterminisme du climat et du substrat rocheux des régions naturelles, sont devenues obsolètes, parce que l'analyse est poussée beaucoup plus loin dans le détail. Au moment même où l'agriculture européenne s'affranchissait du milieu à force d'engrais et de traitements divers; la science paysanne de l'exploitation de toutes les potentialités locales était enregistrée par les chercheurs, géographes comme Pierre Brunet ou Georges Bertrand pour les périodes récentes, archéologues pour les périodes plus anciennes.

Il est alors apparu clairement que l'homme européen a domestiqué, au sens fort du terme, non seulement les animaux et les plantes, mais aussi la quasi-totalité de l'espace disponible, pour produire ce qu'il voulait avec ou malgré les potentialités locales. Cette domestication commence bien sûr au néolithique, mais dès l'âge du bronze elle conduit à une fixation de l'habitat et à une organisation rigoureuse de la campagne, qui est tout sauf naturelle: la Gaule chevelue de César a perdu l'essentiel de son couvert forestier au cours du troisième millénaire avant J.-C.

2. L'ÉCONOMIE RURALE

Cette économie rurale combine agriculture et élevage, l'un comme l'autre ont réduit la chasse et la cueillette à des activités marginales ou ludiques. Leur combinaison systé-

---

[6] Paul VIDAL DE LA BLACHE, Tableau géographique de la France, dans: Ernest LAVISSE (dir.), Histoire de la France depuis les origines jusqu'à la révolution, Paris 1903.
[7] Christian GOUDINEAU, Jean GUILAINE (dir.), De Lascaux au Grand Louvre, Paris 1989.

matique, bien que variable suivant les régions et les périodes, est à l'origine de multiples stratégies de contrôle et d'exploitation du milieu. Les textes ne sont pas disponibles, qui pourraient illustrer les conflits de toutes sortes qui ont pu jaillir des droits de parcours, de pacage, de propriété éminente ou directe, mais il est certain qu'ils ont existé bien avant que les archives juridiques écrites nous en laissent une trace. La recherche permanente d'une meilleure exploitation des terres apparaît à travers l'outillage: l'introduction du fer est considérée comme décisive pour séparer définitivement la forêt et la friche des parcelles cultivées; l'araire au soc de fer, le coutre qui fend l'herbe, la herse qui brise les mottes, sont les outils qui manifestent la volonté de cultiver même les terres les plus lourdes de l'Europe nord-alpine. La faux dès le IIe siècle avant J.-C. met en évidence le développement des prairies de fauche qui permettent le maintien des troupeaux à l'étable pendant la mauvaise saison. À travers les chars de guerre conservés dans les tombes, nous imaginons volontiers ceux qui ont permis de transporter dans les champs fumier et amendement. Des chemins sont tracés pour distribuer les parcelles et canaliser le bétail, des talus ou des fossés protègent les cultures et maintiennent les sols travaillés. Quelques exemples particulièrement bien conservés nous apprennent qu'il n'y a pas un système agro-pastoral protohistorique par période et par région, mais au contraire des variations incessantes dont les traces se compliquent au fur et à mesure que le palimpseste s'enrichit. Bary Cunliffe[8] a fait récemment une synthèse pour le Wessex qui illustre l'alternance sur les mêmes terres de parcellaires aménagés pour privilégier d'abord l'élevage, puis quelques siècles plus tard des réseaux serrés de parcelles cultivées, tantôt contrôlés par des fermes isolées, tantôt par des habitats fortifiés de hauteur. Si nous ignorons à peu près tout du régime de la propriété, l'homogénéité de la trame parcellaire et de l'habitat suggèrent une société hiérarchisée et des contraintes collectives fortes. Les changements radicaux que nous percevons entre ces trames toutes les deux ou trois générations ne se sont pas produits sans conflits: conflits entre éleveurs et agriculteurs, entre les fermes isolées et les occupants de *hill-forts*. On imagine volontiers un monde barbare déchiré par une insécurité latente entre pillards et producteurs. L'analyse de l'évolution des terroirs depuis le IIe millénaire avant J.-C. révèle au contraire une organisation rigoureuse et complexe de la campagne. Le stockage des céréales et des légumineuses, dans des greniers surélevés ou dans des silos souterrains en atmosphère confinée, connaît des périodes d'expansion et de concentration, surtout au milieu du Ier millénaire avant J.-C., puis disparaît curieusement des gisements archéologiques. Qui contrôlait ces batteries d'une centaine de silos, concentrées dans un plat pays où les habitations sont dispersées, comme dans le Bassin parisien, ou sur une hauteur fortifiée, comme en Bavière ou dans le sud de la Grande Bretagne? Aucun texte n'est disponible pour cette époque ancienne, et les riches sépultures contemporaines des aristocrates ne font jamais allusion à cette sorte de richesse. De même l'élevage des bovidés, des porcs et

---

[8] Bary CUNLIFFE, Bronzezeitliche und eisenzeitliche Gesellschaften in Nordwesteuropa. Gesellschaften und Territorien im eisenzeitlichen Wessex, dans: Jörg BIEL, Dirk KRAUSSE (dir.), Frühkeltische Fürstensitze. Älteste Städte und Herrschaftszentren nördlich der Alpen, Internationaler Workshop in Eberdingen-Hochdorf 2003, Esslingen 2005, p. 84–102.

des moutons, n'est pas représenté dans l'art celtique, alors qu'il est très présent dans les bijoux scythes par exemple. Nous savons cependant, par l'archéologie et par les textes, que le cheptel joue un rôle important dans l'économie, pour la viande et le lait d'abord, mais aussi pour la traction, la fumure, la laine et le cuir. La fabrication de salaisons et leur exportation suggère une organisation sociale qui gère les échanges entre les producteurs et leurs clients. Le transport sur de longues distances de produits pondéreux est assuré par des chars et des charrettes dès le début de l'âge du fer. Les techniques de conservation, de transport, et d'échange sont en place bien avant que l'usage de la monnaie et de l'écriture ne leur donne une forme plus familière pour nous. La combinaison équilibrée et étroite entre la production agricole et l'élevage laissent la possibilité au développement de stratégies d'exploitation et de pouvoir aussi complexes que celles dont nous avons les témoignages écrits aux époques historiques. À cela s'ajoutent les richesses minières et la production artisanale.

3. LE CONTRÔLE DES MATIÈRES PREMIÈRES ET DE L'ÉCONOMIE

LES MINES

Ce n'est pas un hasard si le premier âge du fer a été défini par les découvertes de la mine de sel de Hallstatt en Autriche et les riches sépultures qui lui sont associées. L'ampleur des galeries, et l'origine lointaine des objets précieux accumulés dans les sépultures révèlent une activité intense et bien organisée. Même si on mesure bien plusieurs niveaux de richesse dans les sépultures, l'analyse des squelettes révèle les stigmates du travail dans la mine à peu près sur tous les individus, et même la répartition des tâches entre les hommes, les femmes et les enfants: mais ce n'est pas possible de reconstituer avec précision l'organisation sociale qui gérait le travail et répartissait les profits. Sur le Dürrnberg en Autriche ou dans la vallée de la Seille en Lorraine, pour citer deux gisements qui produisent des quantités de sel remarquables, nous ne connaissons pas non plus l'organisation sociale qui gère les mineurs. Dans les deux derniers siècles avant J.-C., plusieurs grosses fermes isolées dans la vallée de la Somme, contrôlées par une famille noble, possèdent quelques fours à sel, mais leur production est à une échelle beaucoup plus modeste. D'après la richesse et les rituels qui caractérisent certaines sépultures associées à ces exploitations, nous pouvons dire que les aristocrates contrôlaient cette activité, mais le statut des exploitants, collaborateurs, ouvriers, ou esclaves, reste vague. Moins concentrées, les traces de mines d'or ou d'extraction de fer sont largement étudiées depuis une cinquantaine d'années. On a voulu y voir la source de richesse des occupants des riches tertres funéraires qui se dressent encore dans leur voisinage, par exemple dans les pays rhénans. En réalité, cette corrélation spatiale ne résiste pas à une analyse statistique plus large, même si ces mines ont certainement été un facteur de richesse parmi d'autres à certaines époques. Il est cependant possible dans quelques cas de mettre en évidence l'origine très ancienne de certains axes d'échange, par exemple le »goldene Steig« entre les mines de sel du

Dürrnberg et les mines d'or de Bohême[9]. Les réseaux de distribution des meules rotatives dont on connaît bien les carrières s'étendent sur un rayon de cent à deux cents kilomètres. Quand il y a concurrence entre deux roches, par exemple entre la rhyolite des Vosges et le basalte de l'Eifel, les variations des distributions d'une période à une autre reflètent l'intervention d'un pouvoir commercial ou politique qui l'emporte sur les contraintes du milieu.

LES INSIGNES DU POUVOIR

Les productions artisanales, depuis les éléments du costume jusqu'aux parures et aux armes, expriment directement la hiérarchie entre les individus et la distribution du pouvoir dans le milieu familial ou au niveau du groupe. Les sépultures de l'âge du fer sont de véritables mises en scène qui présentent au moins le mort en costume d'apparat, parfois des objets personnels, et même un viatique disposé avec soin dans une chambre funéraire. Le nombre et la position des parures des femmes semblent exprimer leur fonction dans la famille, le matériau dans lequel elles sont réalisées leur richesse. L'armement des hommes, plus ou moins développé, peut être mis en parallèle avec les hiérarchies militaires décrites par les textes grecs et latins. La présence d'un char, exceptionnel et très décoré au premier âge du fer, plus fréquent et plus modeste à partir du Ve siècle avant J.-C., est à l'évidence un signe de pouvoir. Il peut être associé à une femme comme à Vix (Côte-d'Or), accompagner un prêtre comme à Hochdorf (Wurtemberg); au Ve et IVe siècle avant J.-C. il prend une connotation nettement militaire, et se répand dans une aristocratie plus nombreuse et moins riche, comme en Champagne, en Ardenne, ou dans le Yorkshire.

Les armes et les parures, d'une qualité souvent exceptionnelle, portent un décor qui exprime à la fois des préoccupations religieuses ou apotropaïques, mais aussi l'identité et l'étendue du pouvoir du personnage qui le porte. Les fourreaux richement décorés jouent le même rôle que les écus au Moyen Âge. L'utilisation de l'ambre et du corail, puis du verre rouge pour rehausser l'éclat de l'or, du bronze, ou du fer, correspond à des modes qui caractérisent pour chaque génération tout le monde celtique. Ces insignes du pouvoir révèlent des communications étroites et rapides entres les aristocraties depuis le cours moyen du Danube jusqu'à la côte atlantique. Les importations et les imitations d'objets méditerranéens participent périodiquement à ce réseau, mais seulement dans la mesure où elles sont intégrées à une mode ou à une pratique qui exprime l'appartenance à l'élite locale du monde celtique.

---

[9] Ludwig PAULI, Der goldene Steig. Studien zur vor- und frühgeschichtlichen Archäologie, dans: Georg KOSSACK, Günter ULBERT (dir.), Studien zur vor- und frühgeschichtlichen Archäologie. Festschrift für Joachim Werner zum 65. Geburtstag, t. 1: Allgemeines, Vorgeschichte, Römerzeit, Munich 1974, p. 115.

LES ARTISANS

Le statut des personnes qui produisent ces costumes, ces armes et ces bijoux ne peut pas être appréhendé directement. Il a de plus certainement beaucoup évolué au cours du Ier millénaire avant J.-C. Quelques rares représentations montrent que le travail de la laine et le tissage font partie des activités des femmes nobles. La présence d'outils dans les sépultures est exceptionnelle. Les forges et les ateliers de bronziers sont discrets mais présents dans certaines fermes isolées. Aux VIe et Ve siècle avant J.-C. apparaissent des concentrations d'ateliers, parfois associées à des résidences aristocratiques comme à Bourges (Cher) ou sur la Heuneburg (Hundersingen, Wurtemberg), parfois le long d'une voie de communication dans le plat pays, comme à Bragny-sur-Saône (Saône-et-Loire), ou à Lyon (Rhône). Ces agglomérations disparaissent ensuite pour ne revenir qu'au IIe siècle avant J.-C. On connaît alors des exemples sur la Loire, le Rhin, le Danube, la Vltava. Les habitants de ces agglomérations produisent des objets en métal, en corne, en lignite, en verre, importent des amphores, fabriquent et utilisent des monnaies. Leurs ateliers sont juxtaposés sans ordre préétabli, les habitations laissent peu de traces identifiables, ces agglomérations ne comportent généralement pas de traces des agriculteurs et des aristocrates qui occupent des fermes isolées. Nous avons émis l'hypothèse que ces agglomérations s'étaient constituées sans le contrôle des autorités traditionnelles. Devant leur succès économique, elles auraient été récupérées à la fin du IIe siècle avant J.-C. quand sont fondés les *oppida*. Ces agglomérations de hauteur sont de véritables villes dans la mesure où, probablement sous la direction de la classe aristocratique, elles attirent toutes les classes sociales dans cette nouvelle forme d'habitat: des agriculteurs, des artisans, des nobles. La plupart de ces villes s'installent sur les sites qui étaient fréquentés depuis longtemps comme lieu de culte: on y trouve en effet sinon des sanctuaires, du moins des dépôts d'objets métalliques très importants abandonnés dans le sol siècles après siècles. Dans ces agglomérations, les matériaux notamment métalliques sont largement utilisés et commercialisés, la part symbolique est restreinte. Le souci de productivité se manifeste dans les décennies qui suivent la conquête, avec la mise au point de nouvelles techniques de fabrication d'objets presque en série: la clientèle des artisans s'est élargie bien au-delà du cercle de l'aristocratie. Vers 20 avant J.-C., ces *oppida* sont brusquement abandonnés au profit des agglomérations de plaine qui adoptent le nouveau modèle urbanistique romain.

4. IDÉOLOGIE, ESPACE ET SOCIÉTÉ

Pour terminer je voudrais évoquer des pistes de recherches qu'ont ouvertes récemment Mathieu Poux et Jean-Louis Brunaux en relisant les textes à la lumière des découvertes archéologiques. Certaines sépultures princières du VIe et du Ve siècle avant J.-C., des sanctuaires et des habits des périodes plus récentes, nous ont laissé les traces de banquets sous la forme de vestiges d'amphores, d'ossements animaux, de meules et vaisselle en céramique ou en métal. Or les textes grecs et romains nous donnent des descriptions de banquets qui peuvent être rapprochées de ces données. Le plus ancien banquet est organisé autour du prince, c'est celui du personnage de Hochdorf (Wurtemberg) enterré avec un service à manger et à boire qui lui permet de traiter huit convives. Il distribue rituellement la viande qu'il a sacrifiée et l'hydromel. Ensuite vient le banquet militaire, où les hommes en armes sont placés selon leur rang, les guerriers au premier rang et leurs servants autour. Cet ordre qui répond à une distribution tout aussi stricte des mets et des breuvages fait l'objet de contestations entre guerriers qui peuvent aller jusqu'à provoquer des combats. Enfin le banquet le plus récent est largement ouvert et politique. Ce sont des personnages dont on connaît les noms, Ariamnès ou Luern, qui invitent toute la population à manger et à boire dans des enclos où ils ont disposé des chaudrons remplis de viande et des boissons en abondance. Il s'agit alors de constituer un réseau de clientèle autour d'un patron, noble ou homme nouveau, dont on trouve l'écho dans le témoignage de Jules César sur la Gaule. La répartition des lieux de banquet et des sépultures princières n'a rien à voir avec le milieu ou les axes de circulation naturels: la distribution des tombes princières reflète des relations familiales à courte ou longue distance, mais complètement aléatoires. Nous avons déjà vu que leur proximité avec des ressources naturelles n'était pas systématique. La position des *oppida* de La Tène finale en revanche semble obéir à une certaine logique. À petite échelle, ils sont placés sur des points forts du territoire. Le mont Beuvray (Nièvre) est aux limites des bassins de la Saône, de la Loire et de la Seine. Besançon et Mandeure contrôlent la vallée du Doubs et la porte de Bourgogne. De façon générale ils occupent la même position que des capitales régionales qui leur ont succédé jusqu'à aujourd'hui. En revanche à grande échelle ils sont perchés généralement sur une hauteur, en marge du terroir, comme par exemple Heidetränk-Talenge, dans le Taunus au-dessus de la riche plaine de la Wetterau. C'est ce repli symbolique par rapport aux agglomérations d'artisans qui les ont précédés sur des lieux de culte archaïques dont nous avons parlé plus haut. Rappelons-nous la fondation des abbayes clunisiennes et cisterciennes qui se sont érigées dans des déserts pour contrôler ensuite une grande partie de l'économie du monde médiéval.

5. CONCLUSION

Dans les civilisations qui ont confié peu de choses à l'écriture, il est difficile de décrypter les stratégies du pouvoir et le lien qu'elles entretiennent avec la nature. Alors même qu'on a déjà constaté la complexité et la variété des sociétés dites primitives, on considère encore que les barbares de l'Antiquité vivaient l'enfance de l'humanité, proche des vertus et de la violence de la nature. Même si nous sommes incapables de présenter une image complète et cohérente de l'organisation sociale de ces sociétés, nous avons suffisamment d'éléments pour affirmer que dès l'âge du bronze, elles sont aussi coupées du milieu naturel que les campagnes médiévales, voire modernes. Le pouvoir est partagé entre une aristocratie de grandes familles, des hommes libres à la fois paysans et soldats, et des artisans dont le statut et le rôle est plus ou moins affirmé selon les périodes. Si le phénomène urbain ne se développe que très tard, les habitats isolés et la campagne qui les entoure n'ont plus rien de naturel: les champs, les prairies, les chemins, les forêts même, sont artificiels et fixés probablement par des règles de propriété et d'héritage qui nous échappent. Cet aménagement volontaire de l'espace se manifeste par des changements de production et d'organisation radicaux qui interviennent, comme dans les périodes historiques, à un rythme multiséculaire. L'origine de la campagne européenne, si on la définit comme une exploitation intensive de la quasi-totalité du milieu naturel, n'est pas à chercher vers l'an mil de notre ère, mais plutôt mille ans avant J.-C. La chasse et la pêche sont déjà devenues des activités de loisir pour les aristocrates. La campagne est le lieu de vie, de production, de compétition entre les différents pouvoirs. La nature sauvage est déjà réduite à l'état de relique[10].

DEUTSCHE ZUSAMMENFASSUNG

Das antike Nordeuropa wird bis heute mitunter als eine Umwelt angesehen, in der Barbaren inmitten der Natur lebten. Tatsächlich handelt es sich um eine Welt, die vollständig vom Ackerbau und von intensiver Viehzucht geprägt war, in der die Bewohner verstreut lebten und die Schrift beinahe unbekannt war. Der Beitrag beginnt mit einer kurzen Erinnerung daran, wie die Historiker den Ursprungsmythos durch eine Untersuchung der aus den antiken Texten wie der Archäologie gewonnenen Daten ersetzt und dabei nach und nach die Wechselbeziehungen zwischen dem Menschen und seiner Umwelt berücksichtigt haben. Die Entwicklung der Analyse- und Prospektionsmethoden ermöglicht eine objektivere Sicht der Verhältnisse zwischen dem Menschen und seiner Umwelt. Für die Eisenzeit zeigt die Untersuchung des Geländes, der Nutzung von Viehherden oder der Organisation der Getreidelagerung ausgefeilte und je nach Region und Epoche veränderliche Strategien.

Anschließend wird gezeigt, wie man sich durch den Blick auf die Wirtschaft den Machtverhältnissen während der Eisenzeit nähern kann. Während der Bergbau die gesamte Bevölkerung mobilisierte, ist von den Abhängigkeitsverhältnissen, die dabei zwischen den Bergleuten prägten, wenig bekannt. Die Insignien der Macht kennzeichnen den Platz eines jeden in seiner Familie wie auch in der gesellschaftlichen Hierarchie: Die Waffen, der Schmuck, die Accessoires – die vom Weinkrug bis zum prunkvollen Streitwagen reichen – sind in den umfangreichen Grabanlagen sorgfältig inszeniert. Der Platz der Handwerker, die diese Gegenstände herstellten, ist mal verborgen, mal steht er im Vordergrund, insbesondere seit dem 2. Jahrhundert v. Chr. In den ersten Städten fanden sich die adeligen oder freien Ackerbauern und die Handwerker zusammen; dies geschah unter der Kontrolle von Volksversammlungen, der Adeligen und von kliente-lären Strukturen. Schließlich geht es um die ideologische Entwicklung der Gesellschaften und ihre Spuren in der Organisation des Raumes. Die Grabstätten der großen Adelsgeschlechter und die Praxis der Bankette, die mit der Geographie und der Umwelt in keinerlei Verbindung stehen, bringen je nach Epoche den Vorrang der Gottesverehrungen, des Militärs oder der Politik zum Ausdruck. Die Siedlungen werden auf wirtschaftlich günstigen Stellen errichtet, aber der Ort, an dem sie liegen, ist häufig etwas abseits einer nahen Wegkreuzung, so wie manche mittelalterliche Abtei. Das Europa der Kupfer-, Bronze- und Eisenzeit erweist sich folglich als ein sorgfältig konstruierter ländlicher Raum, in dem Pflanzen kultiviert werden und Tiere vollständig gezähmt sind. Auch wenn es keine Texte gibt, läßt sich für jede Region und für die einzelnen Epochen eine besondere Gestaltung feststellen, wo die Landschaft im Laufe des ersten Jahrtausends v. Chr. neu organisiert wird.

---

[10] Françoise AUDOUZE, Olivier BÜCHSENSCHÜTZ, Villes, villages et campagnes de l'Europe celtique, Paris 1989; Olivier BÜCHSENSCHÜTZ, Les Celtes. De l'archéologie à l'histoire, Paris 2007.

GERRIT JASPER SCHENK

Der Mensch zwischen Natur und Kultur
Auf der Suche nach einer Umweltgeschichtsschreibung
in der deutschsprachigen Mediävistik – eine Skizze

»Auf der Suche nach einer Umweltgeschichtsschreibung in der deutschsprachigen Mediävistik« – der Untertitel des Beitrags könnte mißverstanden werden: Entweder es gibt eine Umweltgeschichtsschreibung in der deutschsprachigen Mediävistik, dann ist die Suche nach ihr nichts als verlorene Zeit. Gibt es sie nicht, wird die Zeit der Leser ebenfalls verschwendet[1]. Worum muß es bei der Suche also gehen, um eine Verärgerung des Lesers zu vermeiden? Nils Freytag hat in einer jüngst erschienenen Sichtung der rezenten, überwiegend deutschsprachigen Umweltgeschichtsforschung konstatiert, daß »umweltgeschichtliche Themen zwar durchaus auch Untersuchungsgegenstand von Forschungen zur alten und mittelalterlichen Geschichte« seien, doch »insgesamt ein greifbarer Akzent auf der neueren und neuesten Geschichte sowie insbesondere auf der Zeitgeschichte« liege[2]. Eine Skizze umwelthistorischer Forschungstätigkeit gerade für die Epoche des Mittelalters ließe sich demnach schon allein deswegen rechtfertigen, weil es sie zwar gibt, sie aber offenbar bislang nicht in dem Maße sichtbar »in den Kernbereich der Geschichtswissenschaft« vorgestoßen ist, wie Freytag dies für die Erforschung der Umweltgeschichte jüngerer Epochen konstatiert[3]. Tatsächlich ist die Suche nach einer Umweltgeschichtsschreibung in der deutschsprachigen Mediävistik nicht ganz einfach, weil nicht nur das Alltagsverständnis von dem, was man unter Umweltgeschichte versteht, sehr jung ist, sondern sich auch Mediävisten und Umwelthistoriker keineswegs immer einig darüber sind, was Umweltgeschichte ist oder sein sollte.

Der Untertitel dient also nur der Beschreibung des Zugriffs auf das Thema. Die Suche wird ein Prozeß der Annäherung sein, um herauszufinden, was alles – auf diesem mit ideologischen Fußangeln und politischen Tretminen reich versehenen Gebiet[4] –

---

[1] Die männliche Form (Leser) schließt hier und im folgenden selbstverständlich die weibliche (Leserin) mit ein.
[2] Nils FREYTAG, Umweltgeschichte. Einführung, in: sehepunkte 6 (2006), Nr. 7/8 (www.sehepunkte.de/2006/07/umweltgeschichte.html [zuletzt aufgerufen am 10. Oktober 2006]); ähnlich bereits Verena WINIWARTER, Was ist Umweltgeschichte? Ein Überblick, Wien 1998, S. 3; noch nicht zugänglich war mir Nils FREYTAG, Deutsche Umweltgeschichte – Umweltgeschichte in Deutschland. Erträge und Perspektiven, in: Historische Zeitschrift 283 (2006) und Verena WINIWARTER, Martin KNOLL, Umweltgeschichte. Eine Einführung, Köln, Weimar, Wien 2007.
[3] FREYTAG, Umweltgeschichte (wie Anm. 2).
[4] Zum Ideologieverdacht und Werturteilsproblem z.B. Christian SIMON, Historische Umweltforschung heute – Beiträge für die Umweltwissenschaft, in: DERS. (Hg.), Umweltgeschichte heute. Neue Themen und Ansätze der Geschichtswissenschaft – Beiträge für die Umwelt-

von wem und mit welchen Gründen zur deutschsprachigen mediävistischen Umweltgeschichtsschreibung gezählt wird. Diese nur vordergründig umständliche Vorgehensweise hat einige Vorteile: Das Selbstverständnis und die Selbstbeschreibung der deutschsprachigen Mediävistik werden ernstgenommen, die wichtigsten Forschungsfelder und Fragestellungen, typische Quellen, Methoden und Modelle müßten sich wenigstens in Umrissen abzeichnen, möglicherweise lassen sich auch Traditionslinien und Schulen sowie die blinden Flecken und Defizite der einschlägigen Forschung erkennen. Arbeiten, die innerhalb ihrer Fragestellung die Rolle der Macht und der Herrschaft im Umgang mit der Umwelt thematisieren, müßten ebenfalls leicht zu identifizieren sein. Und schließlich sollte sich auch abzeichnen, in welche Richtungen die Forschung bevorzugt geht und welche Perspektiven sie in Zukunft haben könnte oder welche zu wünschen wären. Im folgenden beschreibe ich daher die Suche und skizziere knapp kommentierend die solcherart entdeckte Forschungslandschaft. Abschließend spekuliere ich über wünschenswerte Perspektiven zukünftiger Forschungen. Trotz der Absicht, die Suche möglichst objektiv und nachvollziehbar zu gestalten, muß also einschränkend betont werden, daß im gegebenen Rahmen bestenfalls eine grobe Skizze der Forschungslandschaft geboten werden kann, erweitert um einige systematische Gedanken über sie, die zweifellos auch subjektive Züge tragen.

Zu Anfang der Suche müssen Suchgebiet, Suchrichtung und Suchstrategie bestimmt werden. Am einfachsten verhält es sich mit der deutschsprachigen Mediävistik – sie ist das Feld, auf dem gesucht wird. Ich verstehe darunter alle deutschsprachigen Arbeiten[5], die sich wissenschaftlich mit der Zeit vom 6. bis zum 16. Jahrhundert beschäftigen – hauptsächlich unter historischen Fragestellungen, aber auch mit Fragestellungen und Methoden der Geographie, Archäologie, Kunstgeschichte, Medizin, Anthropologie, Klimatologie, Biologie, Demographie, Philologie, Philosophie und weiteren Disziplinen, sofern sie einen Bezug zur Geschichte des untersuchten Zeitraums aufweisen. Viel schwieriger verhält es sich mit Suchrichtung und Suchstrategie. Im Sinne einer Heuristik sind die einschlägigen Nachschlagewerke, Handbücher, Lexika, Überblicksdarstellungen, Einführungen, Forschungsberichte, Bibliographien und Datenbanken der deutschsprachigen Geschichtsforschung zu befragen, was alles seit etwa 1945 unter den Begriffen »Umwelt« und »Geschichte« subsumiert wird[6].

Wissenschaft, Mannheim 1993 (Environmental History Newsletter, special issue 1), S. 7–12, hier S. 9; Joachim RADKAU, Nachdenken über Umweltgeschichte, in: Wolfram SIEMANN, Nils FREYTAG (Hg.), Umweltgeschichte. Themen und Perspektiven, München 2003, S. 165–186, hier S. 171–181.

[5] Da in jüngster Zeit auf Forschungsfeldern wie der Umweltgeschichte, die stark interdisziplinär und international ausgerichtet sind, auch Forscher aus deutschsprachigen Ländern auf Englisch publizieren, wurden auch anderssprachige Publikationen von Forschern berücksichtigt, die langjährig in deutschsprachigen Ländern forschen und publizieren.

[6] Die Sichtung der Forschungslandschaft beschränkte sich also nur auf die Geschichtsforschung und erfaßte keine Arbeiten mit Bezug zur Geschichte des Mittelalters, die in anderen Disziplinen entstanden und nur dort bibliographisch erfaßt wurden. Systematisch unter Suchbegriffen wie »Umwelt«, »Natur«, »Ökologie«, »Humanökologie«, aber auch »Siedlungsforschung«, »Kulturlandschaft«, »Holz«, »Wasser« usw. in Kombination mit »Mittelalter« sowie ihren anders-

Dabei ist das Problem zu berücksichtigen, daß die Entdeckung der Umwelt (als Wort und Begriff) durch die Historiographie zu jung ist, um z.b. in der renommierten und einschlägigen, aber in seiner Konzeption auf die 1960er Jahre zurückgehenden 10. Auflage der »Quellenkunde der deutschen Geschichte« (Dahlmann-Waitz) unter dem Stichwort »Umwelt« Aufnahme gefunden zu haben[7]. Dennoch lassen sich auch hier und in anderen Repertorien der Forschung Arbeiten finden, die zwar nicht explizit als Umweltgeschichtsschreibung deklariert werden, aber in der Sache mit einiger Berechtigung als Umweltgeschichtsschreibung *avant la lettre* bezeichnet werden könnten und im folgenden berücksichtigt werden müssen[8]. Durch dieses Vorgehen ist die

sprachigen Äquivalenten wurden gesichtet: Historische Bibliographie 1990–2005; Jahresberichte für deutsche Geschichte 1986–2005; Historical Abstracts 1954–2005; Deutsche Nationalbibliographie 1945–1971; Österreichische Historische Bibliographie online; Internationale Bibliographie der geistes- und sozialwissenschaftlichen Zeitschriftenliteratur online (seit 1983); International Medieval Bibliography; Regesta Imperii OPAC online; Monumenta Germaniae Historica OPAC online; ferner die (seit 1989) regelmäßig im »Environmental History Newsletter« erscheinenden Literaturberichte und zahlreiche Nachschlagewerke, Handbücher, Lexika, Überblicksdarstellungen, Einführungen und Forschungsberichte. Der Erfassungsgrad ist sicher nicht annähernd vollständig, dürfte aber einen soliden Überblick über das Forschungsfeld verschafft haben. Es war nicht beabsichtigt, eine Bibliographie vorzulegen.

[7] Zur Wort- und Begriffsgeschichte von »Umwelt« vgl. gründlich bereits Hans Martin KLINKENBERG, Die historische Dimension der Umwelt, in: Clio Medica 14 (1980), S. 187–211; ferner neuerdings Verena WINIWARTER, Umwelt-en. Begrifflichkeit und Problembewußtsein, in: Gerhard JARITZ, DIES. (Hg.), Umweltbewältigung. Die historische Perspektive, Bielefeld 1994, S. 130–159, hier S. 130–147. Der Begriff findet sich nicht im begriffsgeschichtlichen Standardwerk Geschichtliche Grundbegriffe. Historisches Lexikon zur politisch-sozialen Sprache in Deutschland, hg. von Otto BRUNNER, Werner CONZE, Reinhart KOSELLECK, 8 Bde., Stuttgart 1972–1997. Zu amerikanischen Anfängen des Konzepts einer Umweltgeschichte in den 1960er Jahren vgl. Anm. 57. Zur französischen Entwicklung einer *histoire de l'environment* in der Tradition der »Annales« bei Emmanuel Le Roy Ladurie 1970 vgl. Michael TOYKA-SEID, Mensch und Umwelt in der Geschichte. Neues aus dem produktiven Selbstfindungsprozess der Umweltgeschichte, in: Archiv für Sozialgeschichte 43 (2003), S. 423–447, hier S. 423, Anm. 3.

[8] Im Sinne der oben erwähnten Heuristik wurde z.B. eruiert, unter welchen systematischen »Abschnitten« Autoren eingeordnet wurden, die andernorts als Verfasser von umwelthistorisch relevanten Beiträgen klassifiziert werden können. Die solcherart ermittelten Abschnitte enthalten weitere Werke, die als Vorläufer einer Umweltgeschichtsschreibung in Frage kommen. Beispiel: Helmut Jäger (zu ihm ausführlicher in Anm. 9–12, 26, 27, 70) wird als Verfasser zahlreicher Studien zur »Wüstungsforschung« und »genetischen Kulturlandschaftsforschung« im Register angeführt, vgl. DAHLMANN-WAITZ, Quellenkunde der deutschen Geschichte. Bibliographie der Quellen und der Literatur zur deutschen Geschichte, hg. im Max-Planck-Institut für Geschichte von Hermann HEIMPEL, Herbert GEUSS, Register zu Bd. 1 und 2, Stuttgart [10]1985, S. 200, mit Verweis auf Abschnitt 26 »Land und Siedlung«, wo sich unter der Überschrift »Wüstungen« und »Historische Geographie und Geschichte der Kulturlandschaft« außer Jägers weitere entsprechende Arbeiten finden: DAHLMANN-WAITZ, Quellenkunde der deutschen Geschichte. Bibliographie der Quellen und der Literatur zur deutschen Geschichte, hg. im Max-Planck-Institut für Geschichte von Hermann HEIMPEL, Herbert GEUSS, Bd. 1: Abschnitt 1–38, Stuttgart [10]1969, Abschnitt 26/507–521, 757–789. Umgekehrt finden sich in DAHLMANN-WAITZ, Quellenkunde der deutschen Geschichte. Bibliographie der Quellen und der Literatur zur deutschen Geschichte, hg. im Max-Planck-Institut für Geschichte von Hermann HEIMPEL, Herbert GEUSS, Bd. 2: Abschnitt 39–57, Stuttgart [10]1971, z.B. in Abschnitt

Suche natürlich von der Qualität kollektiver Verschlagwortungsarbeiten abhängig und wird sehr schnell ausufernd. Aus Raumgründen muß daher beispielhaft – und zum großen Bedauern des Autors auch sehr sparsam – ausgewählt und systematisiert werden.

Die Suche beginnt mit dem einschlägigen deutschsprachigen Lexikon der Mediävistik, dem »Lexikon des Mittelalters«. Unter dem Lemma »Umwelt« findet man in Band 8, ausgeliefert in den Jahren 1996/1997, einen nicht ganz zweispaltigen Artikel[9]. Zum Vergleich einige andere Lemmata: »Natur« umfaßt vier Spalten, »Grundherrschaft« dreizehn Spalten, »Bibel« mit seinen Komposita sogar rund 66 Spalten. Die rein quantitative Gewichtung im gegenwärtig wichtigsten deutschsprachigen Fachlexikon macht das Thema Umwelt also sichtbar, aber nicht gerade unübersehbar. Der Artikel stammt aus der Feder des 1923 geborenen Helmut Jäger[10]. Der international bekannte, jahrzehntelang an der Universität Würzburg lehrende Kulturgeograph[11] und Verfasser einer »Einführung in die Umweltgeschichte« findet im jüngsten, im Jahr 2005 vom renommierten Konstanzer Arbeitskreis für mittelalterliche Geschichte unter Peter Moraw und Rudolf Schieffer verantworteten Überblick über »Die deutschsprachige Mediävistik im 20. Jahrhundert« jedoch lediglich im Rahmen der Untersuchung der deutschen Landesgeschichtsforschung in einer Fußnote als erster Direktor des Instituts für Historische Landesforschung der Universität Göttingen nach dem Zweiten Weltkrieg Erwähnung[12]. Man könnte – sicher etwas voreilig, da ein Überblick keine erschöpfende Vollständigkeit bieten kann – daraus schließen, daß die Umwelt-Thematik zu den peripheren Themen der deutschsprachigen Mediävistik zählt. Zunächst jedoch zum Inhalt des Lexikonartikels[13]. Jäger definiert den Begriff »Umwelt« nicht, sondern umschreibt ihn: »Aus den vielfältig miteinander verflochtenen Bereichen natürl[iche],

---

43/462 unter der Überschrift »Welt- und Menschenbild« ein Werk von 1922, in dem »Umwelt« als Titelbegriff begegnet, und in Abschnitt 43/503–510 unter der Überschrift »Naturgefühl, Naturbetrachtung« Werke, die sich mit Themen befassen, die heute auch als Teil der Umweltgeschichtsschreibung begriffen werden können. Vgl. z.B. WINIWARTER, Was ist Umweltgeschichte? (wie Anm. 2), S. 25f., mit Anm. 105.

[9] Helmut JÄGER, Umwelt, in: Lexikon des Mittelalters, Bd. 8, München 1997, Sp. 1213f.
[10] Vgl. Kürschners Deutscher Gelehrten-Kalender 2005. Bio-bibliographisches Verzeichnis deutschsprachiger Wissenschaftler der Gegenwart, Bd. 2, München [20]2005, S. 1525.
[11] Vgl. seine Würdigung durch Schüler in Festschriften und ehrenden Aufsätzen: Wolfgang PINKWART, Helmut Jäger zum 60. Geburtstag, in: DERS. (Hg.), Genetische Ansätze in der Kulturlandschaftsforschung. Festschrift für Helmut Jäger, Würzburg 1983 (Würzburger geographische Arbeiten, 60), S. 12–26; Dietrich DENECKE, Entwicklungen in der deutschen Landeskunde: Helmut Jäger und die genetische Kulturlandschaftsforschung. Helmut Jäger zum 70. Geburtstag am 27.06.1993, in: Berichte zur deutschen Landeskunde 67 (1993), S. 6–34; DERS., »In Würdigung seiner hervorragenden Verdienste um die deutsche Landeskunde«. Verleihung der »Robert-Gradmann-Medaille« an Helmut Jäger, in: Berichte zur deutschen Landeskunde 70 (1996), S. 5–9.
[12] Vgl. Matthias WERNER, Zwischen politischer Begrenzung und methodischer Offenheit. Wege und Stationen deutscher Landesgeschichtsforschung im 20. Jahrhundert, in: Peter MORAW, Rudolf SCHIEFFER (Hg.), Die deutschsprachige Mediävistik im 20. Jahrhundert, Ostfildern 2005 (Vorträge und Forschungen, 62), S. 30, Anm. 296.
[13] Vgl. JÄGER, Umwelt (wie Anm. 9).

gebaute und gesellschaftl[iche] U[mwelt] wird hier die natürl[iche] und naturnahe betont. [...] Jede Landschaft und jedes Land besitzen eine eigene Umweltgeschichte«. Jäger versteht also unter Umweltgeschichte die Geschichte der Landschaft als eines vom Menschen, seiner Kultur und natürlichen Faktoren geformten Raumes. Auf einen historisch-geographischen Zugriff verweisen auch seine Literaturangaben und seine insgesamt 32 Querverweise auf andere Artikel, die zugleich eine starke interdisziplinäre Verortung der Thematik andeuten, die von der Klima- und Medizingeschichte über die Siedlungsforschung bis zur Forst- und Bergbaugeschichte reicht. Umweltgeschichte ist also, so könnte man folgern, ein Thema, das weniger als eigenständige Disziplin oder Subdisziplin, vielleicht noch nicht einmal als umgrenzbares Forschungsgebiet dargestellt werden kann, sondern vielmehr als ein Aspekt der Forschungsgegenstände zahlreicher, unter anderem auch historisch arbeitender Disziplinen wie z.B. der historischen Geographie, Klimatologie oder Medizingeschichte.

Dieses erste Ergebnis auf der Suche nach einer deutschsprachigen Umweltgeschichtsschreibung läßt sich freilich noch erweitern und differenzieren. Hans-Werner Goetz charakterisiert in seinem Überblick über die »Moderne Mediävistik« aus dem Jahre 1999 die Themen der Umweltgeschichte als Fragen der jüngeren Mediävistik, die »unverkennbar den Gegenwartsinteressen« entsprängen, und ordnet sie der jüngeren Sozialgeschichte, besonders der Alltagsgeschichte und jüngeren Trends der historischen Kulturwissenschaft zu[14]. Die Zunahme einschlägiger Publikationen seit den 1980er Jahren wurde in der Tat mehrfach mit Gegenwartsinteressen in erklärenden Zusammenhang gebracht, so mit der aus den Vereinigten Staaten von Amerika nach Europa ausstrahlenden Umweltschutzbewegung, der Gründung der bundesrepublikanischen Partei Die Grünen, der zum Teil oppositionellen Umweltschutzbewegung der Deutschen Demokratischen Republik und der Integration umweltgeschichtlicher Fragestellungen in die dortige Wirtschaftsgeschichtsforschung[15]. Hans-Werner Goetz' verbreitete, mehrfach aufgelegte Ein-

---

[14] Vgl. Hans-Werner GOETZ, Moderne Mediävistik. Stand und Perspektiven der Mittelalterforschung, Darmstadt 1999, S. 109 (Zitat), 330. Vgl. zu den zahlreichen Feldern, welche die neuere Kulturwissenschaft zu bearbeiten beansprucht, den geradezu enzyklopädischen Überblick: Friedrich JAEGER, Burkhard LIEBSCH (Hg.), Handbuch der Kulturwissenschaften, Bd. 1: Grundlagen und Schlüsselbegriffe, Stuttgart, Weimar 2004; Friedrich JAEGER, Jürgen STRAUB (Hg.), Handbuch der Kulturwissenschaften, Bd. 2: Paradigmen und Disziplinen, Stuttgart, Weimar 2004; bes. Franz-Josef BRÜGGEMEIER, Natur und kulturelle Deutungsmuster. Die Kulturwissenschaft menschlicher Umwelten, in: Friedrich JAEGER, Jörn RÜSEN (Hg.), Handbuch der Kulturwissenschaften, Bd. 3: Themen und Tendenzen, Stuttgart, Weimar 2004, S. 65–78.
[15] Vgl. z.B. Paul LEIDINGER, Von der historischen Umweltforschung zur Historischen Ökologie. Ein Literaturbericht, in: Westfälische Forschungen 41 (1991), S. 495–516, hier S. 497f.; Hermann BEHRENS, Vorwort der Herausgeber, in: Umweltgeschichte und Umweltzukunft. Schwerpunkt: Umweltbewegungs- und Umweltforschungsgeschichte, hg. vom Institut für Umweltgeschichte und Regionalentwicklung e.V., Marburg 1993 (Forum Wissenschaft. Studien, 19), S. 7–10, hier S. 7; Walter BECKER, Wirtschaftsgeschichte und Umwelt: »Notgemeinschaft Erde« – Erinnerungen an Hans Mottek, in: Hermann BEHRENS, Gerd NEUMANN, Andreas SCHICKORA (Hg.), Wirtschaftsgeschichte und Umwelt – Hans Mottek zum Gedenken. Um-

führung für Studenten »Proseminar Geschichte: Mittelalter« verbindet die Umweltgeschichte ebenfalls mit der Alltagsgeschichte »im Sinne einer Lebensweltanalyse [...], die sich mit den natürlichen, räumlichen und anthropologischen Lebensbedingungen der Menschen befaßt«[16]. Goetz zufolge konstituiert sich die Umweltgeschichte weniger als ein Teilgebiet als vielmehr in fruchtbaren Einzelfragen und -disziplinen, die zwischen den naturwissenschaftlichen und anthropologischen Grundlagen der Geschichte vermitteln. Er zählt eine Reihe umwelthistorischer Fragestellungen und Themen auf, die von Hygieneverhältnissen in Städten über Landschafts- und Energienutzungsformen bis hin zur Geschichte von Klima und Tieren reichen. Als einführende Lektüre nennt er den 1986 erschienenen Sammelband »Mensch und Umwelt im Mittelalter«, der vom Göttinger historischen Anthropologen und Humanökologen Bernd Herrmann herausgegeben wurde[17]. Tatsächlich trifft dieser Hinweis insofern ins Schwarze, als an der Universität Göttingen mit guten Gründen von einer ›Schulbildung‹ innerhalb der jungen Tradition einer interdisziplinären historischen Umweltforschung in Deutschland unter Einschluß der Mediävistik mit dem jüngst verstorbenen Landeshistoriker Ernst Schubert gesprochen werden kann[18]. Seit 1986 wirkte dort der interdisziplinär ausgerichtete Arbeitskreis Umweltgeschichte, seit 2004 widmet sich das an der Biologischen Fakultät der Georg-August-Universität Göttingen angesiedelte Graduiertenkolleg 1024 »Interdisziplinäre Umweltgeschichte. Naturale Umwelt und gesellschaftliches Handeln in Mitteleuropa« der Deutschen Forschungsgemeinschaft u.a. der »Raumnutzung und Raumerfahrung im Mittelalter«[19]. Daneben kann aber auch noch eine ganze Reihe weitere Schwerpunkt-

---

weltgeschichte und Umweltzukunft, Bd. 3, Marburg 1995 (Forum Wissenschaft. Studien, 29), S. 74–88; Peter MUSIOLEK, Zu Problemen von Gesellschaft und Umwelt in den vorkapitalistischen Produktionsweisen, in: Jahrbuch für Wirtschaftsgeschichte 1983/1984, S. 105–128; Joachim RADKAU, Natur und Macht. Eine Weltgeschichte der Umwelt, München ²2002, S. 11–17; Franz-Josef BRÜGGEMEIER, Umweltgeschichten - Erfahrungen, Ergebnisse, Erwartungen, in: Archiv für Sozialgeschichte 43 (2003), S. 1–18, hier S. 1–7.

[16] Hans-Werner GOETZ, Proseminar Geschichte: Mittelalter, Stuttgart ²2001, S. 426f.

[17] Bernd HERRMANN (Hg.), Mensch und Umwelt im Mittelalter, Darmstadt 1986; zu Herrmann vgl. Kürschners Deutscher Gelehrten-Kalender 2005. Bio-bibliographisches Verzeichnis deutschsprachiger Wissenschaftler der Gegenwart, Bd. 1, München ²⁰2005, S. 1331, zu seinen umwelthistorischen Publikationen WINIWARTER, Was ist Umweltgeschichte? (wie Anm. 2), S. 26, Anm. 107.

[18] Zu Ernst Schubert vgl. den Nachruf von Werner PARAVICINI, Ernst Schubert. 23. Mai 1941 bis 18. März 2006, in: Mitteilungen der Residenzenkommission der Akademie der Wissenschaften zu Göttingen 16/1 (2006), S. 9–12, der auf S. 11 »Umwelt« als eines der zahlreichen Forschungsgebiete Schuberts nennt; ferner Anm. 61 und 62.

[19] Zur »historischen Umweltforschung« in Abgrenzung zur »Umweltgeschichte« vgl. WINIWARTER, Umwelt-en (wie Anm. 7), S. 153–158. Zu Göttingen: Neben Bernd Herrmann, der schon 1989 mit der Göttinger Sommerschule »Natur und Geschichte« als Pionier einer historischen Umweltforschung wirkte, vgl. WINIWARTER, Was ist Umweltgeschichte? (wie Anm. 2), S. 26, mit Anm. 108, widmeten sich hier auch Helmut Jäger (vgl. Anm. 9–12, 26, 27, 70) und Ernst Schubert dieser Forschungsrichtung. Zum maßgeblich von Bernd Herrmann initiierten Graduiertenkolleg vgl. www.anthro.uni-goettingen.de/gk/ (zuletzt aufgerufen am 5. Mai 2006).

bildungen[20] umwelthistorischer mediävistischer Forschung im deutschsprachigen Raum mit jeweils ganz eigenen Spezialisierungen genannt werden, aus der ich hier nur eine beispielhafte und keinesfalls abschließende Auswahl vorstellen kann:
An der Universität Siegen nimmt man sich (um Ulf Dirlmeier und den mittlerweile an der Universität Kiel wirkenden Gerhard Fouquet) der Umweltgeschichte im Rahmen von sowohl wirtschafts- und sozialhistorisch orientierten, als auch die materielle Überlieferung thematisierenden Studien an[21]. An der Technischen Universität Aachen wurde Umweltgeschichte (um Dietrich Lohrmann) hingegen bislang stärker wissenschafts- und technikgeschichtlich als wirtschaftshistorisch betrieben[22]. Eine von Harry Kühnel initiierte und von Karl Brunner fortgeführte sach- und alltagskulturelle Schwerpunktbildung in der Umweltgeschichtsschreibung läßt sich am Institut für Realienkunde des Mittelalters und der Frühen Neuzeit der Österreichischen Akademie der Wissenschaften in Krems an der Donau ausmachen, wo z.B. auch mentalitätsgeschichtliche Aspekte der Thematik Berücksichtigung finden[23]. Eine breit angelegte

[20] Von einer Würdigung der gelegentlichen Forschung Einzelner zu speziellen Themen der Umweltgeschichte, die es hier wie in jedem anderen Bereich der Geschichtswissenschaft gibt, muß weitgehend abgesehen werden.
[21] Vgl. nur Ulf DIRLMEIER, Historische Umweltforschung aus der Sicht der mittelalterlichen Geschichte, in: Siedlungsforschung. Archäologie – Geschichte – Geographie 6 (1988), S. 97–111; DERS., Gerhard FOUQUET (Hg.), Menschen, Dinge und Umwelt in der Geschichte. Neue Fragen der Geschichtswissenschaft an die Vergangenheit, St. Katharinen 1989 (Sachüberlieferung und Geschichte. Siegener Abhandlungen zur Entwicklung der materiellen Kultur, 5); Gerhard FOUQUET, Städtische Umwelten im Mittelalter – Perspektiven der Sozial- und Wirtschaftsgeschichte, in: Renate WISSUWA, Gabriele VIERTEL, Nina KRÜGER (Hg.), Landesgeschichte und Archivwesen. Festschrift für Reiner Groß zum 65. Geburtstag, Dresden 2002, S. 35–72.
[22] Vgl. neben KLINKENBERG, Historische Dimension (wie Anm. 7), der schon früh für einen Brückenschlag zwischen technischen und geisteswissenschaftlichen Fächern eintrat, zu ihm Wolfgang WEBER, Biographisches Lexikon zur Geschichtswissenschaft in Deutschland, Österreich und der Schweiz. Die Lehrstuhlinhaber für Geschichte von den Anfängen des Faches bis 1970, Frankfurt a.M. 1984, S. 306; die ebenfalls frühe und wegweisende Studie von Dietrich LOHRMANN, Energieprobleme im Mittelalter. Zur Verknappung von Wasserkraft und Holz bis zum Ende des 12. Jahrhunderts, in: Vierteljahrschrift für Sozial- und Wirtschaftsgeschichte 66 (1979), S. 297–316; ferner das Schriftenverzeichnis von Dietrich Lohrmann in Horst KRANZ, Ludwig FALKENSTEIN (Hg.), Inquirens subtilia diversa. Dietrich Lohrmann zum 65. Geburtstag, Aachen 2002, mit einigen einschlägigen Titeln; zu Kranz siehe auch Anm. 44.
[23] Zu Harry Kühnel und Karl Brunner vgl. Fritz FELLNER, Doris A. CORRADINI, Österreichische Geschichtswissenschaft im 20. Jahrhundert. Ein biographisch-bibliographisches Lexikon, Wien, Köln, Weimar 2006 (Veröffentlichungen der Kommission für Neuere Geschichte Österreichs, 99), S. 69f., 246. Publikationen: Neben Beiträgen in den Schriftenreihen des Instituts z.B. die Thematisierung von umwelthistorischen Aspekten in Harry KÜHNEL (Hg.), Alltag im Spätmittelalter, Graz, Wien, Köln 1984; DERS., Natur, Umwelt: Mittelalter, in: Peter DINZELBACHER (Hg.), Europäische Mentalitätsgeschichte. Hauptthemen in Einzeldarstellungen, Stuttgart 1993, S. 562–580; Karl BRUNNER, Virtuelle und wirkliche Welt. Umweltgeschichte als Mentalitätsgeschichte, in: Konrad SPINDLER (Hg.), Mensch und Natur im mittelalterlichen Europa. Archäologische, historische und naturwissenschaftliche Befunde. Akten der Akademie Friesach »Stadt und Kultur im Mittelalter«. Friesach (Kärnten), 1.–5. September 1997, Klagenfurt 1998 (Schriftenreihe der Akademie Friesach, 4), S. 327–344; DERS., Petra SCHNEIDER

und interdisziplinär ausgerichtete umweltwissenschaftliche Forschung hat sich in Österreich in den letzten fünfzehn Jahren auch an der Abteilung Soziale Ökologie des Instituts für Interdisziplinäre Forschung und Fortbildung in Wien (u.a. um Verena Winiwarter) entwickelt[24]. Natürliche und anthropogene Umweltveränderungen im mittelalterlichen Jahrtausend werden auch von der historischen Klimaforschung thematisiert, die besonders in der Schweiz an der Universität Bern von dem Historiker Christian Pfister[25] sowie neuerdings in Deutschland an der Universität Freiburg von dem Geographen Rüdiger Glaser betrieben wird – letzterer wohl nicht zufällig aus der oben erwähnten »Würzburger Tradition« kommend[26]. Die historischen Geographen an

(Hg.), Umwelt Stadt. Geschichte des Natur- und Lebensraumes Wien, Wien, Köln, Weimar 2005 (Wiener Umweltstudien, 1); zu Brunner siehe auch Anm. 38.

[24] Vgl. www.iff.ac.at/umweltgeschichte/home.php (zuletzt aufgerufen am 5. Mai 2006), zu Verena Winiwarter FELLNER, CORRADINI, Österreichische Geschichtswissenschaft (wie Anm. 23), S. 455. Die Publikationen berücksichtigen bisweilen nur in abstrakter oder allgemeiner Weise mediävistische Forschungsansätze, vgl. z.B. Verena WINIWARTER, Patterns of Coping with the Environment (14th–18th Centuries). Computer access to man's relation to nature, in: Gerhard JARITZ, Ingo H. KROPAČ, Peter TEIBENBACHER (Hg.), The Art of Communication. Proceedings of the Eigth International Conference of the Association for History and Computing, Graz, Austria, August 24–27, 1993, Graz 1995 (Grazer grundwissenschaftliche Forschungen, 1), S. 515–526; DIES., Plädoyer für eine Umweltgeschichte der Stadt, in: Pro civitate Austriae, Neue Folge 3 (1998), S. 7–15; DIES., Zwischen Gesellschaft und Natur. Aufgaben und Leistungen der Umweltgeschichte, in: Ernst BRUCKMÜLLER, DIES. (Hg.), Umweltgeschichte. Zum historischen Verhältnis von Gesellschaft und Natur, Wien 2000 (Schriften des Institutes für Österreichkunde, 63), S. 6–20; Verena WINIWARTER, Harald WILFING (Hg.), Historische Humanökologie. Interdisziplinäre Zugänge zu Menschen und ihrer Umwelt, Wien 2002; Verena WINIWARTER, Approaches to Environmental History: a Field Guide to its Concepts, in: József LASZLOVSZKY, Péter SZABÓ (Hg.), People and Nature in Historical Perspective, Budapest 2003 (Central European University, Medievalia, 5), S. 3–22. Einen mediävistischen Schwerpunkt bilden die umwelthistorische Erforschung von Kulturlandschaften, siehe Anm. 49, 71–73; ferner Studien wie z.B. Werner SCHWARZ, Historische Umweltprobleme und Muster der Bewältigung, in: Österreichischer Kalender für Berg, Hütte, Energie 38 (1992) S. 33–36, hier S. 36, Anm. 5.

[25] Vgl. z.B. Christian PFISTER, Historische Umweltforschung und Klimageschichte. Mit besonderer Berücksichtigung des Hoch- und Spätmittelalters, in: Siedlungsforschung. Archäologie – Geschichte – Geographie 6 (1988) S. 113–127; zum Stand der Forschung: DERS., Klimawandel in der Geschichte Europas. Zur Entwicklung und zum Potenzial der Historischen Klimatologie, in: Erich LANDSTEINER (Hg.), Klima Geschichten, Wien 2001 (Österreichische Zeitschrift für Geschichtswissenschaften 12/2), S. 7–43; Pfister bereitet derzeit eine Klimageschichte Europas im Mittelalter vor. Weitere Arbeiten aus dem Umkreis von Pfister sind z.B. Gabriela SCHWARZ-ZANETTI, Grundzüge der Klima- und Umweltgeschichte des Hoch- und Spätmittelalters in Mitteleuropa, Zürich 1998; Milène WEGMANN, Naturwahrnehmung im Mittelalter im Spiegel der lateinischen Historiographie des 12. und 13. Jahrhunderts, Bern u.a. 2005 (Lateinische Sprache und Literatur des Mittelalters, 40).

[26] Zur Würzburger umwelthistorischen Tradition vgl. Anm. 9–11 (Helmut Jäger). In Auswahl: Rüdiger GLASER, Enrico VINCELLI, Stefan MILITZER, Klima-, Witterungs- und Wettervorstellungen als Ideen- und Naturwissenschaftshistorie. Ein Beitrag zum Problem der historischen Klimawahrnehmung, in: Rüdiger GLASER, Barbara SPONHOLZ (Hg.), Geowissenschaftliche Beiträge zu Forschung, Lehre und Praxis. Festschrift für Horst Hagedorn, Würzburg 1993 (Würzburger geographische Arbeiten, 87), S. 465–490; Rüdiger GLASER, Ulrike

der Universität Bonn schließlich beschäftigen sich schon seit langem mit umwelthistorischen Fragen des Mittelalters u.a. im Rahmen von historisch-geographisch ausgerichteter Kulturlandschaftsforschung[27].

Hingewiesen werden muß ferner auf eine zunehmende Zahl einschlägiger Kolloquien, Tagungen und Sommerkurse, auf denen zahlreiche Facetten der Umweltthematik unter anderem auch im mittelalterlichen Jahrtausend beleuchtet wurden und werden[28]. Eine für die deutschsprachige Mediävistik wichtige Etappe war zweifellos

---

BEYER, Christoph BECK, Die Temperaturentwicklung in Mitteleuropa seit dem Jahr 1000 auf der Grundlage quantifizierter historischer Quellentexte, in: Winfried SCHENK (Hg.), Aufbau und Auswertung »Langer Reihen« zur Erforschung von historischen Waldzuständen und Waldentwicklungen. Ergebnisse eines Symposiums in Blaubeuren vom 26.–28.2.1998, Tübingen 1999 (Tübinger geographische Studien, 125), S. 23–46; DIES., Vom mittelalterlichen Wärmeoptimum über die Kleine Eiszeit ins moderne Treibhausklima, in: Petermanns Geographische Mitteilungen 144/4 (2000), S. 44–53; mit umfassender Berücksichtigung des Mittelalters, aber m.E. problematischer Quellengrundlage Rüdiger GLASER, Klimageschichte Mitteleuropas. 1000 Jahre Wetter, Klima, Katastrophen, Darmstadt 2001.

[27] Vgl. Klaus-Dieter KLEEFELD, Peter BURGGRAAF (Hg.), Perspektiven der Historischen Geographie. Siedlung – Kulturlandschaft – Umwelt in Mitteleuropa. Anläßlich des 25jährigen Dienstjubiläums von Klaus Fehn in Bonn und seines 60. Geburtstages, Bonn 1997; Winfried SCHENK, Historische Geographie. Umwelthistorisches Brückenfach zwischen Geschichte und Geographie, in: SIEMANN, FREYTAG (Hg.), Umweltgeschichte (wie Anm. 4), S. 129–146, und Anm. 77 zu rezenten Trends. Der derzeitige Bonner Lehrstuhlinhaber Winfried Schenk wurde von Helmut Jäger in Würzburg promoviert, vgl. www.giub.uni-bonn.de/hisgeo/Homepage/ Schenk/Schenk.htm (zuletzt aufgerufen am 18. Oktober 2006).

[28] Vgl. in Auswahl: Hermann KELLENBENZ (Hg.), Wirtschaftsentwicklung und Umweltbeeinflussung (14.–20. Jahrhundert). Berichte der 9. Arbeitstagung der Gesellschaft für Sozial- und Wirtschaftsgeschichte (30.3.–1.4.1981), Wiesbaden 1982 (Beiträge zur Wirtschafts- und Sozialgeschichte, 20); mit umwelthistorischen Aspekten auch Bernd HERRMANN, Rolf SPRANDEL (Hg.), Determinanten der Bevölkerungsentwicklung im Mittelalter, Weinheim 1987; die Zeitschrift Siedlungsforschung. Archäologie – Geschichte – Geographie 6 (1988) mit dem Schwerpunktthema »Historische Umweltforschung«; Albrecht JOCKENHÖVEL (Hg.), Bergbau, Verhüttung und Waldnutzung im Mittelalter. Auswirkungen auf Mensch und Umwelt. Ergebnisse eines internationalen Workshops (Dillenburg, 11.–15. Mai 1994. Wirtschaftshistorisches Museum »Villa Grün«, Stuttgart 1996 (Vierteljahrschrift für Sozial- und Wirtschaftsgeschichte. Beiheft 121); Günter BAYERL, Norman FUCHSLOCH, Torsten MEYER (Hg.), Umweltgeschichte – Methoden, Themen, Potentiale. Tagung des Hamburger Arbeitskreises für Umweltgeschichte, Hamburg 1994, Münster u.a. 1996 (Cottbuser Studien zur Geschichte von Technik, Arbeit und Umwelt, 1); Beiträge deutschsprachiger Wissenschaftler auch in Guy DE BOE, Frans VERHAEGHE (Hg.), Environment and Subsistence in Medieval Europe. Papers of the »Medieval Europe Brugge 1997« Conference, Bd. 9, Zellik 1997 (Instituut voor het Archeologisch Patrimonium, Rapporten, 9); Rolf Peter SIEFERLE, Helga BREUNINGER (Hg.), Natur-Bilder. Wahrnehmungen von Natur und Umwelt in der Geschichte, Frankfurt a.M., New York 1999; Verena WINIWARTER, Harald WILFING (Hg.), Historische Humanökologie. Interdisziplinäre Zugänge zu Menschen und ihrer Umwelt, Wien 2001; LASZLOVSZKY, SZABÓ (Hg.), People and Nature (wie Anm. 24); ferner jüngst die Tagungen »Umweltverhalten in Geschichte und Gegenwart: Vergleichende Ansätze aus Geistes- und Naturwissenschaften« in Tübingen (30.6.–2.7.2006) sowie »Natur und Mensch in Mitteleuropa im letzten Jahrtausend« in München (16.10.2006); zu diesen http://hsozkult.geschichte.hu-berlin.de/termine/id=5339

die geistes- und ideengeschichtlich orientierte 27. Kölner Mediaevistentagung des Thomas-Instituts der Universität Köln im Jahre 1990 mit dem Thema »Mensch und Natur im Mittelalter«[29]. Auch die Tagung »Mensch und Natur im mittelalterlichen Europa« der Akademie Friesach im Jahre 1997, das interdisziplinär ausgerichtete 9. Symposium des Mediävistenverbandes zum Thema »Natur im Mittelalter« in Marburg im Jahre 2001[30], vor allem aber die mediävistischen Sektionen der seit dem Jahre 2001 regelmäßig stattfindenden Tagungen der European Society for Environmental History räumten der Umweltthematik einen wichtigen Platz ein[31].

Doch trotz dieser in den letzten beiden Jahrzehnten deutlich intensivierten und diversifizierten Forschungsanstrengungen läßt sich die oben skizzierte Einschätzung und Charakterisierung der jüngeren deutschen Umweltgeschichtsschreibung des Mittelalters durch Hans-Werner Goetz durch einen Blick in weitere Werke mit Überblicks- oder Einführungscharakter guten Gewissens als derzeitige *opinio communis* der deutschsprachigen Mediävistik *cum grano salis* bestätigen. Verbreitet ist demnach die Verortung der Umweltgeschichte im Bereich der Kultur- und Mentalitätsgeschichte, der historischen Anthropologie, Verhaltens- oder Wahrnehmungsgeschichte[32]. Kaum

---

und http://hsozkult.geschichte.hu-berlin.de/termine/id=5969 (zuletzt aufgerufen am 18. Oktober 2006).

[29] Trotz oder gerade wegen ihrer stark philosophiehistorischen Ausrichtung bieten die beiden Tagungsbände von Albert ZIMMERMANN, Andreas SPEER (Hg.), Mensch und Natur im Mittelalter, Berlin, New York 1991–1992 (Miscellanea Mediaevalia. Veröffentlichungen des Thomas-Instituts der Universität zu Köln, 21/1 und 21/2) zahllose weiterführende Anregungen für die Auseinandersetzung mit z.B. Naturvorstellungen im Mittelalter, die ihrerseits fundamentale Bedeutung für den Umgang mit der Umwelt hatten.

[30] SPINDLER (Hg.), Mensch und Natur (wie Anm. 23); Peter DILG (Hg.), Natur im Mittelalter. Konzeptionen – Erfahrungen – Wirkungen. Akten des 9. Symposiums des Mediävistenverbandes, Marburg, 14.–17. März 2001, Berlin 2003.

[31] Vgl. die Webseite http://eseh.ruc.dk/conference/ (zuletzt aufgerufen am 18. Oktober 2006), den seit 1989 erscheinenden »Environmental History Newsletter« und z.B. den ursprünglich auf der 1. internationalen Konferenz der European Society for Environmental History in St Andrews, Schottland (5.–8.9.2001) gehaltenen Vortrag des Salzburger Mediävisten Christian ROHR, Man and Natural Disaster in the Late Middle Ages: The Earthquake in Carinthia and Northern Italy on 25 January 1348 and its Perception, in: Michael KEMPE, DERS. (Hg.), Coping with the Unexpected – Natural Disasters and their Perception, Isle of Harris 2003 (Environment and History 9/2, special issue), S. 127–149.

[32] Kultur- und Mentalitätsgeschichte: Johannes GRABMAYER, Europa im späten Mittelalter 1250–1500. Eine Kultur- und Mentalitätsgeschichte, Darmstadt 2004, S. 133–163; BRUNNER, Virtuelle und wirkliche Welt (wie Anm. 23); KÜHNEL, Natur, Umwelt (wie Anm. 23); Hans-Henning KORTÜM, Menschen und Mentalitäten. Einführung in Vorstellungswelten des Mittelalters, Berlin 1996, S. 215–243; Christian ROHR, Mensch und Naturkatastrophe. Tendenzen und Probleme einer mentalitätsbezogenen Umweltgeschichte des Mittelalters, in: Sylvia HAHN, Reinhold REITH (Hg.), Umwelt-Geschichte. Arbeitsfelder, Forschungsansätze, Perspektiven, Wien 2001 (Querschnitte, 8). Historische Anthropologie: Johannes FRIED, Geschichte als historische Anthropologie, in: Rolf BALLOF (Hg.), Geschichte des Mittelalters für unsere Zeit. Erträge des Kongresses des Verbandes der Geschichtslehrer Deutschlands »Geschichte des Mittelalters im Geschichtsunterricht«, Quedlinburg 20.–23. Oktober 1999, Stuttgart 2003, S. 67–74. Verhaltens- oder Wahrnehmungsgeschichte: August NITSCHKE, Umweltschutz und

weniger häufig wird sie der Sozial- und Wirtschafts-, der Alltags- und Sachkulturgeschichte zugeordnet[33]. Doch sie kann auch als ein Aspekt spezieller Themenfelder wie der Stadtgeschichte, der Geschichte des hochmittelalterlichen Landesausbaus, der Energiegeschichte, der Geschichte des Mensch-Tier-Verhältnisses, der Geschichte der Entsorgung und der Medizingeschichte verstanden werden[34]. Erst in jüngster Zeit wurde die Umweltgeschichte auch einmal als wichtiger Aspekt der (allerdings ›nur‹) (spät-)mittelalterlichen Geschichte Europas überhaupt gewichtet[35].

Inwieweit diese verbreiteten Einschätzungen der Umweltgeschichte als interessanter und fruchtbarer Aspekt anderer ›Bindestrichgeschichten‹ mehr denn als eigener Forschungsbereich berechtigt sind oder – auch mit Blick auf die internationale Entwicklung des Faches – eine traditionalistische Blickverengung auf ältere Fachtraditionen bedeuten, vielleicht sogar eine Fehleinschätzung jüngster Entwicklungen und ein Übersehen prospektiver Entwicklungsmöglichkeiten des Faches (etwa auch im Bereich der Umwelt- und Geschichtsdidaktik[36]) darstellen, wird sich freilich erst in Zukunft zeigen.

Umweltwahrnehmung, in: Jörg CALLIESS, Jörn RÜSEN, Meinfried STRIEGNITZ (Hg.), Mensch und Umwelt in der Geschichte, Pfaffenweiler 1989 (Geschichtsdidaktik. Studien, Materialien, NF 5), S. 35–46.

[33] Zuordnung bei Ludolf KUCHENBUCH, Mediävistik als Historische Anthropologie, in: Hans-Werner GOETZ, Jörg JARNUT (Hg.), Mediävistik im 21. Jahrhundert. Stand und Perspektiven der internationalen und interdisziplinären Mittelalterforschung, München 2003 (MittelalterStudien des Instituts zur Interdisziplinären Erforschung des Mittelalters und seines Nachwirkens, Paderborn, 1), S. 287; bei DIRLMEIER, FOUQUET (Hg.), Menschen, Dinge und Umwelt (wie Anm. 21) zur Alltags- und Sachkulturgeschichte; bei FOUQUET, Städtische Umwelten (wie Anm. 21) zur Sozial- und Wirtschaftsgeschichte.

[34] Vgl. z.B. BRUNNER, SCHNEIDER (Hg.), Umwelt Stadt (wie Anm. 23); Hans-Werner NICKLIS, Mundus circumquaque. Gedanken zur Umwelt des Früh- und Hochmittelalters, in: Geschichte in Wissenschaft und Unterricht 43 (1992), S. 275–289; zur Umweltgeschichte als Aspekt der Seuchen- und Medizingeschichte und umgekehrt z.B. RADKAU, Natur und Macht (wie Anm. 15), S. 154–159, 184–187, 299–305.

[35] Vgl. Ulf DIRLMEIER, Gerhard FOUQUET, Bernd FUHRMANN, Europa im Spätmittelalter 1215–1378, München 2003 (Oldenbourg Grundriss der Geschichte, 8), u.a. S. 10f., 158–170.

[36] Vgl. einige Studien, die u.a. und auf unterschiedliche Weise umwelt-, geographie- oder geschichtsdidaktische Intentionen verfolgen und dabei auf das mittelalterliche Jahrtausend eingehen: CALLIESS, RÜSEN, STRIEGNITZ (Hg.), Mensch und Umwelt (wie Anm. 32); Helmut JÄGER, Mittelalterlich-frühneuzeitliche Umweltwahrnehmung. Vornehmlich nach Quellen aus dem südlichen und mittleren Deutschland, in: Heinz-Peter BROGIATO, Hans-Martin CLOSS (Hg.), Geographie und ihre Didaktik. Festschrift für Walter Sperling, Teil 1: Beiträge zur Deutschen Landeskunde und zur Regionalen Geographie, Trier 1992 (Materialien zur Didaktik der Geographie, 15), S. 167–182; NICKLIS, Mundus circumquaque (wie Anm. 34); Paul LEIDINGER, Umweltkrise, Historische Ökologie und Geschichtsunterricht. Ein Literaturbericht (Teil II), in: BEHRENS, NEUMANN, SCHICKORA (Hg.), Wirtschaftsgeschichte und Umwelt (wie Anm. 15), S. 383–403, hier S. 397–403; Günter BAYERL, Ulrich TROITZSCH (Hg.), Quellentexte zur Geschichte der Umwelt von der Antike bis heute, Göttingen, Zürich 1998 (Quellensammlung zur Kulturgeschichte, 23), S. 87–115; Verena RADKAU, Roderich HENRÝ, Katastrophen und sonstige Kalamitäten in deutschen Geschichts-, Gesellschaftskunde- und Geographiebüchern, in: DIES. (Hg.), »Katastrophendidaktik«. »Disaster Education«, Braunschweig 2005 (Internationale Schulbuchforschung, 27,4), S. 375–388; FRIED, Geschichte als historische An-

Neben diese Wahrnehmung der Umweltgeschichtsschreibung durch die ›allgemeine‹ Mediävistik tritt die Selbstsicht der sich formierenden Umweltgeschichtsschreibung, was prosopographisch natürlich schwer, meistens sogar gar nicht voneinander zu trennen ist[37]. Auch hier begegnet zunächst die Feststellung, daß das Forschungsfeld eher durch eine umweltgeschichtliche Fragestellung als durch Gegenstand, Quellen und Methoden konstituiert wird, mit den Worten des österreichischen Mediävisten und derzeitigen Direktors des renommierten Instituts für österreichische Geschichtsforschung Karl Brunner, leicht überspitzt: »Die Umweltgeschichte ist sich nicht einmal ihres Gegenstandes sicher«[38]. Folgerichtig rangen bisher und ringen auch heute noch – jedoch mit abnehmender Tendenz – viele, die sich erklärtermaßen mit Umweltgeschichte beschäftigen, um Begriffsklärungen, Standortbestimmungen, Abgrenzungen, Definitionen und Beschreibungen dessen, was sie tun – zugleich Merkmal reflektierender Wissenschaft wie Kennzeichen einer (sub-)disziplinären Formierungsphase[39]. Nach einigen der in den letzten zwanzig Jahren erörterten Kriterien kann man die Geschichtsschreibung, die sich mit umwelthistorischen Fragestellungen oder Phänomenen in der Epoche des Mittelalters beschäftigt, skizzenhaft zu systematisieren versuchen.

In der Begrifflichkeit Rolf Peter Sieferles läßt sich wohl die Mehrzahl der mediävistischen Arbeiten der letzten dreißig Jahre zu Umweltthemen einem »umwelt-

thropologie (wie Anm. 32), S. 67f., 71f.; Bodo VON BORRIES, Durchbrüche von Wirtschaft und Wissenschaft – Krisen von Umwelt und Innenwelt? Versäumte Lektionen zur Ökologie und Mentalitätsgeschichte, Herbolzheim i.Br. 2006 (Reihe Geschichtswissenschaft, 51).

[37] Vgl. die bisher schon aufgeführten Forschungsüberblicke und Literaturberichte mit teilweiser Berücksichtigung der Mediävistik, ferner in Auswahl: Franz-Josef BRÜGGEMEIER, Zusammenstellung abgeschlossener und laufender Projekte zur Historischen Umweltforschung. Fernuniversität Hagen, Arbeitsbereich Neuere Geschichte, Hagen 1989 (masch.-schr.), S. 60f., 66f., 77f., 89–92; Joachim RADKAU, Umweltprobleme als Schlüssel zur Periodisierung der Technikgeschichte, in: Technikgeschichte 57 (1990) 4, S. 345–361; DERS., Literaturbericht: Technik- und Umweltgeschichte, Teil 1, in: Geschichte in Wissenschaft und Unterricht 48 (1997), S. 479–497, hier S. 484, 489–497; DERS., Literaturbericht: Technik- und Umweltgeschichte, Teil 2, in: Geschichte in Wissenschaft und Unterricht 50 (1999), S. 250–258, hier S. 251f., 254f.; DERS., Literaturbericht: Technik- und Umweltgeschichte, Teil 3, in: Geschichte in Wissenschaft und Unterricht 50 (1999), S. 356–384, hier S. 356f., 359–362; Gottfried ZIRNSTEIN, Ökologie und Umwelt in der Geschichte, Marburg 1994 (Ökologie und Wirtschaftsforschung, 14), S. 29–61.

[38] Karl BRUNNER, Umgang mit Unwissen, in: JARITZ, WINIWARTER (Hg.), Umweltbewältigung (wie Anm. 7), S. 160–169, hier S. 162; zu Brunner siehe Anm. 23. Vergleichbare, in einzelnen jedoch differierende Einschätzungen z.B. bei Joachim RADKAU, Was ist Umweltgeschichte? in: SIMON (Hg.), Umweltgeschichte heute (wie Anm. 4), S. 86–107, hier S.87–91; Dirk NEUBER, Energie- und Umweltgeschichte des Niedersächsischen Steinkohlebergbaus. Von der Frühen Neuzeit bis zum Ersten Weltkrieg, Hannover 2002 (Veröffentlichungen der Historischen Kommission für Niedersachsen und Bremen, 206), S. 14.

[39] Vgl. die Forschungsüberblicke bei WINIWARTER, Umwelt-en (wie Anm. 7); DIES., Was ist Umweltgeschichte? (wie Anm. 2) und z.B. die jüngeren Selbstverortungen von Britta PADBERG, Die Oase aus Stein. Humanökologische Aspekte des Lebens in mittelalterlichen Städten, Berlin 1996, S. 12f., 17–29, und NEUBER, Energie- und Umweltgeschichte (wie Anm. 38), S. 13–15.

hygienischen Ansatz« zuordnen, den er in die Nähe sozialgeschichtlicher Konzepte rückt[40]. Mit dieser Charakterisierung meint Sieferle, daß in erster Linie retrospektiv, manchmal auch wertend nach beeinträchtigenden Wirkungen menschlicher Kultur auf eine häufig normativ harmonisch gedachte Natur gefragt wird, die Aufmerksamkeit also dem Umgang mit – nach gegenwärtigem Verständnis – ›Umweltsünden‹ der Vergangenheit gilt.

In der rezenten deutschsprachigen Mediävistik wird dieser Ansatz in der Tat mit Gewinn verfolgt, und inwiefern der unterschiedliche Umgang mit der Weberschen Maxime der Werturteilsfreiheit für den Erkenntnisprozeß eine positive oder negative Rolle spielt, wäre im einzelnen erst noch zu klären[41]. Eine recht große Anzahl von Studien thematisiert Konflikte, die auch als Umweltkonflikte verstanden werden können, etwa um die Nutzung des Waldes als Holzlieferant, Weidegrund und Jagdgebiet zwischen Herrschaften und Gemeinschaften[42]. Auch die Stadt kann unter diesen Ge-

[40] Rolf Peter SIEFERLE, Aufgaben einer künftigen Umweltgeschichte, in: SIMON (Hg.), Umweltgeschichte heute (wie Anm. 4), S. 29–43, hier S. 31; zur Kritik vgl. WINIWARTER, Was ist Umweltgeschichte? (wie Anm. 2), S. 14f. Zu verwandten soziologischen Ansätzen der Umweltforschung vgl. die Beiträge in Karl-Werner BRAND (Hg.), Soziologie und Natur. Theoretische Perspektiven, Opladen 1998 (Soziologie und Ökologie, 2).

[41] Die Fragen der Historiker werden stets im Horizont ihrer Zeit gestellt und verlangen daher immer nach kritischer Reflexion ihres Standpunkts, Erkenntnisziels, Blickwinkels und ihrer Methodik. Zur Rolle von Objektivität, Subjektivität und Werten im historischen Erkenntnisprozeß vgl. nur Chris LORENZ, Konstruktion der Vergangenheit. Eine Einführung in die Geschichtstheorie, Köln, Weimar, Wien 1997 (Beiträge zur Geschichtskultur, 13), S. 367–436. Den damit verbundenen komplexen erkenntnistheoretischen und methodologischen Problemen kann hier leider nicht weiter nachgegangen werden.

[42] Die bei Ernst Schubert entstandene Dissertation von Bettina BORGEMEISTER, Die Stadt und ihr Wald. Eine Untersuchung zur Waldgeschichte der Städte Göttingen und Hannover vom 13. bis zum 18. Jahrhundert, Hannover 2005 (Veröffentlichungen der Historischen Kommission für Niedersachsen und Bremen, 228) geht jedoch nicht explizit auf Umwelt ein. Forstgeschichte läßt sich, je nach Zugriff, eben auch z.B. als Verfassungsgeschichte begreifen, wie dies Ralf GÜNTHER, Der Arnsberger Wald im Mittelalter. Forstgeschichte als Verfassungsgeschichte, Münster 1994 (Geschichtliche Arbeiten zur westfälischen Landesforschung, 20; Veröffentlichungen der Historischen Kommission für Westfalen, 22) zu zeigen versucht hat. Vgl. ferner mit jeweils eigentümlicher, u.a. auch umwelthistorischer Akzentuierung z.B. Peter BLICKLE, Wem gehörte der Wald? Konflikte zwischen Bauern und Obrigkeiten um Nutzungs- und Eigentumsansprüche, in: Zeitschrift für württembergische Landesgeschichte 45 (1986), S. 167–178; Rolf-Jürgen GLEITSMANN, Und immer wieder starben die Wälder: Ökosystem Wald, Waldnutzung und Energiewirtschaft in der Geschichte, in: CALLIESS, RÜSEN, STRIEGNITZ (Hg.), Mensch und Umwelt (wie Anm. 32), S. 175–204; Heinz-Dieter HEIMANN, Der Wald in der städtischen Kulturentfaltung und Landschaftswahrnehmung, Zur Problematik des kulturellen Naturverhältnisses als Teil einer Umwelt- und Gesellschaftsgeschichte des Mittelalters und der frühen Neuzeit, in: ZIMMERMANN, SPEER (Hg.), Mensch und Natur, Bd. 2 (wie Anm. 29), S. 866–881; Marlene NIKOLAY-PANTER, Wald und Waldnutzung im Rheinland des späten Mittelalters und der frühen Neuzeit. Eine Skizze, in: Gunther HIRSCHFELDER, Dorothea SCHELL, Adelheid SCHRUTKA-RECHTENSTAMM (Hg.), Kulturen – Sprachen – Übergänge. Festschrift für Heinrich L. Cox zum 65. Geburtstag, Köln, Weimar, Wien 2000, S. 327–346; Ernst SCHUBERT, Alltag im Mittelalter. Natürliches Lebensumfeld und menschliches Miteinander, Darmstadt 2002, S. 36–64; Hans BECHER, Ingolf ERICSON (Hg.), Mittelalterliche Wüstungen im Steigerwald. Be-

sichtspunkten zum Thema werden. Bernd Schneidmüller untersucht z.b. die städtische »Umweltgesetzgebung« im Spätmittelalter, indem er die wechselwirkende Notwendigkeit wirtschaftlicher Aktivitäten, das daraus resultierende umweltschädliche Verhalten und die begrenzt wirksamen administrativ-rechtlichen Regularien einzelner Stadtherrschaften in Abhängigkeit von ihrer politischen Verfaßtheit rekonstruiert und schlußfolgert: »Probleme von Versorgung und Entsorgung, von Verschmutzung oder Beeinträchtigung der Umwelt ließen sich grundsätzlich also weder durch Appelle noch durch gesetzgeberische Maßnahmen lösen, sondern allenfalls erträglich gestalten, eine Erfahrung, die man im Laufe der Geschichte immer wieder bestätigt findet«[43]. Horst Kranz skizziert einen Dauerkonflikt im Lütticher Bergbau des Mittelalters, der um die Nutzung von Wasserkraft versus den Abbau von Kohle kreiste – auch hier stehen also Fragen der herrschaftlich-rechtlichen Aushandlung von Ressourcennutzung im Vordergrund. Kranz bemerkt dazu: »Im übrigen weisen die Konflikte, die sich damals aus der Abhängigkeit von Bergbau und Wasserhaushalt ergaben, unübersehbare Bezüge zu den gegenwärtigen Auseinandersetzungen um den rheinischen Tagebau Garzweiler II auf«[44]. Auch Werner Rösener, der sich besonders um die Geschichte der Bauern, der Jagd und der Allmenden im Mittelalter verdient gemacht hat, betont mit Blick auf die dabei beobachteten Formen des Umgangs mit der natürlichen Umwelt den Aspekt der »Naturzerstörung«, freilich mit einem offenen Blick für die komplexen Wechselwirkungen zwischen sozialen Lebensformen, kulturell geprägten Einstellungen und herrschaftlich-rechtlichen Bedingungen[45]. Gerade der »umwelthygienische« bzw.

---

richt über ein Symposium des Zentrums für Mittelalterstudien der Otto-Friedrich-Universität Bamberg am 3. Februar 2001, Bamberg 2004 (Bamberger geographische Schriften. Sonderfolge 7); Urs MEINERS, Werner RÖSENER (Hg.), Allmenden und Marken vom Mittelalter bis zur Neuzeit. Beiträge des Kolloquiums vom 18. bis 20. September 2002 im Museumsdorf Cloppenburg, Cloppenburg 2004 (Kataloge und Schriften des Museumsdorfs Cloppenburg, 14); Werner RÖSENER, Die Geschichte der Jagd. Kultur, Gesellschaft und Jagdwesen im Wandel der Zeit, Düsseldorf, Zürich 2004, S. 74–251.

[43] Bernd SCHNEIDMÜLLER, Städtische Umweltgesetzgebung im Spätmittelalter, in: CALLIESS, RÜSEN, STRIEGNITZ (Hg.), Mensch und Umwelt (wie Anm. 32), S. 119–138, hier S. 138; ähnlich bereits Ulf DIRLMEIER, Die kommunalpolitischen Zuständigkeiten und Leistungen süddeutscher Städte im Spätmittelalter (vor allem auf dem Gebiet der Ver- und Entsorgung), in: Jürgen SYDOW (Hg.), Städtische Versorgung und Entsorgung im Wandel der Geschichte, Sigmaringen 1981 (Stadt in der Geschichte, 8) und DERS., Historische Umweltforschung (wie Anm. 21), S. 105–108.

[44] Horst KRANZ, Kohle oder Wasser. Zum Beginn eines Dauerkonflikts im Lütticher Bergbau des Mittelalters, in: Lotte KÉRY, Dietrich LOHRMANN, Harald MÜLLER (Hg.), Licet preter solitum. Ludwig Falkenstein zum 65. Geburtstag, Aachen 1998, S. 183–191, hier S. 186. Grundlegend DERS., Lütticher Steinkohlebergbau im Mittelalter, 2 Bde., Aachen 2000 (Aachener Studien zur älteren Energiegeschichte, 6 und 7). Vgl. z.B. auch den Sammelband JOCKENHÖVEL (Hg.), Bergbau (wie Anm. 28), der einige Aufsätze mit vergleichbaren Ansätzen enthält.

[45] Werner RÖSENER, Naturzerstörung im Mittelalter, in: Rolf Peter SIEFERLE (Hg.), Natur: Ein Lesebuch, München 1991, S. 373–382. Vgl. z.B. auch DERS., Die Bauern in der europäischen Geschichte, München 1993; DERS., Zur Erforschung der Marken und Allmenden, in: MEINERS, DERS. (Hg.), Allmenden und Marken (wie Anm. 42), S. 9–16.

sozialgeschichtliche Ansatz[46] erlaubt es also, Fragen nach der Zuschreibung umweltschädlicher Handlungen, nach Täter- und Opfergruppen, aber auch Gewinnern und Verlierern beim Zugriff auf Ressourcen, also z.B. nach der Rolle von Macht und Herrschaft im Umgang mit der Umwelt zu stellen und zu beantworten.

Einen zweiten Ansatz, den Sieferle selbst als »humanökologische *histoire totale*« charakterisiert und der in der Umweltforschung unter anderem auch als holistisch, humanökologisch und historisch-ökologisch bezeichnet wird, setzt ein (durchaus im Luhmannschen Sinne) systemhaftes Verständnis von einer permanenten inneren und wechselweise wirkenden Dynamik zwischen den Teilsystemen Natur, Mensch und Kultur voraus[47]. Erst eine interdisziplinäre Erforschung der komplexen Verschränkung der Geschichten von Natur, Mensch und Kultur ließe, so jedenfalls Sieferle, die Konturen einer Umweltgeschichte erkennen. Das sind freilich – zumal für Einzelforscher – höchste, vielleicht sogar utopische Ansprüche, die für die vergleichsweise quellenarme Zeit des Mittelalters, falls überhaupt, nur wenige Arbeiten werden einlösen können[48].

---

[46] Weitere Beispiele: Hansjörg KÜSTER, Mittelalterliche Eingriffe in Naturräume des Voralpenlandes, in: Bernd HERRMANN (Hg.), Umwelt in der Geschichte. Beiträge zur Umweltgeschichte, Göttingen 1989, S. 63–76; Peter SCHÖLL, Die Rauriser Wälder und ihre Schlägerung zur Deckung des Holzbedarfs des Rauriser Goldbergbaus im Mittelalter. Ein Umweltthema des Mittelalters, in: Mitteilungen der Gesellschaft für Salzburger Landeskunde 130 (1990), S. 361–413; Ernst SCHUBERT, Scheu vor der Natur – Ausbeutung der Natur – Formen und Wandlungen des Umweltbewußtseins im Mittelalter, in: DERS., Bernd HERRMANN (Hg.), Von der Angst zur Ausbeutung. Umwelterfahrung zwischen Mittelalter und Neuzeit, Frankfurt a.M. 1994, S. 13–58; Andreas BINGENER, Ulf DIRLMEIER, Öffentliche Sauberkeit in der mittelalterlichen und frühneuzeitlichen Stadt. Wasserversorgung – Abwässer – Abfälle, in: Sozialwissenschaftliche Informationen 26 (1997), S. 6–15; die Beiträge in Christiane SEGERS-GLOCKE (Hg.), Auf den Spuren einer frühen Industrielandschaft. Naturraum – Mensch – Umwelt im Harz, Hameln 2000 (Arbeitshefte zur Denkmalpflege in Niedersachsen, 21). Mit kritischem Blick auf Niedergangsmythen die Beiträge in Frank UEKÖTTER, Jens HOHENSEE (Hg.), Wird Kassandra heiser? Beiträge zu einer Geschichte der »falschen Öko-Alarme«, Stuttgart 2004 (Historische Mitteilungen. Im Auftrage der Ranke-Gesellschaft, 57).

[47] SIEFERLE, Aufgaben (wie Anm. 40), S. 42; systematischer expliziert in DERS., Kulturelle Evolution des Gesellschaft-Natur-Verhältnisses, in: Marina FISCHER-KOWALSKI u.a. (Hg.), Gesellschaftlicher Stoffwechsel und Kolonisierung von Natur. Ein Versuch in sozialer Ökologie, Amsterdam 1997, S. 37–53. Zu den Begriffen in der Reihenfolge der Nennung: NEUBER, Energie- und Umweltgeschichte (wie Anm. 38), S. 14; PADBERG, Oase aus Stein (wie Anm. 39), S. 13; LEIDINGER, Umweltforschung (wie Anm. 15), S. 506f., und DERS., Umweltkrise (wie Anm. 36), S. 391–397, der in der Entwicklung der jüngeren Umweltgeschichtsschreibung einen Wandel von einer »historischen Umweltforschung« zu einer »historischen Ökologie« sieht. Arne ANDERSEN, Zum Verhältnis von Technikgeschichte und Umweltgeschichte, in: Blätter für Technikgeschichte 57 (1995), S. 161–168, hier S. 163 zur systemtheoretischen Verortung des Ansatzes.

[48] Die Schülerin Bernd Herrmanns (siehe Anm. 17, 19), Britta PADBERG, Oase aus Stein (wie Anm. 39), S. 13, rechnet neben ihrer eigenen, m.E. nicht überzeugenden Studie diesem Ansatz auch Arbeiten Sieferles und von Borries' (zu ihm siehe Anm. 36 und 58) zu. Vgl. ferner die im interdisziplinären Wiener Forschungsverbund (siehe Anm. 24) entstandenen Studien (siehe Anm. 71–73); rechtshistorisch: Bernd MARQUARDT, Umwelt und Recht in Mitteleuropa. Von den grossen Rodungen des Hochmittelalters bis ins 21. Jahrhundert, Zürich u.a. 2003 (Zürcher Studien zur Rechtsgeschichte, 51), S. 7–251.

In dieselbe Richtung zielen auch Vorschläge aus dem oben erwähnten Wiener Kreis, Umweltprobleme »als Probleme des Stoffwechsels zwischen Gesellschaft und Natur« zu begreifen und die kulturelle Leistung von Gesellschaften, dynamische natürliche Systeme absichtlich in einen bestimmten Zustand zu bringen und darin zu halten, als »Kolonisierung« zu analysieren[49]. Da im Rahmen dieser auch als »soziale Ökologie« bezeichneten Forschungsrichtung der »kulturellen Evolution« ein großer Stellenwert eingeräumt wird, nähern sich in jüngster Zeit zuvor unvereinbar scheinende Ansätze einer eher sozial- und wirtschaftshistorischen »anthropozentrischen« und einer naturwissenschaftlich ausgerichteten »ökosystemaren« Umweltgeschichtsschreibung einander unter kulturwissenschaftlichen und systemtheoretischen Vorzeichen an[50].

Einen nur vordergründig einfachen Vorschlag macht Verena Winiwarter, indem sie zwischen »historischer Umweltforschung« und »Umweltgeschichte« unterscheidet. Unter historischer Umweltforschung versteht sie die »Fortschreibung naturwissenschaftlicher Datensätze in die Vergangenheit« und nennt als Beispiele die Klimaforschung, Pollenanalyse und Dendrochronologie[51]. Ein eigener Umwelt-Begriff sei hier nicht nötig, da dieser aus den betroffenen naturwissenschaftlichen Disziplinen übernommen werden könne. Unter Umweltgeschichte versteht Winiwarter dagegen »soziale und ökonomische Dimensionen menschlicher Gemeinschaften im Hinblick auf Interaktionen mit dem Lebensraum« und systematisiert diese Umwelt weiter nach Teilsystemen von der stofflichen bis zur geistigen Umwelt[52]. Obwohl die umwelthistorischen Forschungen zum Mittelalter auf den ersten Blick entweder der historischen Umweltforschung[53] oder der Umweltgeschichte[54] zugeordnet werden könnten, ist diese Systematisierung sehr problematisch. Ein Blick beispielsweise auf die Quellen der historischen Klimaforschung macht klar, daß hier keineswegs umstandslos von einer Fortschreibung naturwissenschaftlicher Datensätze in die Ver-

---

[49] Marina FISCHER-KOWALSKI, Hors d'œuvre, in: DIES., Gesellschaftlicher Stoffwechsel (wie Anm. 47), S. IX–XII, hier S. IX. Beispielhaft für diesen Ansatz kann eine interdisziplinär entstandene Studie stehen, die in der von Sieferle mitverantworteten Reihe »Der Europäische Sonderweg« erschien: Verena WINIWARTER, Christoph SONNLECHNER, Der soziale Metabolismus der vorindustriellen Landwirtschaft in Europa, Stuttgart 2001 (Der Europäische Sonderweg, 2), S. 5–10 (zur Konzeption der Reihe und Entstehung der Studie).

[50] Vgl. die Kontroverse zwischen Bernd HERRMANN, Umweltgeschichte als Integration von Natur- und Kulturwissenschaften, in: BAYERL, FUCHSLOCH, MEYER (Hg.), Umweltgeschichte (wie Anm. 28), S. 21–30, und RADKAU, Literaturbericht, Teil 3 (wie Anm. 37), S. 359, der Sieferles Ansatz jedoch nicht als ökosystemare Umweltgeschichtsschreibung, sondern (nicht ganz unberechtigt) als im Kern ideengeschichtlich wertet.

[51] WINIWARTER, Umwelt-en (wie Anm. 7), S. 154–158; Zitat S. 154.

[52] Ibid.

[53] Vgl. am Beispiel der Klimageschichte: GLASER, BEYER, BECK, Temperaturentwicklung (wie Anm. 26).

[54] Vgl. am Beispiel der Klimageschichte: Wolfgang BEHRINGER, Das Wetter, der Hunger, die Angst. Gründe der europäischen Hexenverfolgungen in Klima-, Sozial- und Mentalitätsgeschichte. Das Beispiel Süddeutschlands, in: Acta Ethnographica Hungarica 37 (1991/1992), S. 27–50 (special issue: Witch Beliefs and Witch-Hunting in Central and Eastern Europe, Conference in Budapest, Sept. 6–9, 1988).

gangenheit gesprochen werden kann, die Grenzziehung zwischen den natur- und kulturwissenschaftlichen Disziplinen also gerade in der Umweltgeschichte in dieser Klarheit nicht gelingen kann[55]. Aus dem ähnlichen Grund einer problematischen und vielfach unzureichenden Quellengrundlage scheint mir auch der Anspruch, die »Stoffwechsel«-Ströme in historischen Gesellschaften im Sinne der oben erwähnten »sozialen Ökologie« seriös und aussagekräftig rekonstruieren zu wollen, schwer einzulösen.

Die zum Teil deutlich divergierenden umwelthistorischen Systematisierungsbemühungen können hier jedoch nicht im einzelnen nachgezeichnet und kommentiert, sondern nur der Platz der mittelalterlichen Geschichte und ihrer Erforschung innerhalb dieser Formierungsbemühungen bestimmt werden. Soweit ich sehen kann, hat es besonders die deutschsprachige Mediävistik als die für die Geschichte des Mittelalters »zuständige« Wissenschaft innerhalb dieses Prozesses schwer. Wenigstens vier Gründe dafür lassen sich meines Erachtens ausmachen:

Erstens wirkte das Gegenwartsinteresse der Öko-Bewegung seit den 1960er Jahren auch wissenschaftlich zunächst in dem Sinne bestimmend, als die Forschung sich zunächst tendenziell auf die europäische Neuzeit (seit etwa 1750) als relevanter Epoche für die Vorgeschichte rezenter Umweltprobleme konzentrierte[56]. Eine zwangsläufige und mittelfristig auch dauerhafte Entwicklung muß dies freilich nicht sein. Als früher Schlüsseltext der Umweltgeschichtsschreibung thematisierte ein schon 1967 publizierter Vortrag des amerikanischen Mediävisten Lynn White jr. mit »The Historical Roots of Our Ecological Crisis« die angeblich naturausbeutende und -zerstörende westliche Mentalität als Folge einer anthropozentrischen Ausrichtung des (mittelalter-

---

[55] Am Beispiel der historischen Klimaforschung: Daten zum Klimawandel beruhen (auch) auf Interpretationen historischer, häufig schriftlicher Quellen, die in aller Regel in einem letztlich subjektiven Verfahren quantifiziert werden müssen (gewichtete Indices). Sie hängen damit von einer seriösen Quellenkritik, von einem methodisch äußerst schwierigen korrekten Verständnis der Wahrnehmungs- und Deutungsmuster der Quellenautoren, dem Erkennen verwendeter Topoi, Erzählstrategien, Erzählabsichten in den Quellentexten usw. ab. Die Möglichkeit einer Kalibrierung oder Korrelierung der so gewonnenen Daten durch einen Abgleich mit naturwissenschaftlich gewonnen Daten aus sogenannten Naturarchiven oder aus dem Vergleich mit Meßwerten aus dem Instrumentenzeitalter (Dendrodaten, Eisbohrkerne, Hochwassermarken, Sedimentablagerungen etc.) besteht zwar, weist aber ebenfalls erhebliche methodische Probleme naturwissenschaftlicher und statistischer Art auf. Zur Problematik bereits Pierre ALEXANDRE, Le climat en Europe au Moyen Âge. Contribution à l'histoire des variations climatiques de 1000 à 1425, d'après les sources narratives de l'Europe occidentale, Paris 1987 (Recherches d'histoire et de sciences sociales; Studies in History and the Social Sciences, 24), S. 9–34; Nico STEHR, Hans VON STORCH, Klima, Wetter, Mensch, München 1999, S. 32–53; GLASER, Klimageschichte (wie Anm. 26), S. 5–9, 13–53. Polemisch Josef H. REICHHOLF, Die falschen Propheten. Unsere Lust an Katastrophen, Berlin ²2003; zur Konstruktion von auch wissenschaftlichen Diskursen vgl. Peter WEINGART, Anita ENGELS, Petra PANSEGRAU, Von der Hypothese zur Katastrophe. Der anthropogene Klimawandel im Diskurs zwischen Wissenschaft, Politik und Massenmedien, Opladen 2002.

[56] Siehe Anm. 2 und 3. Auch Rolf Peter SIEFERLE, Rückblick auf die Natur. Eine Geschichte des Menschen und seiner Umwelt, München 1997, S. 125, sieht in Kapitel 3 mit der Epoche nach etwa 1750 »Die große Transformation« der (Um-)Welt von Europa ihren Ausgang nehmen.

lichen) Christentums⁵⁷. Während Whites Thesen bei Theologen und Philosophen zum Teil erbitterte Debatten auslösten, fand sein 1970 ins Deutsche übersetzter »Öko-Aufsatz« bei Mediävisten kaum Beachtung, obwohl seine Arbeiten über mittelalterliche Technik und sozialen Wandel im Fach durchaus rezipiert wurden⁵⁸. Doch spätestens seit den 1980er Jahren wurden umwelthistorische Fragestellungen auch für das Mittelalter erörtert, wenn auch zunächst kaum einmal im Zentrum des Fachs. In jüngerer Zeit wurden in den Katalogen großer, publikumswirksamer Ausstellungen des Fachs verstärkt umwelthistorische Aspekte z.B. im Rahmen der Kulturlandschaftsgeschichte, Stadtgeschichte, Alltagsgeschichte, Sachkultur, Ernährungs- und Technikgeschichte behandelt⁵⁹. Schließlich begegnet Whites These von einer besonderen Rolle des Christentums gerade im Mittelalter, jedoch stark verändert, in jüngster Zeit im Rahmen einer Sonderweg-Debatte als ein möglicher Einzelfaktor, warum ausgerechnet in Europa der Weg zur Moderne mit allen seinen Folgen für Mensch, Natur und Kultur beschritten wurde⁶⁰.

Zweitens: Vielleicht hängt die anfängliche Mißachtung von Whites gewagten Thesen und die mediävistische Zurückhaltung gegenüber der Umweltthematik generell mit einem gewissen, auch methodologisch konservativen Grundzug des Fachs zusammen, das seine Gegenstände in hochspezialisierte, für Außenstehende vielleicht sogar ar-

---

⁵⁷ Lynn WHITE jr., Die historischen Ursachen unserer ökologischen Krise, in: Michael LOHMANN (Hg.), Gefährdete Zukunft. Prognosen angloamerikanischer Wissenschaftler, München 1973, S. 20–28, zuerst 1966 vorgetragen und 1967 auf englisch erschienen (ibid., S. 175), Wiederabdruck bei BAYERL, TROITZSCH (Hg.), Quellentexte (wie Anm. 36), S. 96–103.

⁵⁸ Vgl. Günter BAYERL, Bodo VON BORRIES, Geschichte und Umweltsystem, in: Otto FRÄNZLE, Felix MÜLLER, Winfried SCHRÖDER (Hg.) Handbuch der Umweltwissenschaften: Grundlagen und Anwendungen der Ökosystemforschung, 16. Ergänzungslieferung 3/06, Landsberg a. Lech 2006, S. 3–18, hier S. 8f. zur späten Rezeption und Kritik am »Öko-Aufsatz« Whites. Technik- und Sozialgeschichte: z.B. Lynn WHITE jr., Medieval Technology and Social Change, Oxford 1962; deutsche Übersetzung: DERS., Die mittelalterliche Technik und der Wandel der Gesellschaft, München 1968, Mitarbeit in Überblickswerken z.B. DERS., Die Ausbreitung der Technik 500–1500, in: Carlo M. CIPOLLA, K. BORCHARDT (Hg.), Europäische Wirtschaftsgeschichte, Bd. 1, Stuttgart, New York 1978, S. 91–110; zur breiten Rezeption jetzt Alex ROLAND, Once more into the Stirrups: Lynn White jr., Medieval Technology and Social Change, in: Technology and Culture 44 (2003) S. 574–585. Debatten: Vgl. nur die theologische Verteidigungsschrift von Simone RAPPEL, »Macht euch die Erde untertan«. Die ökologische Krise als Folge des Christentums?, Paderborn u.a. 1996 (Abhandlungen zur Sozialethik, 39).

⁵⁹ Vgl. z.B. den Abschnitt »Stadt und Umwelt« im Katalog der Ausstellung Zürich und Stuttgart 1992/1993: Stadtluft, Hirsebrei und Bettelmönch. Die Stadt um 1300, hg. vom Landesdenkmalamt Baden-Württemberg und der Stadt Zürich, red. von Marianne FLÜELER, Niklaus FLÜELER, Stuttgart 1992; den Abschnitt »Länder und Landschaften um 1000« im Katalog der 27. Europaratsausstellung Budapest, Bratislava, Berlin und Mannheim 2000–2002: Alfried WIECZOREK, Hans-Martin HINZ (Hg.), Europas Mitte um 1000. Beiträge zur Geschichte, Kunst und Archäologie, Bd. 1, Stuttgart 2000.

⁶⁰ Vgl. mit unterschiedlichen Akzenten Rolf Peter SIEFERLE, Helga BREUNINGER, Vorwort der Herausgeber, in: WINIWARTER, SONNLECHNER, Der soziale Metabolismus (wie Anm. 49), S. 5–8, hier S. 7, und Michael MITTERAUER, Warum Europa? Mittelalterliche Grundlagen eines Sonderwegs, München 2003, S. 152–198, besonders S. 194–198.

kanwissenschaftlich anmutende Parzellen aufgeteilt hat. Noch Ernst Schubert betont in seinem im Jahre 2002 erschienenen Buch »Alltag im Mittelalter«, das in seiner ersten Hälfte meines Erachtens einer veritablen Umweltgeschichte des Mittelalters sehr nahe kommt: »Eine Umweltgeschichte im modernen, im engeren Sinn des Begriffs liegt ebensowenig in unserer Absicht wie der Versuch einer historischen Geographie«[61]. Im Gegenteil betont er »das intellektuelle, seßhafte Kleinbauerntum des Spezialisten« als Voraussetzung einer seriösen, historisch fundierten Ökologie[62]. Darin trifft er sich in gewisser Weise mit der Einschätzung Joachim Radkaus, der in seiner »Weltgeschichte der Umwelt« über die blinden Flecken der ökologiebewegten Umweltgeschichtsschreibung bemerkt: »Kernbereiche der historischen Mensch-Umwelt-Beziehung wie die Agrar- und Forstgeschichte, die Geschichte der Bevölkerungsbewegungen und der Epidemien wurden eher gemieden. Sie waren schon anderweitig besetzt und Neulingen nicht ganz leicht zugängig, und die dort etablierten Wissenschaftstraditionen besitzen einen für die Öko-Bewegung suspekten Beigeschmack«[63].

Das ist zwar zurückhaltend formuliert, macht aber unmißverständlich auf einen dritten Grund für den schweren Stand einer deutschen mediävistischen Umweltgeschichtsschreibung aufmerksam, nämlich ihren wenigstens fleckenweise »braunen« Boden: Wer als Mediävist an ältere deutsche Traditionen anknüpfen möchte, die vor die Entdeckung der Umwelt als Thema mit Gegenwartsbezug in den 1970er Jahren zurückgehen, wird mit anderen Suchbegriffen als dem jungen Wort und noch jüngeren Begriff »Umwelt« operieren müssen und er wird Forschungsfelder finden, die nicht weniger durch einen Gegenwartsbezug geprägt waren und dadurch zumindest teilweise in bedenklicher Weise ideologisch gefärbt wurden – doch dazu später mehr[64].

Ein vierter Grund scheint mir schließlich in den Systematisierungsversuchen der Umweltgeschichtsschreibung selbst zu liegen. Zum Beispiel liegt die meist national- und politikgeschichtlich abgegrenzte Epoche »Mittelalter« in vieler Hinsicht quer (oder längs?) zu den Periodisierungsversuchen in der Umweltgeschichtsschreibung. So schlägt Rolf Peter Sieferle vor, die Weltgeschichte unter systemtheoretischen, energie- und landschaftshistorischen Gesichtspunkten einzuteilen. Das europäische Mittelalter deutschsprachiger Mediävisten wäre ihm zufolge nur ein kleiner Zeitabschnitt innerhalb der sehr langen Epoche eines übergreifenden »kontrollierten Solarenergiesystems« mit »permanenten, räumlich gebundenen Rekursionen des Informationsaustauschs« in einer »Agri-Kulturlandschaft«[65]. Joachim Radkau hat vorgeschlagen,

---

[61] SCHUBERT, Alltag im Mittelalter (wie Anm. 42), S. 12.
[62] Ibid., S. 14 – also doch ein indirektes Bekenntnis zum Schreiben einer Umweltgeschichte?
[63] RADKAU, Natur und Macht (wie Anm. 15), S. 12; DERS., Nachdenken (wie Anm. 4), S. 166f.
[64] Zur Wort- und Begriffsgeschichte siehe Anm. 7; zur Diagnose eines Wendepunktes der Umweltgeschichte um 1970 vgl. Patrick KUPPER, Die »1970er-Diagnose«. Grundsätzliche Überlegungen zu einem Wendepunkt der Umweltgeschichte, in: Archiv für Sozialgeschichte 43 (2003), S. 325–348. Zu den historischen Formen und Arten gesellschaftlichen Einsatzes für die Natur bzw. Umwelt (und gegen Technik, Industrie usw.) vgl. Rolf Peter SIEFERLE, Fortschrittsfeinde? Opposition gegen Technik und Industrie von der Romantik bis zur Gegenwart, München 1984 (Die Sozialverträglichkeit von Energiesystemen, 5).
[65] SIEFERLE, Rückblick (wie Anm. 56), S. 14f. (Zitate), 53–124.

Umweltprobleme für eine neue Periodisierung der Technikgeschichte heranzuziehen, und entsprechend neue Zäsuren im 18.–20. Jahrhundert bestimmt[66]. Denkt man seinen Ansatz zeitlich rückwärtsschreitend weiter, könnten sich Perspektiven einer neuen Periodisierung auch für die Epoche des europäischen Mittelalters ergeben. Unter umwelthistorischen Gesichtspunkten scheint die herkömmliche Epochenschwelle um 1500 in der Tat von geringerer Relevanz als in anderen Teilbereichen der Geschichtsschreibung zu sein. Alle diese Denkanstöße sind also zweifellos sehr berechtigt, eröffnen der Allgemeingeschichte neue europäische oder sogar globale Perspektiven einer Geschichtsschreibung jenseits von Volk, Nation und Staat. Doch droht hier nicht auch die Gefahr, daß das europäische Mittelalter in einer irgendwie formlosen (und unschuldig-irrelevanten) ›Vormoderne‹ zwischen Steinzeit und Industrialisierung aufgeht – mit bedenklichen Folgen für die Denomination von Lehrstühlen, die Entwicklung schulischer Lehrpläne und die Zuteilung von Forschungsgeldern?

Der Platz der mittelalterlichen Geschichte und ihrer deutschsprachigen Erforschung innerhalb der sich formierenden Umweltgeschichtsschreibung scheint also der schon geschilderten Einschätzung durch die Mediävistik selbst weitgehend zu entsprechen. Die deutschsprachige mediävistische Umweltgeschichtsschreibung arbeitet demnach ohne einen festumrissenen eigenen Gegenstand, spezifische Methoden und typische Quellen, aber mit prospektiven, das Forschungsfeld konstituierenden Fragestellungen und notwendigerweise interdisziplinär an der Peripherie des Faches. Damit unterscheidet sie sich freilich nicht wesentlich von einigen anderen Forschungsgebieten und Teildisziplinen des Faches.

Bisher hat sich die Suche gleichsam nur an der Forschungsoberfläche der letzten rund vierzig Jahre bewegt, da der junge Umwelt-Begriff nur begrenzt für eine Recherche nach der relevanten Forschung vor den 1970er Jahren taugt. Doch Forschungen, die ein relationales Verständnis vom System Natur-Mensch-Kultur haben und nach Beziehungen oder einer wechselweise wirkenden Dynamik innerhalb dieses Systems oder in seinen Teilen fragen, gibt es in der Mediävistik – *mutatis mutandis* – wenigstens in Ansätzen schon länger. Diese älteren Traditionen einer Erforschung von Umwelt in freilich nur einzelnen Aspekte sind auf den schon von Joachim Radkau genannten Forschungsfeldern zu finden: Bei der älteren Kulturraum- und Siedlungsforschung, bei der historischen Demographie und Epidemiologie, bei Spezialuntersuchungen schon des 19. Jahrhunderts zur Forst-, Agrar-, Wasserbau- und Technikgeschichte, zur Hygiene, zu Weinbau und Bergbau, Viehzucht, Tierhaltung, bei der älteren Kulturgeschichte mit ihrem besonderen Interesse an der Alltagsgeschichte (»Sittengeschichte«) und so weiter[67]. Neben z.B. in positivistischer Manier

---

[66] RADKAU, Umweltprobleme als Schlüssel (wie Anm. 37): Periodisierung nach dem Umgang mit für die Technik fundamentalen Stoffgruppen wie z.B. Wasser, mit Zyklen ökonomisch-technologischer Dynamik und Wandlungen in der ›Natur‹ des Menschen. Vgl. auch die Periodisierungsvorschläge bei SIEFERLE, BREUNINGER, Vorwort (wie Anm. 60).

[67] Siehe Anm. 63. Schon Karlheinz BLASCHKE, Environmental History: Some Questions for a New Subdiscipline of History, in: Peter BRIMBLECOMBE, Christian PFISTER (Hg.), The Silent Countdown. Essays in European Environmental History, Berlin u.a. 1990, S. 68–72, hier S. 70,

fleißig zusammengestellten und ausgewerteten Quellen zu Hungersnöten, neben Quellensammlungen zur Geschichte des Klimas und Wetters oder Sammlungen regionaler Nachrichten über gute Weinjahrgänge des Mittelalters[68] ist hier etwa auch der Versuch Felix von Hornsteins zu finden, von der Forstgeschichte ausgehend den »Dualismus Natur – Mensch« auf einer abstrakt-theoretischen Ebene zu analysieren – ein durchaus origineller Schritt auf dem Weg zu einer methodisch reflektierten deutschsprachigen Umweltgeschichtsschreibung[69].

Bedenkt man außerdem, daß z.B. die Beschäftigung mit Landeskunde und Siedlungsforschung auch die Diskussion um die sogenannten Rodungs- und Königsfreien, den hochmittelalterlichen Landesausbau, die Ostkolonisation, die Ortsnamenkunde, Adelsforschung und die Geschichte der Grund- und Landesherrschaft betrifft, ist man sehr schnell in der traditionellen alten Mitte des Fachs gelandet, bei der politischen Geschichte, der Rechts- und Verfassungsgeschichte. Genau diese Verbindung mit alten Fachtraditionen kann bisweilen aber auch zu dem oben bereits angedeuteten methodologischen und ideologischen Problem werden. Da die Fragestellungen, Methoden und Begriffe der älteren Forschung kaum weniger als heute einem Gegenwartsinteresse entspringen, sind ihre Ergebnisse auch entsprechend zeitgebunden[70]. Wer an die älte-

---

meinte, daß die historische Landeskunde und die Siedlungsgeschichte »as a basis for this new environmental history« dienen könnten. Ferner auch LEIDINGER, Umweltforschung (wie Anm. 15), S. 495f., mit Anm. 3 und 4; DIRLMEIER, Historische Umweltforschung (wie Anm. 21), S. 97, mit Hinweisen auf die ältere, oft kulturhistorische Literatur auch des 19. Jahrhunderts.

[68] Vgl. (jeweils ganz oder im einzelnen überholt) z.B. die Studie des Schülers Karl Lamprechts, Fritz CURSCHMANN, Hungersnöte im Mittelalter. Ein Beitrag zur deutschen Wirtschaftsgeschichte des 8. bis 13. Jahrhunderts, Leipzig 1900 (Leipziger Studien aus dem Gebiet der Geschichte, 6/1); zu ihm Benno VON KNOBELSDORFF-BRENKENHOFF, Prof. Dr. Fritz Curschmann (1874–1946). Begründer der Historischen Geographie in Greifswald. Ein Beitrag zur Wissenschaftsgeschichte, in: KLEEFELD, BURGGRAAF (Hg.), Perspektiven (wie Anm. 27), S. 497–521; Curt WEIKINN, Quellentexte zur Witterungsgeschichte Europas von der Zeitenwende bis zum Jahre 1850. Hydrographie. Teil 1: Zeitenwende–1500, Berlin 1958 (Quellensammlung zur Hydrologie und Meteorologie, 1); Karl MÜLLER, Geschichte des badischen Weinbaus. Mit einer badischen Weinchronik und einer Darstellung der Klimaschwankungen im letzten Jahrtausend, Lahr ²1953.

[69] Felix VON HORNSTEIN, Wald und Mensch. Theorie und Praxis der Waldgeschichte. Untersucht und dargestellt am Beispiel des Alpenvorlandes Österreichs und der Schweiz, Ravensburg ²1958, S. 233–252. Sein Ansatz wurde jedoch gerade im internationalen Vergleich trotz soziologischer Ansätze noch wegen seiner geringen sozialwissenschaftlichen Anschlußfähigkeit, soweit ich sehe, kaum rezipiert. Zur internationalen Entwicklung vgl. den umfassenden, mehrbändigen enzyklopädischen Überblick von David PEPPER, Frank WEBSTER, George REVILL (Hg.), Environmentalism. Critical Concepts, 5 Bde., London, New York 2003.

[70] Vgl. zu diesem Abschnitt statt einer langen Bibliographie nur die umfassende Aufarbeitung einiger Forschungsdiskurse der für die erwähnten Forschungsfelder zentralen Adelsforschung durch Werner HECHBERGER, Adel im fränkisch-deutschen Mittelalter. Zur Anatomie eines Forschungsproblems, Ostfildern 2005 (Mittelalter-Forschungen, 17), hier besonders S. 53–69, 235–245, 317–322, 390–393, 454–462. Eine wissenschaftshistorische Aufarbeitung der Bezüge z.B. zwischen der genetischen Siedlungsforschung der historischen Geographen (dazu Anm. 11) und der genealogisch-besitzgeschichtlich ausgerichteten Siedlungsgeschichte der (Landes-)Hi-

ren Traditionen von der Volks- bis zur Strukturgeschichte anknüpft, kann sie sich also nicht durch schlichte Übernahme aneignen, sondern muß sich intensiv mit ihnen auseinandersetzen. Ein konkretes Beispiel macht schnell deutlich, worum es im Einzelfall gehen kann:

Im Rahmen der interdisziplinären österreichischen Kulturlandschaftsforschung wurden in den letzten Jahren im Zusammenwirken von Geschichtswissenschaft, Humanbiologie und historischer Landschaftsökologie die historischen Wechselwirkungen zwischen Gesellschaft und Natur im österreichischen Waldviertel untersucht[71]. Als Quellen dienten Siedlungsmuster, bodenarchäologische und paläobotanische Befunde, Geburts- und Mortalitätsstatistiken, aber auch historische Karten, mittelalterliche Urkunden, Urbare, Waldbücher, die z.B. über Orts- und Flurnamen, Besitzgeschichte, Anbaugebiete, Erträge und Parzellengröße Aufschluß geben. Im Rahmen dieser Untersuchungen thematisiert der Wiener Mediävist Christoph Sonnlechner die Veränderungen der Umwelt durch die hochmittelalterliche Kolonisation im Waldviertel, in seinen Worten das »Ressourcenmanagement [...] in spätmittelalterlichen und frühneuzeitlichen Grundherrschaften«[72]. Die hier deutlich werdende fruchtbare Verbindung von umwelthistorischer Fragestellung mit mediävistischen Methoden wie Besitzgeschichte, Siedlungsforschung und Ortsnamenkunde hält aber gerade im Waldviertel Probleme bereit. Sonnlechner macht darauf aufmerksam, daß grundlegende Arbeiten

---

storiker (dazu Anm. 73 und 74) scheint mir ein Desiderat zu sein; persönliche Beziehungen wie inhaltliche Bezüge gab es, vgl. etwa den Forschungsbericht von Günther FRANZ, Helmut JÄGER, Historische Kartographie. Forschung und Bibliographie, Hannover ³1980 (Akademie für Raumforschung und Landesplanung, Beiträge, 46), S. 1–78, hier S. 49–51, 54–56, 66–69.

[71] Vgl. zu den einzelnen Projekten Klaus ECKER u.a., Projektgruppe Umweltgeschichte. Kulturlandschaftsforschung: Historische Entwicklung von Wechselwirkungen zwischen Gesellschaft und Natur, Wien 2000 (Schriftenreihe Forschungsschwerpunkt Kulturlandschaft, 7) [CD-ROM], auch in: KLF-Resultate. Empfehlungen, Indikatoren, neues Wissen aus der österreichischen Kulturlandschaftsforschung, hg. vom Bundesministerium für Bildung, Wissenschaft und Kultur, redigiert von Karolina BEGUSCH-PFEFFERKORN, Wien 2005 (Forschungsprogramm Kulturlandschaft/Austrian Landscape Research, 20) [CD-ROM].

[72] Vgl. die offenbar teilweise auf der unpublizierten Dissertation von Christoph SONNLECHNER, Historische und ökologische Prozesse in einer Kulturlandschaft. Mittelalterliche und frühneuzeitliche Entwicklungen in der Göttweiger Grundherrschaft, Diss. phil. Wien 1998 (am Institut für Österreichische Geschichtsforschung) beruhenden Publikationen: DERS., Landschaft und Tradition. Aspekte einer Umweltgeschichte des Mittelalters, in: Christoph EGGER, Herwig WEIGEL (Hg.), Text – Schrift – Codex. Quellenkundliche Arbeiten aus dem Institut für Österreichische Geschichtsforschung, Wien, München 2000 (Mitteilungen des Instituts für Österreichische Geschichtsforschung. Ergänzungsheft 35), S. 123–223; DERS., Die Veränderung der Umwelt durch die hochmittelalterliche Kolonisation – am Beispiel des südlichen Waldviertels, in: BRUCKMÜLLER, WINIWARTER (Hg.), Umweltgeschichte (wie Anm. 24), S. 21–39; DERS., Verwaltung von Natur. Ressourcenmanagement und das geschriebene Wort in spätmittelalterlichen und frühneuzeitlichen Grundherrschaften, in: Walter POHL (Hg.), Vom Nutzen des Schreibens. Soziales Gedächtnis, Herrschaft und Besitz im Mittelalter, Wien 2002 (Forschungen zur Geschichte des Mittelalters, 5; Österreichische Akademie der Wissenschaften, Philosophisch-historische Klasse, Denkschriften, 306), S. 375–396. Vgl. ferner WINIWARTER, SONNLECHNER, Der soziale Metabolismus (wie Anm. 49), S. 49–92.

zum Waldviertel von Karl Lechner stammen, der seine Forschungen zur Siedlungsgeschichte z.b. unter Anwendung der umstrittenen genealogisch-besitzgeschichtlichen Methode zwischen 1938 und 1945 offen in den »Dienst der Rassenkunde« stellte[73]. Aber auch über das Waldviertel hinaus muß die kritische Auseinandersetzung Sonnlechners mit den älteren Fachtraditionen, Begrifflichkeiten und Methoden eines Karl Lechner, Otto Brunner, Günther Franz und anderer dringend angemahnt werden, vor allem dann, wenn Beziehungen zwischen Macht, Herrschaft und Umwelt thematisiert werden[74]. Neben diesen Risiken einer kritischen Aneignung entsprechender Fachtraditionen durch die deutschsprachige mediävistische Umweltgeschichtsschreibung, die wegen und trotz des skizzierten Ideologieverdachts in jedem Einzelfall die sachliche Berechtigung von Argumenten zu überprüfen hat, liegen aber auch zahlreiche Chancen wie z.b. die einer besseren Verortung und Sichtbarkeit im (alten) Zentrum des Fachs und die einer Erschließung von fruchtbaren Methoden und zahlreichen Quellen für die eigenen Fragestellungen. Umgekehrt ergeben sich für die Mediävistik Chancen, problematische Fachtraditionen kritisch zu reflektieren, durch prospektive Fragestellungen den Fachhorizont zu erweitern und mit entfernteren Disziplinen ins Gespräch zu kommen.

Prospektive Forschungsfelder könnte sich die Mediävistik also gerade durch die Analyse der spannungsreichen Dynamik zwischen Macht, Herrschaft und Umwelt erschließen. Neben die solcherart umwelthistorisch gewendete ältere Siedlungsforschung könnte z.b. auch das jüngere sozialgeschichtliche Konzept der »Sozialdisziplinierung« Möglichkeiten einer umwelthistorischen Akzentuierung bieten[75]. Vielleicht eröffnet sich auch gerade in der Umweltgeschichtsschreibung noch eine

---

[73] Christoph SONNLECHNER, Umweltgeschichte und Siedlungsgeschichte. Methodische Anmerkungen zu Hans Krawariks »Frühe Siedlungsprozesse im Waldviertel«, in: Das Waldviertel. Zeitschrift für Heimatkunde und Heimatpflege 50 (2001), S. 361–382, hier S. 370, Anm. 21. Zu Lechner auch FELLNER, CORRADINI, Österreichische Geschichtswissenschaft (wie Anm. 23), S. 250f.; zu seinem Ansatz HECHBERGER, Adel (wie Anm. 70), S. 235–245.
[74] Vgl. zu Otto Brunner FELLNER, CORRADINI, Österreichische Geschichtswissenschaft (wie Anm. 23), S. 70; zuletzt mit relevanter Literatur Hans-Henning KORTÜM, »Wissenschaft im Doppelpaß«? Carl Schmitt, Otto Brunner und die Konstruktion der Fehde, in: Historische Zeitschrift 282 (2006), S. 585–617; zum einflußreichen Agrarhistoriker Günther Franz vgl. Wolfgang BEHRINGER, Bauern-Franz und Rassen-Günther. Die politische Geschichte des Agrarhistorikers Günther Franz (1902–1992), in: Winfried SCHULZE, Otto Gerhard OEXLE (Hg.), Deutsche Historiker im Nationalsozialismus, Frankfurt a.M. 1999, S. 114–141.
[75] Auch die norddeutsche Küstenlandschaft ist ein fruchtbares Untersuchungsobjekt. Schon die Studie von Dietrich FLIEDNER, Die Kulturlandschaft der Hamme-Wümme-Niederung. Gestalt und Entwicklung des Siedlungsraumes nördlich von Bremen, Göttingen 1970 (Göttinger Geographische Abhandlungen), u.a. S. 72f., 75–77, thematisiert die Verschränkung von Siedlungsform, Umwelt und gesellschaftlichen Organisationsformen; zu neueren Arbeiten vgl. Anm. 79. Der Ansatz von Nicole LANGE, »Policey« und Umwelt in der Frühen Neuzeit. Umweltpolitik in Hamburg als Sozialdisziplinierung, in: Zeitschrift des Vereins für Hamburgische Geschichte 76 (1990), S. 13–40, ließe sich m.E. auch für spätmittelalterliche Verhältnisse mit Gewinn verfolgen; zum jüngeren Konzept der »normativen Zentrierung« Berndt HAMM, Normative Zentrierung im 15. und 16. Jahrhundert. Beobachtungen zu Religiosität, Theologie und Ikonologie, in: Zeitschrift für historische Forschung 26 (1999), S. 163–202.

weitere Perspektive: Da hier sowohl mit natur- als auch mit geisteswissenschaftlichen Ansätzen gearbeitet werden muß, könnte die Suche nach verbindenden, vielleicht historisch-kulturwissenschaftlichen Wegen einmal erfolgreich sein[76]. Da eine kulturwissenschaftliche Wende in den letzten Jahren nicht nur in der deutschsprachigen Mediävistik, sondern z.B. auch in der Humangeographie diskutiert wird, scheint mir die Aufnahme eines Gespräches unter kulturwissenschaftlichen Vorzeichen zwischen den an der historischen Umweltforschung beteiligten Disziplinen sinnvoll[77].

Am Beispiel jüngster Anstrengungen zur historischen Erforschung von Naturkatastrophen ließe sich zeigen, daß erste Gesprächsfäden schon geknüpft sind und zu fruchtbaren Ergebnissen auch unter umwelthistorischen Gesichtspunkten führen könnten[78]. So kann z.B. die Geschichte der Flutkatastrophen[79], welche die Nordseeanrainer immer wieder betrafen und die mit spezifischen und komplex miteinander verknüpften Umweltbedingungen, Siedlungsformen, Wasserbautechniken, gesellschaftlichen Herrschaftsstrukturen, kollektiven Einstellungen und Vorstellungen verknüpft sind, wohl nur im Zusammenwirken vieler Disziplinen, von der Paläobotanik über die historische Klimatologie bis hin zur Rechts- und Religionsgeschichte, befriedigend geschrieben werden. Das sind freilich höchste Ansprüche, so daß man aus allen hier angestellten

---

[76] Im Sinne von Otto Gerhard OEXLE, Kultur, Kulturwissenschaft, Historische Kulturwissenschaft, in: Hans-Werner GOETZ (Hg.), Mediävistik als Kulturwissenschaft?, Berlin 2000 (Das Mittelalter 5/1), S. 13–33, hier S. 24, 29f.

[77] Vgl. z.B. neben den Beiträgen in GOETZ, Mediävistik (wie Anm. 76), und SCHENK, Historische Geographie (wie Anm. 27), jüngst Hans Heinrich BLOTEVOGEL, »Neue Kulturgeographie« – Entwicklung, Dimensionen, Potenziale und Risiken einer kulturalistischen Humangeographie, in: Berichte zur deutschen Landeskunde 77 (2003), S. 7–34.

[78] Der Salzburger Mediävist ROHR, Mensch und Naturkatastrophe (wie Anm. 32) rechnet seine Studie einer mentalitätsbezogenen Umweltgeschichte des Mittelalters zu. Vgl. ferner z.B.: Gerhard FOUQUET, Für eine Kulturgeschichte der Naturkatastrophen. Erdbeben in Basel 1356 und Großfeuer in Frankenberg 1476, in: Andreas RANFT, Stephan SELZER (Hg.), Städte aus Trümmern. Katastrophenbewältigung zwischen Antike und Moderne, Göttingen 2004, S. 101–131; Kay Peter JANKRIFT, Brände, Stürme, Hungersnöte. Katastrophen in der mittelalterlichen Lebenswelt, Ostfildern 2003; Dieter GROH, Michael KEMPE, Franz MAUELSHAGEN (Hg.), Naturkatastrophen. Beiträge zu ihrer Deutung, Wahrnehmung und Darstellung in Text und Bild von der Antike bis ins 20. Jahrhundert, Tübingen 2003 (Literatur und Anthropologie, 13); Monika GISLER, Katja HÜRLIMANN, Agnes NIENHAUS (Hg.), Naturkatastrophen – Catastrophes naturelles, Zürich 2003 (traverse 2003/3. Zeitschrift für Geschichte – Revue d'histoire, 10). Vgl. ferner die Aktivitäten des seit dem Jahre 2005 von der Deutschen Forschungsgemeinschaft geförderten Nachwuchs-Netzwerks »Historische Erforschung von Katastrophen in kulturvergleichender Perspektive« (www.hist.unizh.ch/projekte/disaster.html [zuletzt aufgerufen am 10. Oktober 2006]); Gerrit Schenk, Jens Ivo Engels (Hg.), Historische Katastrophenforschung. Begriffe, Konzepte und Fallbeispiele / Historical Disaster Research. Concepts, Methods and Case Studies, Köln 2007 (Historische Sozialforschung / Historical Social Research, 32,3).

[79] Einen unbefriedigenden Versuch stellt Dirk MEIER, Land unter! Die Geschichte der Flutkatastrophen, Ostfildern 2005, dar, während Bernd RIEKEN, »Nordsee ist Mordsee«. Sturmfluten und ihre Bedeutung für die Mentalitätsgeschichte der Friesen, Münster 2005, einen interessanten, aber problematischen Ansatz wählt; vgl. dazu die Rezensionen bei FREYTAG, Umweltgeschichte (wie Anm. 2).

Überlegungen als Fazit destillieren könnte: Vor die großen umwelthistorischen Gipfel hat Clio auch in der Mediävistik die Mühen der Ebenen gelegt. Es gibt noch viel zu tun.

RÉSUMÉ FRANÇAIS

C'est seulement dans les années 1970 que s'est établie dans la recherche médiéviste germanophone une filière à part vouée à l'histoire de l'environnement. Ce phénomène est tout de même resté longtemps situé aux marges de la profession, animé par des chercheurs isolés ou par de très petits groupes de recherche inspirés par l'impact du discours politique écologiste ou par des confrères américains et français. Dans ce contexte, certains travaux ont vu le jour, souvent d'inspiration interdisciplinaire (en collaboration avec la géographie historique, la climatologie, la démographie, l'archéologie, ou bien l'histoire médicale). Même pour les décennies précédentes, avant la formation de la notion même d'environnement, on peut constater quelques précurseurs dans les champs de l'histoire agraire, l'histoire des forêts, l'histoire des mœurs et traditions (*Sittengeschichte*), l'histoire du quotidien, celle de l'hygiène ou bien des déchets.

Aujourd'hui, l'histoire de l'environnement médiéval ne se caractérise ni par un seul champ de recherche, des corpus de documents bien définis, ni par une méthode ou théorie spécifique. En revanche, elle se présente sous l'aspect de la diversité, de l'innovation méthodologique et toujours par l'intérêt pour le travail interdisciplinaire. Comme il s'agit d'un phénomène assez récent, l'histoire de l'environnement médiéval attend toujours de s'institutionnaliser sous la forme de chaires universitaires. Tout de même se dessinent quelques hauts lieux de la recherche, tels que Göttingen, Siegen, Aix-la-Chapelle, Krems, Vienne, Berne, Fribourg, Bonn, Würzburg et Darmstadt.

Selon Rolf Peter Sieferle la plupart des recherches correspondent à l'approche »environnementale-hygiénique« (*umwelthygienisch*), c'est-à-dire des travaux qui mettent l'accent sur des problématiques sociales et économiques. La question du pouvoir se trouve au centre, par exemple dans l'analyse des conflits sur les ressources naturelles comme l'eau, la forêt, l'énergie, les biens communaux. Sieferle propose une approche centrée sur l'écologie humaine (*humanökologisch*). Suivant ce modèle, il faudrait décrire la nature, l'homme et la culture dans leurs rapports systématiques. Par une analyse du »métabolisme« social, il serait aussi possible de poser la question des relations de pouvoir.

On peut identifier toutefois quatre raisons pour la marginalité de l'histoire de l'environnement médiévale. Au début, l'intérêt des historiens inspirés par les débats politiques se portait surtout sur les époques récentes afin d'expliquer la situation actuelle. Puis, le conservatisme méthodologique des médiévistes de langue allemande et leur tendance à la spécialisation a rendu difficile l'acceptation de nouvelles directions de recherche. En plus, l'observance assez stricte des limites de l'époque du Moyen Âge (500–1500) se heurtait aux logiques transpériodiques de l'histoire environnementale. Finalement, certaines traditions de pensée prometteuses dans la perspective sur l'environnement, comme l'histoire politique, l'histoire constitutionnelle et l'histoire des installations humaines (*Siedlungsgeschichte*), ont été contaminées idéologiquement pendant l'époque du »Troisième Reich« au niveau de leur terminologie et de leur méthode. Il n'est pas aisé de les reformuler, par exemple en tant que »recherche du paysage culturel« (*umwelthistorische Kulturlandschaftsforschung*) qui est animée par Christoph Sonnlechner.

Il faudrait tout de même situer l'histoire de l'environnement exactement au cœur des traditions médiévistes. Il en résulterait une approche innovante, permettant de reformuler les questions bien établies du pouvoir à travers l'aspect de l'environnement, permettant également un nouveau regard sur les archives bien connues ainsi que l'exploitation de nouvelles sources. À présent se fait remarquer la fusion de plusieurs disciplines (historiques et non historiques, y compris quelques médiévistes), autour de l'analyse des catastrophes naturelles, ouvrant des perspectives propices au renouveau de la recherche médiéviste de langue allemande.

FRANÇOIS DUCEPPE-LAMARRE

Chasser ou être chassé au Moyen Âge

Nous sommes bombardés, dans l'actualité médiatique, d'événements ayant trait à la chasse et à la faune sauvage. Il est par exemple demandé aux chasseurs (sur le terrain) de renseigner les autorités (dans leur bureau?) sur la progression de la peste aviaire en Europe. La réintroduction de l'ours dans les Pyrénées voit les pratiques de piégeage réapparaître chez les populations locales afin d'éliminer un plantigrade que ne reniait pas le comte de Foix et de Béarn, Gaston Fébus au XIVe siècle. De son côté, Brigitte Bardot reprend du service et conteste le droit de chasse au phoque pratiqué dans un pays tiers, sans doute en vertu du droit d'ingérence cette fois appliqué à des mammifères marins de la zone polaire... Pourtant l'augmentation démographique des phoques, suite à l'interdiction de leur chasse pendant de nombreuses années, a provoqué une baisse du stock de morues autour de la côte est de l'Amérique du Nord, ce qui embête autant les pêcheurs français des confettis de Saint-Pierre et Miquelon que leurs homologues des provinces canadiennes voisines!

Ce dernier »événement médiatique« illustre l'intérêt d'étudier la chasse autant du côté du prédateur que de la proie. D'une part, chasser et être chassé sont les deux facettes d'un même phénomène, la chasse et d'autre part, les rôles s'inversent souvent selon les situations et les moments, le chasseur se retrouvant chassé, la proie se muant en prédateur. Or, au Moyen Âge, la chasse est, selon Joseph Morsel, »une pratique fondamentalement seigneuriale d'appropriation de l'espace«[1]. Il en découle que chasser et être chassé sont au centre de cette pratique d'interaction médiévale avec l'environnement[2]. De plus, la chasse se trouverait aussi au centre de la question du pouvoir et de l'environnement, ce qu'il conviendra encore à démontrer. Pour cela, j'adopte une démarche interdisciplinaire d'histoire et d'archéologie par le biais de la démarche comparative. Je vais en effet procéder à une mise en abîme du comportement de l'homme en établissant des parallèles avec celui de l'animal dans leurs environnements respectifs. Mon propos est donc d'étudier la chasse en tressant une problématique autour de l'environnement et du pouvoir à partir du binôme homme/animal et à partir de leur relation prédateur/proie. Je vais d'abord traiter le problème de la définition de l'action de chasser/être chassé, puis les acteurs et les territoires, avant de terminer avec les rythmes et les techniques.

---

[1] Citation extraite de l'article »Chasse« de Joseph MORSEL qui comprend deux pages de synthèse sur le sujet, dans: Claude GAUVARD, Alain DE LIBERA, Michel ZINK (dir.), Dictionnaire du Moyen Âge, Paris 2002, p. 271–272, ici p. 272.

[2] Bien que l'espace ne soit qu'une des composantes servant à analyser l'environnement.

1. LE PROBLÈME DE LA DÉFINITION

Chasser, en français, passe par le latin *captare* alors que l'allemand a conservé son étymologie germanique. Toutefois, les deux possèdent le même sens: chercher à prendre. Être chassé, c'est évidemment chercher à ne pas être pris. Maintenant, si l'on segmente l'action de chasser en étapes, on doit donc guetter, poursuivre, capturer voire tuer des animaux. Son contraire, être chassé pour l'animal, c'est donc être guetté, être poursuivi, être capturé voire être tué. La définition, en soi, ne pose pas problème. Ce sont ses limites qui demeurent difficiles à tracer. À cet égard, je propose d'aborder quelques aspects des dimensions sociales et politiques de l'action de chasser/être chassé avant de passer aux relations entre l'homme et l'animal dans le cadre de la chasse pour terminer avec un regard sur l'état de la recherche en France et en Allemagne sur le sujet.

Chasser possède un second degré au Moyen Âge encore souvent utilisé de nos jours. Il s'applique dans le domaine de la guerre. Ce genre d'usage se trouve par exemple dans la chronique de Jean Molinet (1433–1507)[3]. Lors du siège de Nancy par Charles le Téméraire durant l'hiver 1477, l'histoire tourne mal pour les Bourguignons dont certains, en fuyant, se sauvent dans les bois. Ainsi »le duc de Loraine leur tenoit le fer au dos se dura la chasse jusques à .II. heures en la nuit«. Résultat: »l'on ne trouvoit que gens mors par les champz et par les chemins«, donc »la chasse [est] finée« nous dit encore Jean Molinet. Illustration qu'en dehors de la chasse à l'animal, l'homme devient un prédateur et une proie pour l'homme[4].

En outre, ce vocabulaire s'applique aussi dans le champ de l'amour. Le terme de vénerie, en français mais provenant encore une fois du latin, puise cette fois dans les mythes antiques avec la déesse Vénus. En règle générale, l'homme devient un prédateur et la femme une proie. Des histoires qui se terminent, nous le savons, parfois bien ou parfois en tracas vénériens pour rester avec la même racine lexicale...

Ces deux exemples ont pour but de montrer que l'on constate une extension sociale du lexique de la chasse au Moyen Âge, bien qu'ils demandent à être étoffés par de plus amples recherches. De plus, la chasse n'est pas une activité à part de la société médiévale, bien au contraire, elle est une activité sociale aux implications multiples. Notamment dans le domaine de la politique et donc du pouvoir. Après tout, une séquence de chasse n'est-elle pas aussi un rendez-vous de puissants seigneurs? Et un »accident« est si vite arrivé surtout dans un contexte politique troublé... Suger raconte ainsi la mort

---

[3] Continuateur de Georges Chastellain, Jean Molinet est le rédacteur officiel de l'histoire de l'État bourguignon pour les années 1474–1506. L'anecdote qui suit se trouve dans Jean MOLINET, Chroniques, éd. par Georges DOUTREPONT, Omer JODOGNE, Bruxelles 1935, t. I, p. 166–167.

[4] Il est intéressant de constater que Jean Molinet décrit après la période de surveillance de l'ennemi une phase de poursuite puis de capture belliqueuse qui se termine par la mort ici des troupes bourguignonnes. Nous sommes donc en face d'une séquence d'actions en tous points similaire à celle de la chasse dans l'esprit de ce chroniqueur de la fin du Moyen Âge. Or, s'il y a lieu de distinguer les spécificités de la chasse par rapport à la guerre, ce qui a été fait par Alain GUERREAU dans Jacques LE GOFF, Jean-Claude SCHMITT (dir.), Dictionnaire raisonné de l'Occident médiéval, Paris 1999, p. 167, il convient tout autant d'en retracer les points d'ancrage qui permettent une analyse comparée de ces deux activités foncièrement aristocratiques bien que non exclusivement.

du roi d'Angleterre Guillaume le Roux le 2 août 1100: »Il passa en Angleterre, où il se livra au plaisir et à ses caprices. Un jour, il chassait avec ardeur dans la Forêt Neuve, quand il fut inopinément frappé d'une flèche. Il périt«[5]. Mais lorsque l'abbé de Saint-Denis revient sur le sujet en affirmant qu'»on vit là un coup de la vengeance divine« et qu'il insiste ensuite parce que »Certains accusaient un très noble personnage, Gautier Tirel, d'être celui qui l'avait percé d'une flèche. Mais nous [Suger] avons assez souvent entendu ce Tirel, libre de crainte et d'espoir, affirmer sous la foi du serment et comme jurer sur saints que, ce jour-là, ni il n'était venu dans la partie de la forêt où chassait le roi, ni il ne l'avait du tout vu dans la forêt«[6]; le doute ne peut que surgir.

Dans d'autres cas, chasser sert de révélateur ou de levier dans un climat politique de suspicion tant cette activité se trouve, elle aussi, au cœur du pouvoir. Un certificat du bailli de Saint-Omer du 15 mai 1412 décrit avec grand soin un conflit de chasse causé par Mahieu, seigneur de Licques envers les prérogatives cynégétiques du duc de Bourgogne également comte d'Artois[7]. Mahieu »avoit par pluseurs fois, a force de chiens, a harnois, furrés et filés, cachié es garennes dudit Tournehem, au gros et au menu, coppé bois et fait hayes pour ce faire, et meismement, par forche, puissance et a main armee, cachié esdites garennes et y print ou fait prendre pluseurs cherfs et autres grosses bestes et moult de connins« tout en menaçant de tuer quelques officiers ducaux... C'est déjà beaucoup mais quelques lignes plus loin, le conflit dégénère en crime de lèse-majesté puisque le roi est dit »fol esragié, non digne d'estre roy« par Mahieu et que lui et ses hommes sont »tenans la partie d'Orléans«! Le document fait montre d'une progression sanguinolente passant de la violence de l'action de chasser à la violence institutionnelle puis politique en utilisant une puissance descriptive qui s'attache à rendre plausible les errements du seigneur de Licques[8].

Quittant maintenant les relations d'homme à homme, pour celles entre l'homme et l'animal, le doublet chasser/être chassé concerne aussi les animaux sauvages, ce qui exclut les poissons et les animaux d'élevage. Toutefois, ces derniers doivent être chassés lorsqu'ils s'enfuient de leurs lieux de pâturage ou de la garde de leurs éleveurs. Ils

---

[5] SUGER, Vie de Louis VI le Gros (voir n. 5), p. 13. Guillaume le Roux chasse dans la *Nova Silva* selon le texte latin, c'est-à-dire la Forêt Neuve en français, ce qui correspond à la New Forest qui se trouve entre Southampton et Winchester.

[6] Ibid., p. 13. En p. 12, la version latine: *Imponebatur a quibusdam cuidam nobilissimo viro Galterio Tirello quod eum sagitta perfoderat. Quem, cum nec timeret nec speraret, jurejurando sepius audivimus et quasi sacrosanctum asserere quod, ea die, nec in eam partem silve, in qua rex venabatur, venerit, nec eum in silva omnino viderit.* Mais que faisait donc le *nobilissimo viro* Guillaume Tirel, seigneur de Poix et de Pontoise et aussi de d'autres biens en Angleterre, ce jour-là dans la *Nova Silva*? Il était présent puisqu'il affirme ne pas avoir vu le roi dans la forêt. De plus, pour tirer une flèche il n'a pas besoin d'être à proximité du roi, c'est-à-dire au sein de son secteur de chasse... De quelle »vengeance divine« était-il donc le bras armé?

[7] Arch. dép. du Nord, B1898, n° 53843. Un document présenté et analysé par Bertrand Schnerb lors de la séance du 8 novembre 2005 du séminaire bourguignon codirigé par Werner Paravicini et dont le thème était alors »La face noire de la splendeur: crimes, violences, malheurs et trahisons à la cour de Bourgogne« à l'Institut historique allemand de Paris.

[8] Ce glissement, habile, est-il comme le pense Bertrand Schnerb une manœuvre pour berner le duc Jean sans Peur? Par crainte d'une trahison, la justice ducale s'abattrait sur un noble local à partir d'une contestation de droit de chasse.

sont alors parfois guettés, en tout cas poursuivis et capturés. Mais un animal sauvage, désormais élevé en semi-liberté est-il toujours chassé ou plutôt »cueilli« pour reprendre l'analyse de François Poplin pour le lapin[9]? C'est le cas d'»l grant cerf« que le comte d'Artois Robert II »a fait garder en son chastel de Hesdin« (fig. 1)[10].

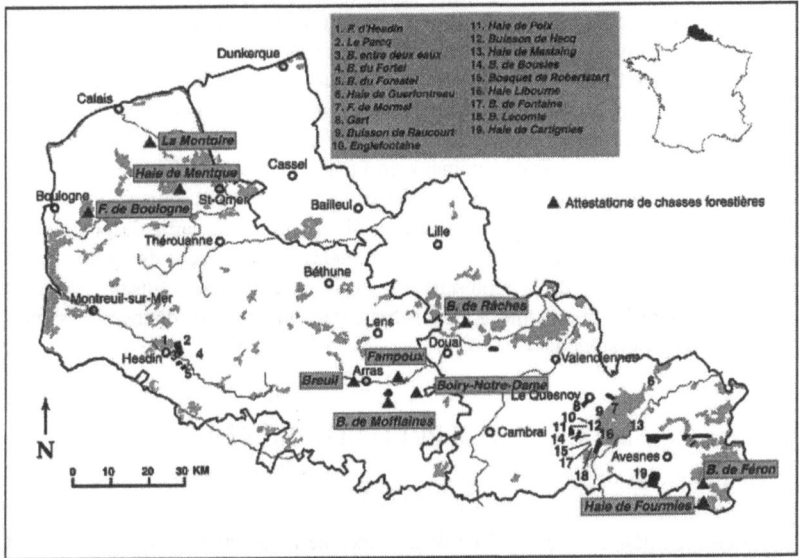

Fig. 1: Les chasses dans les espaces boisés.

Il a fallu »paiet pour les frais et despens des personnes« (est-ce vraiment une équipe de chasseurs?) »qui alèrent quérir« (et non pas chasser) »ledit grant cerf qui en ladite année [du 24 juin 1402 au 24 juin 1403] escappa par deux fois et lequel fu trouvez et repris« (il est donc guetté et capturé mais pas vraiment poursuivi!) »l'une des fois à V lieues loings de Hesdin et l'autre fois à une lieue« (l'animal ne s'éloigne guère

---

[9] Une idée émise dans: François POPLIN, La vraie chasse et l'animal vrai, dans: Anthropozoologica 13 (1990) p. 45–47. Pour cet auteur, la »vraie chasse« comprend la poursuite de l'animal chassé alors que le »vrai animal« chassé court afin de ne pas être capturé. François Poplin reprend ainsi la tradition aristotélicienne dont la notion de poursuite se trouve également au cœur de la définition de la chasse proposée ci-dessus.

[10] Je propose avec cette carte d'avoir une vue générale mais non exhaustive des chasses dans les espaces boisés de la frange frontalière de la France septentrionale. Une partie seulement des forêts et des réserves cynégétiques ont été étudiées d'après les archives écrites et paysagères, d'où les vides de la carte qui ne demandent qu'à être comblés. Les zones étudiées, dont Hesdin, créent des nuages de points qui manifestent l'importance et la récurrence de la chasse dans les milieux forestiers au Moyen Âge. Pour des analyses détaillées, voir François DUCEPPE-LAMARRE, Chasse et pâturage dans les forêts du nord de la France. Pour une archéologie du paysage sylvestre (XIe–XVIe siècles), Paris 2006.

semble-t-il)[11]. Nous sommes avec de tels cas dans des zones grises où les questions du statut de l'animal et de son environnement constituent des critères d'analyse pour comprendre ce qui relève ou non du bestiaire de la chasse.

Si l'on compare les historiographies française et allemande sur le thème de la chasse[12], on s'aperçoit que ce sont des recherches croisées puisqu'elles intègrent des notions communes comme le pouvoir sur la nature et sur les hommes, des sources (normatives, narratives et zootechniques) et un pas de temps identiques (la longue durée). Mais ce sont aussi des recherches spécifiques parce qu'elles utilisent des démarches (technique et le courant de l'*Itinerarforschung* en Allemagne, d'anthropologie historique en France) et des sources (encyclopédies et poésie cynégétique en Allemagne, littérature courtoise et restes animaux en France) en partie différentes. De toute manière, ces recherches peuvent être enrichies en utilisant d'autres sources (les sources financières en particulier), en les questionnant différemment (à partir de problématiques sur la gestion des ressources environnementales dans le cadre du milieu social aristocratique et à partir de la représentation de la chasse) et en utilisant les outils d'analyse des données que permet l'informatique (tableurs, base de données, systèmes d'informations géographiques).

2. LE COUPLE PRÉDATEUR/PROIE

GUETTER

À partir de cette définition et de l'état de la recherche franco-allemande, qui chasse et qui est chassé? Les cas de figure sont en fait multiples. Chez les animaux, les carnivores chassent, les autres sont chassés. Dans la définition du territoire, les jeunes adultes – quel que soit leur régime alimentaire – sont chassés par le ou les parents. Par exemple, pour le castor européen (*Castor fiber*), le couple d'adultes prend soin des petits et guette le moment où les castorins sont chassés, c'est-à-dire vers l'âge de deux ans: à ce moment les jeunes adultes doivent surveiller de manière autonome leurs prédateurs.

---

[11] Pour l'anecdote du grand cerf, voir les Arch. dép. du Nord, B15312, le registre de compte du receveur du bailliage d'Hesdin, Pierre Ducelier, fol. 40v. Un tel comportement fait penser, à certains égards, à celui de nos chats de maison. L'animal cherche à sortir, ballade sa curiosité et ses envies dans un territoire pas trop éloigné de la maison puis revient (surtout) lorsque la pitance est appréciée...

[12] Du côté français: LE GOFF, SCHMITT (dir.), Dictionnaire raisonné de l'Occident médiéval (voir n. 4); GAUVARD, DE LIBERA, ZINK (dir.), Dictionnaire du Moyen Âge (voir n. 1); Andrée CORVOL (dir.), Forêt et chasse (X^e-XXe siècle), Paris 2004, et DUCEPPE-LAMARRE, Chasse et pâturage (voir n. 10). Du côté allemand, plus récemment prolixe: Lexikon des Mittelalters, Stuttgart et al. 1999; Werner PARAVICINI (dir.), Höfe und Residenzen im spätmittelalterlichen Reich, Bd. 2,1: Begriffe, Sigmaringen 2005 (Residenzenforschung, 15); la synthèse de Werner RÖSENER, Die Geschichte der Jagd. Kultur, Gesellschaft und Jagdwesen im Wandel der Zeit, Düsseldorf, Zurich 2004; une étude de cas bourguignonne Christoph NIEDERMANN, Das Jagdwesen am Hofe Herzog Philipps des Guten von Burgund, Bruxelles 1995; un manque à combler avec Katharina FIETZE, Im Gefolge Dianas. Frauen und höfische Jagd im Mittelalter (1200–1500), Cologne, Weimar, Vienne 2005.

Tandis qu'avec le stade de la maturation sexuelle, les jeunes adultes se guettent aussi afin de former des couples.

Chez l'homme, les chasseurs sont aussi multiples. Le paysan, le noble ecclésiastique, le noble laïque et la noble laïque[13] guettent les proies potentielles à la chasse. D'un côté le paysan ne chasse pas au vol, contrairement aux nobles. De l'autre, alors que la paysanne ne chasse pas du tout, la noble laïque chasse mais uniquement au vol. Il y a donc un dimorphisme social et sexuel à l'œuvre dans la chasse médiévale. Chasser au vol c'est en fait surveiller puisque c'est l'auxiliaire à plumes qui poursuit la proie. Chasser au vol c'est aussi se situer dans des espaces surtout ouverts et être visible par les autres chasseurs. Les autres chasseurs, ce sont justement des femmes nobles mais aussi et surtout des hommes nobles. La tapisserie du »Don du cœur« illustre pour le XVe siècle un de ces moments courtois où un homme apporte un cadeau à une femme noble gantée avec son oiseau de proie dans un espace extérieur où sont présents des lapins et un chien de chasse. Les jeunes nobles se rencontrent dans un moment de vénerie, sous l'égide de Vénus, afin de former un couple éphémère ou non.

POURSUIVRE

Alors que chez les animaux carnivores le mâle et la femelle chassent en poursuivant leur proie, chez l'homme, seul l'homme – qu'il soit noble ou non – poursuit le gibier[14]. Toutefois, seuls les nobles chassent à courre. Or, c'est la poursuite idéale puisque les cervidés s'enfuient longuement, ce qui est valorisé entre autre par Fébus. En effet, les traités insistent sur les chasses aux cervidés qui sont le moment d'une réelle course poursuite. *In contrario*, les chats sauvages sont délaissés car ils se cachent dès qu'ils peuvent en grimpant dans un arbre. Que faire avec sa meute, ses amis et ses vassaux au pied d'un arbre après deux minutes de traque et que l'assemblée, c'est-à-dire le repas de chasse, n'aura lieu que dans quelques heures? En outre, les cervidés constituent aussi la poursuite idéale parce qu'ils permettent de monter à cheval, ce qui est le propre du chevalier. Or, une course poursuite délicate, dans des milieux tantôt forestiers, tantôt semi-forestiers ou ouverts permet au chasseur de montrer ses qualités de cavalier à ses pairs et à ses vassaux. Dans le même sens, Suger (1081–1151) chasse le cerf »en compagnie d'amis éprouvés et d'hommes à nous«. S'il n'est pas sûr que l'abbé de Saint-Denis était un cavalier émérite[15], en revanche sa semaine de traque aux cerfs apparaît fructueuse.

---

[13] À propos des femmes chasseresses, voir FIETZE, Im Gefolge Dianas (voir n. 12).

[14] Il existe tout de même quelques rares exceptions. Ce sont des déesses comme la déesse Diane ou de grandes aristocrates. Les études sont cependant rares sur ces sujets.

[15] De par ses origines sociales mais aussi de par son âge. Si l'on suit la datation proposée par MORSEL, Chasse (voir n. 1), p. 272, cette chasse se déroula vers 1145. Suger devait donc monter à cheval pour la chasse la plus exigeante physiquement, celle du cerf, cela avec plus de 64 ans au milieu du XIIe siècle!

CAPTURER/TUER

Chez les carnivores ce sont les adultes qui capturent et tuent les proies soit pour eux-mêmes, soit pour leurs petits. Les animaux chassés le sont depuis la nuit des temps par les mêmes prédateurs, sauf lors d'arrivées récentes ou d'introductions par l'homme. Ainsi, dans la nature le cerf est chassé par le loup, dans le système seigneurial médiéval il l'est par le veneur noble. Il faut ajouter que dans la haute aristocratie, le prince est initié à la chasse dès son plus jeune âge. Suger raconte dans ces termes la jeunesse du futur Louis VI le Gros: »À l'âge dont nous parlons[16] une valeur croissante mûrissait vigoureuse en son cœur de jeune homme; il ne pouvait s'en tenir aux amusements de la chasse et aux jeux enfantins auxquels il est d'usage qu'on s'ébatte à cet âge sans apprendre à manier les armes«[17]. Ainsi, chasser fait partie des étapes de la vie du prince et des grands de l'aristocratie bien que son importance et son sens, tant symbolique que social, posent encore problème.

En dehors de la royauté, une foule de chasseurs fait partie des cours princières qui occupe divers titres de fauconnier, d'oiseleur, de veneur, de sergent à cheval ou à pieds, de garennier, de maître chiens. Pour connaître l'importance de la chasse pour un prince et celle de leur office, l'étude de leur nombre, de leur durée d'office, de leurs gages et de leur origine sociale doit être envisagée à travers les sources financières des derniers siècles du Moyen Âge. S'ajoute aussi une pléiade de chasseurs que l'on voit

[16] L'âge du prince est précisé dans SUGER, Vie de Louis VI le Gros (voir n. 5), p. 5, soit »douze à treize ans environs«. Louis VI étant né à Paris en 1081, Suger également d'ailleurs, l'événement s'est donc déroulé en 1093–1094. C'est sans doute une tradition qui est perpétuée au moins depuis la période carolingienne d'initier les princes dès leur jeunesse à la chasse. Le poème d'Ermold le Noir pour Louis le Pieux décrit en effet »le jeune Charles« qui »brûle de se mettre à sa poursuite«, celle d'un jeune daim pour lequel on donne au futur empereur des armes d'enfant afin de mettre à mort l'animal capturé. Ermold le Noir, Poème sur Louis le Pieux, éd. par Edmond FARAL, Paris 1932, p. 183, 185. Par ces deux exemples, il ressort que la chasse, dans une perspective anthropologique, représente un rite de passage et d'appartenance au groupe de la haute aristocratie. Dans ce sens, »[l]es rituels font partie de l'arsenal des codes qui, effectivement, créent de la civilisation« d'après Claude GAUVARD, Le rituel, objet d'histoire, dans: Jean-Claude SCHMITT, Otto Gerhard OEXLE (dir.), Les tendances actuelles de l'histoire du Moyen Âge en France et en Allemagne, Paris 2002, p. 273. Toutefois, »ce n'est pas parce que l'on voit comment un rituel fonctionne que l'on est en droit de dire que le rituel est fonctionnel«, selon Philippe BUC, Rituels et institutions, dans: SCHMITT, OEXLE (dir.), Les tendances actuelles, p. 266. La critique est surtout vraie pour Ermold le Noir, véritable thuriféraire de Louis le Pieux puisque Suger se permet de critiquer les actes de son royal camarade. Mais, en l'occurrence, perdre son temps à la chasse est-ce un rituel qui perd de sa fonctionnalité pour une partie de la société, celle des clercs, vis-à-vis des laïcs ou au contraire est-ce un rituel dont la vitalité est persistante?

[17] SUGER, Vie de Louis VI le Gros (voir n. 5), chap. I, p. 7. Michel Bur propose une traduction plus élégante de ce passage: »À l'âge dont nous parlons, une valeur croissante mûrissait vigoureuse en son cœur juvénile. Ne supportant plus les amusements de la chasse et les jeux puérils auxquels il est d'usage qu'on s'ébatte à cet âge, il apprend à manier les armes«. SUGER, La Geste de Louis VI et autres œuvres, éd. par Michel BUR, Paris 1994, p. 50–51. Le texte latin est celui de l'édition d'Henri WAQUET (voir n. 5), p. 6: *Sane prefata etate, animo juvenili vigere maturabat virtus augtiva, impatiens venationum et ludicrorum puerilium, quibus etas hujusmodi lascivire et arma dediscere consuescit.*

apparaître dans la comptabilité seigneuriale parce que figurant dans les dépenses reliées aux captures d'animaux. Certains semblent spécialisés pour un animal (la loutre, le loup), d'autres sont d'occasionnels chasseurs qui ont capturé par exemple un autour ou des buses.

lapin	5747
balbuzard sp.	142
buse	28
falconidé	19
loutre	14
loup	11
belette	6
blaireau	4
asturidé	4
chat sauvage	?
renard	?

Fig. 2: Les captures d'animaux dans la réserve cynégétique d'Hesdin.

Qui est capturé et/ou tué dans une réserve cynégétique[18]? Je prends le cas d'Hesdin en Artois (fig. 1). Pendant une génération (fig. 2)[19], le bestiaire est dominé par le lapin (5747 spécimens), puis les balbuzards fluviatiles ou pêcheurs (142), les buses (28), les falconidés (19), les loutres (plus de 14), les loups (plus de 11), les belettes (6), les blaireaux (plus de 4), les asturidés (4), des chats sauvages et des renards qui ne sont pas

---

[18] Sur les réserves cynégétiques, deux synthèses récentes: François DUCEPPE-LAMARRE, Une réserve particulière, les parcs à gibier, dans: Andrée CORVOL (dir.), Forêt et Réserves cynégétiques et biologiques, Paris 2002 (Cahier d'études environnement, forêt et société, XVIe–XXe siècle, 13), p. 11–16, 75–76, et Corinne BECK, Marie CASSET, Résidences et environnement: les parcs en France du Nord (XIIIe–XVe siècles), dans: Anne-Marie COCULA, Michel COMBET (dir.), Le château et la nature, Bordeaux 2005, p. 117–133. Sur l'ensemble bourguignon: Corinne BECK, Patrice BECK, François DUCEPPE-LAMARRE, Les parcs et jardins des résidences des ducs de Bourgogne au XIVe siècle. Réalités et représentations, dans: Annie RENOUX, »Aux marches du palais«. Qu'est-ce qu'un palais médiéval? Actes du VIIe congrès international d'archéologie médiévale, Le Mans-Mayenne 2001, p. 97–111, et François DUCEPPE-LAMARRE, Les réserves cynégétiques en France septentrionale. Seconde moitié du XIIIe–fin du XVe siècle, dans: CORVOL (dir.), Forêt et chasse (voir n. 12), p. 29–42. Les deux principales études de cas sur Hesdin: ID., Le parc à gibier d'Hesdin. Mises au point et nouvelles orientations de recherches, dans: Revue du Nord-Archéologie de la Picardie et du Nord de la France, t. LXXXIII, n° 343 (2002), p. 175–184, et ID., Une économie de l'imaginaire à l'œuvre. Le cas de la réserve cynégétique d'Hesdin (Artois, XIIIe–XVe siècles), dans: Andrée CORVOL (dir.), Les forêts d'Occident du Moyen Âge à nos jours, Toulouse 2004, p. 39–55. Ce à quoi il faut ajouter plusieurs passages dans ID., Chasse et pâturage (voir n. 10).

[19] L'ensemble de référence, les comptes de bailliage et les copies de compte du XIVe siècle, va de la Chandeleur 1300 à la Toussaint 1315 et décrit les revenus et les dépenses d'une entité administrative aristocratique appartenant alors au comte d'Artois.

énumérés et un grand cerf qui s'est échappé[20]. Ainsi d'après les archives comptables conservées, Hesdin apparaît comme un centre de production de lapins d'autant que les animaux qui sont les plus fréquemment capturés sont des indésirables à plumes et à poils, c'est-à-dire des prédateurs des animaux élevés par l'homme. Toutefois, pour dégager la part d'exception de cette réserve, de singularités régionales et de tendances de fond, il faudrait établir des comparaisons à partir de sites de même nature grâce aux archives comptables et aux restes d'animaux trouvés lors d'opérations archéologiques.

3. UNE TERRITORIALISATION COMPLEXE

GUETTER

Après avoir parlé des acteurs, j'aborde maintenant le cadre spatial. Chasser ou être chassé s'exercent dans des territoires, c'est-à-dire dans des espaces appropriés. Pour un animal, il correspond à son milieu de vie. Le territoire du castor européen par exemple, comprend des eaux courantes et des espaces boisés pour une unité familiale, soit une femelle et un mâle, les castorins de l'année et ceux de l'année précédente. C'est le mâle qui surveille de visu le territoire familial en plus d'un marquage olfactif grâce à sa glande à castoréum. Chez l'homme, pour qui l'odorat n'est pas un sens dominant, le marquage est différent... Il prend essentiellement un aspect juridique et un aspect paysager[21]. Juridiquement, il s'exprime sous la forme d'un interdit marquant divers lieux où il est défendu de chasser. La famille des défens de chasse rassemble le breuil, la *foresta*, la garenne et la warenne, certaines haies et le parc, autant de portions de milieux souvent boisés qui évoluent dans le temps et dans l'espace. Matériellement, les réserves de chasse peuvent être anodines dans le paysage lorsqu'elles sont ouvertes[22], mais elles sont souvent visibles en fermant les lieux grâce à des lisières forestières aménagées, des alignements d'arbres ou des haies, des palissades de bois ou des murailles maçonnées que retrouve l'archéologie pour le roi de France à Vincennes, à Hesdin pour les comtes d'Artois puis les ducs de Bourgogne. Ces territoires immenses sont surveillés par des membres de l'entourage seigneurial, des sergents en général à pieds et à cheval.

POURSUIVRE

Les poursuites ont lieu dans des territoires dont la répartition spatiale et les imbrications nous échappent encore dans une grande mesure. Potentiellement, l'ensemble des milieux et de leur étendue peut servir à poursuivre ou à y être poursuivi. En France, il existe sans doute quelques milliers de petits parcs à l'instar de l'exemple anglais,

---

[20] Dont le cas a été vu dans la 1re partie de cet article.
[21] Démonstration et lexique des lieux de chasse boisés dans DUCEPPE-LAMARRE, Chasse et pâturage (voir n. 10).
[22] Leur marquage se fait alors par des bornes ou des arbres limites.

auxquels s'ajoutent les massifs forestiers voisins des grands parcs et les garennes qui devaient atteindre la dizaine de milliers. La recherche actuelle n'a pas encore abordé l'idée d'une carte archéologique des zones de chasse médiévales. Pour l'heure, seules des hypothèses peuvent être lancées. À tout le moins, il apparaît qu'il existe plusieurs types de réserves de chasse avec diverses tailles (fig. 3)[23]: quelques hectares pour un petit seigneur, quelques dizaines pour un autre, quelques centaines à quelques milliers d'hectares pour la haute aristocratie. Puisque le cerf, dans les milieux de plaine, vit dans un territoire de 400 à 600 hectares en moyenne[24], on observe là une contradiction évidente avec la taille de la plupart des réserves de chasse du Moyen Âge qui ne permet pas la poursuite de cet animal. De plus, la superficie de détail des espaces de chasse nous échappe aussi. Or leur positionnement et leurs limites sont hautement significatifs. Sont-ils localisés dans ou à proximité de zones giboyeuses afin de faciliter la poursuite du gibier? Les clôtures de parc sont-elles le reflet d'une manifestation de pouvoir au sein de relations cordiales entre seigneurs comme à Hesdin sous le comte Robert II dans les années quatre-vingt-dix du XIIIe siècle ou au contraire comme des espaces du pouvoir qui sont l'objet de contestations comme à Hesdin mais cette fois sous la comtesse Mahaut d'Artois dans les premières années du XIVe siècle[25]? Le débat doit lui aussi être poursuivi.

---

[23] Une analyse détaillée à partir de trois exemples est présentée ibid. Voir le chapitre III de la seconde partie consacré à l'implantation et à la répartition des espaces forestiers à fonction cynégétique et d'où provient la figure 3.
[24] Ce territoire correspond au »domaine vital« du cerf (*Cervus elaphus*) qui a été mesuré dans les années 1990 avec des colliers GPS. L'étendue comprend les localisations extrêmes et ses évolutions dans le temps selon trois facteurs: le milieu végétal, l'alimentation et la quiétude du milieu (l'animal est-il dérangé ou non, fréquemment ou non). Voir Roger FICHANT, Le cerf. Biologie, comportement, gestion, Paris 2003, p. 98–99. Selon Gérard Tendron de l'Office national de la chasse et de la faune sauvage, le domaine vital de la femelle fait quelques centaines d'hectares alors que celui du mâle côtoie les quelques milliers d'hectares. Gérard TENDRON, Les cervidés en France: pour une gestion maîtrisée, dans: Andrée CORVOL (dir.), Forêt et faune, Paris 2001 (Cahier d'études environnement, forêt et société, XVIe–XXe siècle, 12), p. 48–55. Quel que soit le décalage de l'évaluation proposée par Roger Fichant et Gérard Tendron, la contradiction demeure voire s'amplifie avec les parcs médiévaux. Il y a donc lieu de repenser la fonction cynégétique de ces parcs à l'aune des données comportementales des cervidés et en relation avec les connaissances zoologiques des hommes de ce temps.
[25] Sujet développé lors du 3e congrès international de l'archéologie médiévale et post-médiévale à Bâle en 2002 par François DUCEPPE-LAMARRE, Le complexe palatial d'Hesdin et la structuration de l'environnement (Nord de la France, XIIIe–XIVe siècles), dans: Guido HELMIG, Barbara SCHOLKMANN, Mathias UNTERMANN, Centre, Région, Périphérie, vol. 2, Hertingen/Suisse 2002, p. 96–101.

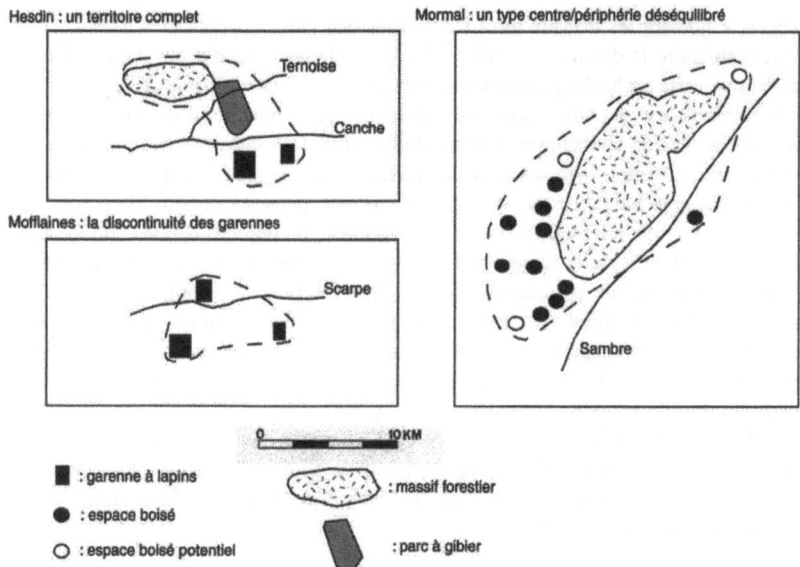

Fig. 3: Trois types distincts de territoires d'élevage et de chasse médiévaux.

CAPTURER/TUER/MANGER

Où est-ce que l'on capture, que l'on tue et que l'on mange les produits de la chasse? En règle générale, pour l'animal, les trois actions ont lieu dans leur biotope. Il y a dissociation lors des migrations saisonnières et aussi lorsque la femelle doit nourrir ses petits. Pour l'homme, la réponse varie considérablement selon les cas. Une quantité du gibier est souvent répartie dans d'autres lieux, ce que l'on comprend dans la partie de chasse de l'abbé Suger.»Vivant sous la tente, nous avons fait transporter chaque jour de la semaine une grande quantité de cerfs [...] et nous les avons fait distribuer aux frères malades, aux hôtes dans l'hôtellerie ainsi qu'aux chevaliers dans le village«[26].

---

[26] SUGER, Œuvres I: Écrits sur la consécration de Saint-Denis, L'œuvre administrative, Histoire de Louis VII, texte établi, trad. et commenté par Françoise GASPARRI, Paris 1996, p. 75. Les premières analyses émulantes de cet épisode de chasse ont été proposées dans les années 1990 par Michel BUR, Suger. Abbé de Saint-Denis, Régent de France, Paris 1991, p. 185–186, et par Lindy GRANT, Abbot Suger of St-Denis. Church and State in Early Twelfth-Century France, Singapore 1998, p. 224; puis par MORSEL, Chasse (voir n. 1), p. 272. Je propose de continuer les réflexions sur le sujet étant donné son importance pour comprendre la dimension éminemment sociale de la chasse mais aussi pour avoir une clef de lecture sur les restes de gibier consommé. L'archéologue Michaël Wyss rappelle que la part du gibier est minime (0,03%!) comparée aux restes osseux d'espèces domestiques provenant d'un dépotoir à partir d'une fouille du centre-ville de Saint-Denis. Ce dépotoir comprenait des niveaux du Xe au Xe–XIe siècles qui a été étudié par l'archéozoologue Jean-Hervé Yvinec. Où sont passés les os de cerfs? Assurément dans d'autres dépotoirs dans les villages voisins. Aussi dans les zones de chasse et

Ainsi les restes osseux de cervidés, ici de cerfs, trouvés dans les sites monastiques sont un reflet de l'activité de chasse pratiquée par les hommes de l'abbaye bien que leur consommation embrasse des catégories sociales plus larges que la seule communauté des moines. De plus, une part des animaux tués est donnée à d'autres nobles, des *militibus* qui sont sans doute des vassaux de l'abbaye. Donc les ossements trouvés au sein du village correspondent à la consommation liée au statut social de ses habitants et non à l'activité de chasse elle-même. En outre, si le passage étudié ne parle pas de la consommation des chasseurs, on doit tout de même se poser la question des repas réalisés au campement. Suger tait la consommation de cerfs sur place afin de mettre en exergue sa générosité pieuse dans une politique seigneuriale du don à partir des ressources de son domaine qu'il a récemment récupéré.

En dehors de cet exemple de la forêt d'Yveline du Moyen Âge central, j'aimerais m'arrêter sur un cas très différent de la fin du Moyen Âge avec une réserve cynégétique d'Artois. Autant l'histoire de Suger est isolée dans son œuvre écrite, autant Hesdin (fig. 1) possède une documentation financière des plus conséquente qui se rapproche de la masse documentaire que l'on retrouve en histoire contemporaine. Si les résidences princières possèdent une comptabilité abondante, celle d'Hesdin est nettement favorisée en nombre et dans le temps (fig. 4)[27]. Par exemple, près de 400 comptes de bailliage sont aussi conservés. À partir de ce référentiel, j'ai ouvert une fenêtre en faisant un sondage de 1300 à 1315, c'est-à-dire pendant les règnes du comte Robert II et de la comtesse Mahaut d'Artois, soit à l'époque de Philippe le Bel (1285–1314).

---

une part notable dans des dépotoirs reliés à la consommation à l'intérieur même du site abbatial. Mais aussi ailleurs que dans des dépotoirs. Le dépotoir de boucherie étudié donne donc une certaine image de la consommation mais n'explique pas la complexité globale de dépôt des ossements de cerfs. Le texte, lui, met en lumière des pratiques cynégétiques spécifiques tout en taisant le ou plutôt les régimes alimentaires qui avaient cours sur le site abbatial. Pour un aperçu historique des bâtiments du monastère de Saint-Denis, hors leur répartition spatiale, voir le chapitre 3 »Monasterium« de Michaël WYSS (dir.), Atlas historique de Saint-Denis. Des origines au XVIIIe siècle, Paris 1996, p. 137–184.

[27] La vue d'ensemble des comptes de travaux conservés des résidences princières du comté d'Artois est éloquente. Trois classes apparaissent pour lesquelles le site d'Hesdin se trouve au sommet avec près de la moitié de l'ensemble documentaire conservé (114/235 ou 48,5%)! Le tableau recense uniquement les comptes conservés de manière ›autonome‹. Le graphique illustre que l'ensemble des résidences, hormis Arras et Bellemotte et Hesdin, constitue un ›bruit de fond‹ documentaire. Le diagramme par secteurs permet de visualiser plus aisément la prééminence archivistique du site d'Hesdin.

	Nombre de comptes
Aire	11
Arras et Bellemotte	37
Avesnes-le-Comte	7
Bapaume	8
Béthune	9
Beuvry	4
La Buissière*	2
Calais*	1
Choques*	2
Eperlecques	10
Gosnay*	7
Hesdin*	114
Lens	1
Montgardin*	3
La Montoire*	7
Rihoult*	1
Saint-Omer*	7
Tournehem	4
total	**235**

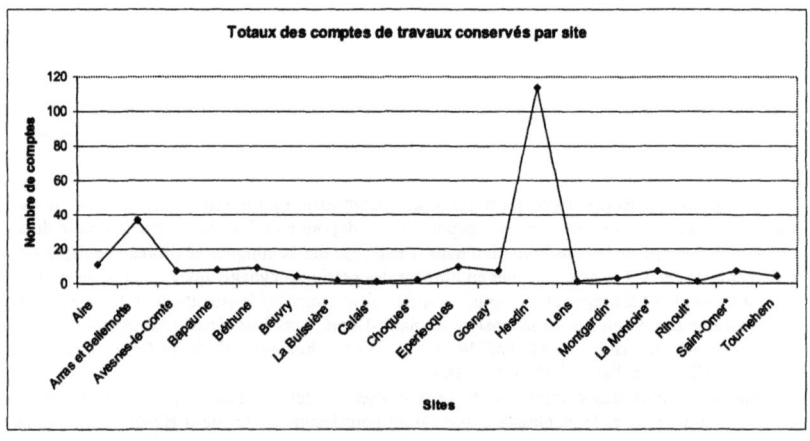

*) Des résidences qui conservent également d'autres comptes mais classés différemment.

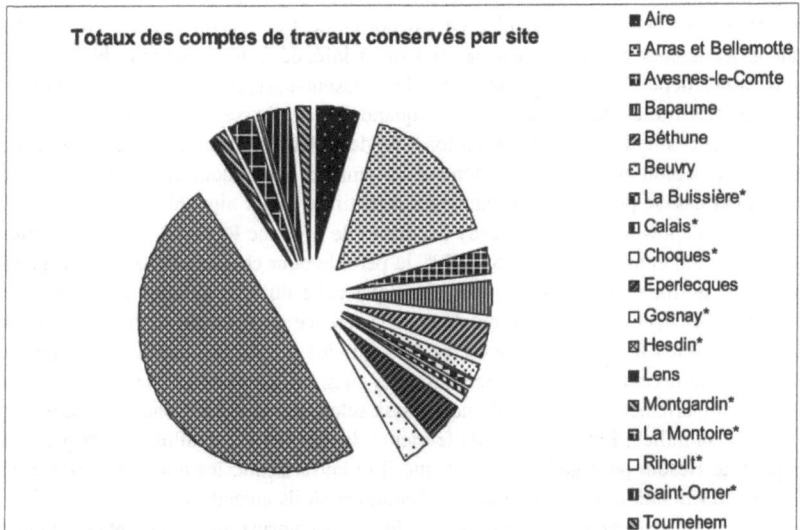

Fig. 4: Vue d'ensemble des comptes de travaux conservés des résidences princières du comté d'Artois.

Dans cette fenêtre, les deux tiers des comptes sont conservés par rapport à l'ensemble d'origine (32/48). Chaque rouleau fait 1 à 2 mètres de long avec une centaine à quelques centaines d'informations regroupées en rubriques de recettes et de dépenses concernant la gestion administrative du domaine seigneurial. Grâce à ce maillage documentaire, il est possible d'identifier où certains animaux étaient capturés avant d'être parfois tués puis mangés ou alors capturés puis élevés en semi-liberté. Les rapaces locaux sont chassés dans les environs d'Hesdin afin de servir d'auxiliaires de chasse et sont logés dans la volière seigneuriale. D'autres animaux locaux, devenus rares à cette époque, comme un ours, un castor et des chats sauvages sont capturés et mis en cage. Un cas particulier, un porc sanglier est mis en cage et finalement mangé. Autres catégories, les cervidés jouissent d'un parc avec hangar, les lapins, de garennes où ils prolifèrent, les cygnes, de nids qui sont entretenus et les hérons bénéficient de héronnières.

4. DES RYTHMES MULTIPLES

GUETTER

Si les espaces de chasse sont complexes, il en va de même des temps de chasse. Chasser pour l'animal carnivore constitue une activité récurrente dans le temps avec des pointes. Elle est en effet pratiquée afin de se nourrir et de nourrir les petits. L'animal chassé est donc une proie potentielle à longueur d'année et en particulier lorsque ses prédateurs ont formé une famille. Le calendrier de l'homme-chasseur s'éloigne du calendrier animal puisqu'il n'est pas (ou plus) inféodé à des impératifs biologiques sans doute depuis le passage du stade de chasseur-cueilleur à celui d'agriculteur-éleveur. Les traités de chasse indiquent quand il faut chasser ou non le gibier. Les rythmes de chasse se singularisent en fonction des relations entre l'homme et l'animal; en plus de la biologie et du comportement de l'animal, il faut donc étudier les animaux au cas par cas. Je prendrai deux exemples, à partir du gibier »ignoble« avec le loup et la loutre. D'après »Les Livres du roy Modus et de la royne Ratio« d'Henri de Ferrières, qui datent entre 1374 et 1376/1377[28], la période pour chasser la loutre correspond aux mois de mars et de septembre[29], alors que celle du loup se situe à la sortie de l'hiver[30]. Les dépouillements comptables de la réserve cynégétique d'Hesdin pour les années 1300 à 1315 vont dans le même sens que les propos des traités en allongeant cependant la période de surveillance qui varie aussi en fonction des aléas climatiques et du comportement de l'animal mais aussi selon les modifications apportées par l'homme au milieu. Entre les mois de février et de mai 1319[31], il fallut »veiller par nuit el parc de Hesdin pour gaitier les leus que il ni entraissent«: les loups, à la sortie de l'hiver, rôdent autour des ensembles cynégétiques où ils entendent et sentent le gibier présent, en l'occurrence des lapins, des cervidés, des chevaux, des hérons et des cygnes pour citer les principales proies potentielles du loup.

POURSUIVRE

Il existe cependant d'autres rythmes de chasse qui répondent à d'autres logiques. Suger raconte le fait suivant qui eut lieu durant les premières décennies du XIIe siècle: Nous avons également récupéré le [droit de] chasse dans la forêt d'Yveline, dans les limites de la terre qu'ils avaient depuis longtemps enlevée à Saint-Denis. Et pour qu'à l'avenir cela ne tombe pas dans l'oubli, nous nous sommes rendus sur les lieux pendant toute une semaine en compagnie d'amis éprouvés et d'hommes à nous, à savoir le comte d'Évreux Amauri de Montfort, Simon de Neauphle, Évrard de Villepreux et beaucoup d'autres[32].

Ici, la poursuite de gibier fait sens en elle-même. En fait, Suger doit signaler dans l'espace mais surtout dans le temps que le droit de chasse relève de l'abbaye de Saint-Denis. La troupe des chasseurs doit être entendue (avec sa meute aboyante et leurs cors sonnants) et vue (par les seigneurs récalcitrants comme par les vassaux fidèles ou autres) d'où cet exercice durant une semaine. Le but est de marquer les esprits. Suger

---

[28] Henri DE FERRIÈRES, Les Livres du roy Modus et de la royne Ratio publiés avec introduction, notes et glossaire, éd. par Gunnar TILANDER, Paris 1932.
[29] Ibid., chap. 53. Ci divise comment l'en prent le loutre a forche de chiens: »le chassce en mars ou en septembre«, p. 92.
[30] Ibid., chap. 61. Ci devise comment l'en prent les leus a bissonner et le temps c'on len doit faire: »a la fin du mois de fevrier«, p. 111.
[31] Arch. dép. Pas-de-Calais, A371², Ascension 1319 soit entre le 3 février et le 17 mai 1319.
[32] SUGER, Œuvres I (voir n. 26), p. 75.

insiste par deux fois durant cet anecdote: *ne in posterum oblivioni traderetur*, pour qu'à l'avenir cela ne tombe pas dans l'oubli. Mettre par écrit cet événement participe à l'œuvre d'archivage des droits et de la remise en route du temporel dyonysien par Suger[33] alors que les rythmes de cette chasse à courre puisent leur logique dans la dimension sociale et juridique du système seigneurial. C'est bien une affirmation de pouvoir sur les ressources naturelles dont la répétition dans le temps par la poursuite et sa mise en écriture manifeste sa logique d'être, plutôt qu'une activité agréable ou des raisons alimentaires. Ici, pourrait-on dire, qui ne va pas à la chasse perd sa place...

CAPTURER/TUER

Quand capturer/tuer alors? La réponse n'est pas simple. Prenons la suite de l'anecdote qui précède: »nous avons fait transporter chaque jour de la semaine une grande quantité de cerfs, non pour des raisons futiles mais pour rétablir le droit de l'église, et nous les avons fait distribuer aux frères malades, aux hôtes dans l'hôtellerie ainsi qu'aux chevaliers dans le village, afin que désormais cela ne tombe pas dans l'oubli«[34].

Ainsi, avec Suger, le rythme de capture du gibier sert d'abord et avant tout à affirmer les droits de l'abbaye face aux autres seigneurs qui les contestent. On peut imaginer que les rythmes de capture dépendent de deux facteurs: d'abord de la victoire juridique et ensuite de la séquence d'une semaine de chasse. Or il importe que les journées se soldent par des captures afin que le droit de chasse soit respecté et le chasseur respectable. Des chasses bredouilles semblent invalidées le droit, ou si l'on suit le texte pas à pas, la capture et sa répétition dans le temps pour un espace donné donnent force de loi.

Et quand capture-t-on pour »des raisons futiles« pour reprendre l'expression de Suger[35]? Le gibier noble, comme le cerf, n'est pas chassé pendant les périodes d'accouplement, soit du brame au rut, alors que les »nuisibles« sont fréquemment chassés durant la période où l'animal est faible. Henri de Ferrières parle de capturer les loups en février quand l'animal est maigre et moins fort. Dans la réserve cynégétique d'Hesdin (fig. 1), au début du XIVe siècle, la comptabilité recense les cas de figure de

---

[33] Suger prend en main l'administration des biens de l'abbaye en 1122. Selon MORSEL, Chasse (voir n. 1), p. 272, cette séquence cynégétique eut lieu vers 1145. C'est donc dire qu'elle s'est déroulée peu avant ou surtout pendant la rédaction du mémoire dont le début est daté de l'hiver 1144–1145 et la fin entre 1147 et 1149 (bien que l'ouvrage est en fait inachevé) selon BUR, Suger (voir n. 26), p. 172, 174. En suivant cette datation, on remarquera la constance de Suger qui du début de son abbatiat à la fin de sa vie s'applique à faire respecter les droits du temporel de Saint-Denis.

[34] SUGER, Œuvres I (voir n. 26), p. 375.

[35] Une expression qui en dit long sur la position antithétique de Suger et d'une part de l'Église au milieu du XIIe siècle face à l'activité cynégétique pratiquée par les seigneurs laïques. Cette dépréciation de la chasse se retrouve ailleurs dans l'œuvre écrite de Suger. Par exemple, il dit que le jeune Louis »ne pouvait s'en tenir aux amusements de la chasse« dans SUGER, Vie de Louis VI le Gros (voir n. 5), p. 7.

divers prédateurs[36]. Près des deux tiers des captures de loups ont lieu entre les mois de février à avril et une loutre sur deux pour la même période. Nous sommes dans les limites théoriques du normand Henri de Ferrières bien que la deuxième saison de chasse aux loutres devrait avoir lieu selon lui en septembre: une sur cinq, en Artois, est capturée entre novembre et février. Sur 5747 lapins capturés[37] de 1300 à 1315, soit pratiquement un par jour en moyenne annuelle, dans la pratique entre 8 et 9 lapins sur 10 le sont entre février et avril, le reste entre novembre et février. Dernier élément à ajouter au dossier, grâce aux sources financières, d'autres animaux apparaissent qui ne figurent pas dans les traités de chasse. C'est le cas du balbuzard fluviatile ou pécheur qui est de tous les prédateurs (pas seulement aérien) le plus capturé[38]. 142 spécimens de 1300 à 1315, dont 82% (116/142) entre novembre et février, les 18% restants (26/142) s'étalent durant le reste de l'année (fig. 5)[39].

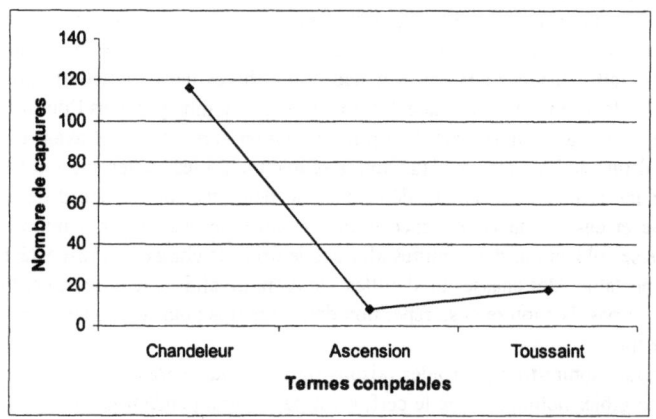

Fig. 5: Les rythmes comptables des captures de balbuzards à Hesdin (1300 à 1315).

[36] Les données qui suivent proviennent de François DUCEPPE-LAMARRE, Éliminer les indésirables à Hesdin (Artois, XIIIe–XVe siècles), dans: CORVOL (dir.), Forêts et faune (voir n. 24), p. 5–10, 87–88.
[37] Les données numériques proviennent du colloque de Turin. François DUCEPPE-LAMARRE, Une génération de gestion animale au début du XIVe siècle: la comptabilité du territoire d'élevage et de chasse d'Hesdin (Pas-de-Calais, France), dans: Giacomo GIACOBINI, Jean-Denis VIGNE (dir.), La gestion démographique des animaux à travers le temps, Turin 2000 (Anthropozoologica, 31; Ibex Journal of Mountain Ecology, 5), p. 130–133. Cet ouvrage étant introuvable et épuisé depuis sa parution, j'en extraie les principales données utiles sur Hesdin en les enrichissant et en les intégrant avec les nouvelles recherches sur la chasse.
[38] Les documents comptables parlent d'aigles. Le terme est générique et décrit un falconiforme de grande taille. D'après les écosystèmes présents dans la vallée de la Canche, les balbuzards fluviatiles ou pêcheurs pourraient correspondre au zoonyme médiéval.
[39] La figure 5 illustre clairement les irrégularités de captures tout au long de l'année d'après la logique de l'enregistrement par la comptabilité. En particulier, la très nette régression de la Chandeleur à l'Ascension.

5. UN ÉVENTAIL DE TECHNIQUES

GUETTER

Après avoir vu les acteurs, les lieux et les temps, il reste à traiter des techniques. Les techniques de guet du chasseur comme du prédateur se ressemblent dans leur stratégie: l'idée étant de voir sans être vu, d'entendre sans être entendu. Il faut donc se poster à l'orée d'une forêt pour surveiller les espaces découverts ou encore choisir une hauteur afin d'avoir une vue périphérique, ce que font les hommes comme les oiseaux de proie ou le lynx. S'y ajoutent des techniques de surveillance propres comme la confection d'une tenue de camouflage[40] ou la surveillance aérienne pour les rapaces de bas ou de haut vol. Face à ces stratégies, les proies doivent être constamment sur leurs gardes ainsi que les chasseurs illégaux qui en plus doivent éviter de faire du bruit pour ne pas être repéré. En Artois, à la fin du Moyen Âge, on crève les yeux à un braconnier de lapins! Braconner des lapins est chose facile pour tout un chacun et leur valeur marchande n'est pas trop élevée. Un tel châtiment ne peut se comprendre que parce que l'individu s'est attaqué à une prérogative seigneuriale. Rendre aveugle un chasseur qui ne percevait pas les interdits liés aux distinctions sociales sert d'exemple cruel pour la foule des manants en chassant les braconniers dans une région où les garennes à lapins se multiplient aux XIVe et XVe siècles.

POURSUIVRE

Les techniques de poursuite des prédateurs relèvent de deux catégories. Soit le prédateur se lance sur sa proie avec une courte poursuite comme les rapaces ou les félins, soit la poursuite dure longtemps comme les canins qui visent à affaiblir une proie nettement plus grosse qu'eux. La proie elle tente de déjouer en esquivant l'attaque ou alors tente son salut dans la fuite.

Or, l'homme n'a pas vraiment innové dans la poursuite puisqu'il pratique l'une ou l'autre tactique. Son innovation réside en fait dans la démarche de s'approprier les capacités de poursuite d'autres animaux à poils comme à plumes. Il développe ainsi des auxiliaires depuis la plus haute antiquité, les perfectionne, fait des emprunts et en rajoute tout au long du Moyen Âge. La chasse au vol fait son apparition au Haut Moyen Âge en Europe à partir du monde germanique d'après les fouilles archéologiques qui ont révélé dans les tombes d'élites des squelettes complets d'oiseaux de proie, une pratique qui trouve son origine au Moyen-Orient. La chasse aux chiens se pratique depuis la plus haute Antiquité en Europe occidentale. Elle se développe fortement dans

---

[40] Pour une histoire du costume de chasse, qui reste à écrire, il convient de se tourner vers les illustrations des traités cynégétiques et vers les sources financières. Par exemple, »A Pierart Hautvirque pour XXIII aunes de vert drap accattet dont on fist uns drapz pour ledis braconnier à cheval et IIII cottes pour les aultres IIII braconniers à piet: XXV l(ivres) VI s(ous)«. Glane provenant du compte du receveur général du Hainaut, Jean Rasoir, daté du 1er septembre 1437 au 31 août 1438; Arch. dép. du Nord, B8023, fol. 46v.

la noblesse par la diversité des types de chiens et par leur nombre. Au cours des premières années du XIVe siècle, on retrouve au maximum à Hesdin 3 chiens pour le porc, 4 pour le lapin, 9 pour la loutre, 12 pour le renard en plus de 15 lévriers et 45 chiens courants pour le cerf[41]. Hesdin n'est cependant qu'un point dans un vaste réseau de chasse. Les travaux de Christoph Niedermann, dans la lignée de l'*Itinerarforschung* allemande, montrent que les équipes de chasse, avec les meutes de chiens, sont mobiles à travers les Pays-Bas bourguignons[42]. La séquence de chasse de juillet/août 1432 voit la rencontre de la meute de Tournehem avec celle de Brabant. En tout, ce sont 38 grands lévriers (*Windhunde*), 13 couples de chiens courants (*Laufhunde*), 10 couples de chiens à cerfs (*Hirschhunde*) et 6 chefs de meute (*Leithunde*) qui se rejoignent vers Hesdin entre le 22 juillet et le 4 août.

CAPTURER/TUER

Outre cette complexification des techniques de poursuite à partir des auxiliaires de chasse, il faut ajouter le volet technique des captures que je vais aborder ici uniquement par le biais des pièges de chasse. C'est un thème de recherche bien présent Outre-Rhin malheureusement délaissé en France[43]. Caractéristique de l'*Homo faber*, le piège induit un stress supplémentaire dans l'environnement pour l'animal mais aussi pour le paysan surtout si il est braconnier. Avec cet outil, aux astuces plus ou moins élaborées, le chasseur se trouve présent même quand il est absent physiquement, le sujet chassé devenant une proie en tout temps et en tous lieux.

Pour aborder les pièges je propose une nouvelle approche interdisciplinaire qui combine les sources iconographiques, textuelles et matérielles[44]. La démarche consiste à classer les pièges en trois groupes selon leur potentiel archéologique. Les pièges en creux et les pièges construits comprennent des terrassements pour l'un et des assemblages de bois, de cordes et de métal pour l'autre. Le troisième groupe est qualifié d'indétectable puisqu'il ne possède qu'une réalité matérielle fugace, par exemple des arbustes, des troncs d'arbres avec parfois des cordages. Une fois ce classement opéré, il faut étudier les techniques représentées par l'iconographie des traités de chasse avec des chasseurs d'aujourd'hui afin de comprendre leur fonctionnement. En plus de cette étape ethno-technique, nous passons à la transposition en plan et en coupe des pièges pour les deux premiers groupes. Le but consiste ensuite à identifier les multiples structures en creux découvertes lors de décapages de surface archéologiques qui restent inexpliquées. Une autre piste vise à localiser des zones de chasse utilisant les deux premiers groupes de pièges selon les données des sources financières. La réserve de

---

[41] GIACOBINI, VIGNE (dir.), La gestion démographique (voir n. 36), p. 130.
[42] Christoph NIEDERMANN, Das Jagdwesen (voir n. 12), p. 217–218.
[43] Voir Lexikon des Mittelalters (voir n. 12). En France quelques rares approches comme au colloque de Nice de 1979: La chasse au Moyen Âge, Nice 1980.
[44] Les lignes qui suivent procèdent et continuent les premières réflexions lancées dans DUCEPPE-LAMARRE, Chasse et pâturage (voir n. 10). En particulier, la sous-partie consacrée aux pièges du troisième chapitre de la seconde partie.

Mormal, dans le Hainaut français, est fréquemment garnie de haies de chasse au XVe siècle d'après sa comptabilité. Ici ce sont des prospections extensives dans des zones tests qui donneraient des résultats grâce aux concentrations de clous laissées par les campagnes d'aménagements et de réfections de ses pièges[45].

6. CONCLUSION

À partir d'une définition claire de l'action de chasser (guetter, poursuivre, capturer/ tuer), nous avons pu identifier une extension sociale de son application et discerner une évolution des relations entre l'homme et l'animal. Il y a donc là un pan historiographique à renouveler avec d'autres questionnements, d'autres sources et outils.

Alors que chez l'animal le mâle et la femelle participent à la traque de la nourriture, l'homme pratique une double distinction sexuelle et sociale qui amplifie le dimorphisme sexuel et met en exergue la prééminence seigneuriale. Les sources financières du Moyen Âge finissant insistent cependant sur la pluralité des chasseurs qui s'agrègent aux réserves cynégétiques aristocratiques, qui évoluent elles-mêmes vers des centres de production de gibier et de poissons.

Le phénomène de la territorialisation, qui existe chez le prédateur et chez la proie, est en contradiction spatiale entre l'homme et l'animal. Des logiques spatiales d'exploitation, la *foresta* du temps de Suger, et d'aménagements, les parcs, des ressources de l'environnement non agricole se mettent progressivement en place bien qu'on en ignore encore les modalités faute de recherches d'archéologie historique.

Alors que les rythmes de chasse répondent à des impératifs biologiques chez l'animal, chez l'homme, le système seigneurial impose des séquences de chasse avec capture afin que le droit de chasse reste effectif. En dehors des chasses valorisantes, le cas du cerf a été vu, les rythmes de captures du petit gibier et des indésirables s'appréhendent en croisant les sources comptables et zootechniques.

L'histoire technique de la chasse, contrairement à l'Allemagne pourtant si proche spatialement, reste à écrire en France en plaçant au centre la question des respects des défens, et celle du sens social et environnemental des techniques de poursuite. De plus, l'innovation humaine des pièges, véritable révolution silencieuse des relations entre prédateurs et proies qui ne date cependant pas du Moyen Âge, constitue une piste interdisciplinaire de recherches résolument attrayante.

Chasser – et son antithèse être chassé – sont des comportements innés et acquis qui se stratifient dans la très longue durée (des chasseurs-cueilleurs à nos jours en passant par le Moyen Âge) à partir d'éléments de la pratique dont certains se ritualisent alors que d'autres tombent en désuétude. Étudier de manière interdisciplinaire ces éléments et

---

[45] Ce type de démarche utilisant les clous a donné de très bons résultats pour des époques et des sujets totalement distincts. Par exemple, les longues fiches de métal de *murus gallicus* étudiés par Olivier Büchsenschütz, dans: Olivier BÜCHSENSCHÜTZ, Hervé RICHARD (dir.), L'environnement du Mont Beuvray, Bibracte 1996. On peut aussi citer les zones de passage intra-site ou hors site sur lesquelles Jean-Paul Guillaumet a travaillé dans son habilitation à diriger les recherches soutenue à l'université de Dijon le mercredi 17 octobre 2001.

leurs évolutions, qui s'expriment dans des systèmes socio-spatiaux à géométrie variable, permet de cerner un aspect majeur de la question du pouvoir sur et dans son environnement, tout en renouvelant la question historiographique de la chasse médiévale.

DEUTSCHE ZUSAMMENFASSUNG

In den Medien werden wir regelrecht mit Ereignissen bombardiert, die Jagd und Wildtiere betreffen. So wird von den Jägern beispielsweise verlangt, die Verwaltungen über den Vormarsch der Vogelgrippe in Europa zu informieren. Die Wiederansiedlung von Bären in den Pyrenäen führt dazu, daß die lokale Bevölkerung sich wieder auf das Fallenstellen besinnt, um damit einen Allesfresser zu verfolgen, den im 14. Jahrhundert der Graf von Foix und Béarn, Gaston Fébus, durchaus nicht verschmähte. Brigitte Bardot kritisiert die Robbenjagd, wobei sie für sich das Recht der Einmischung zugunsten der Meeressäuger in der Polarzone in Anspruch nimmt. Zugleich hat das Anwachsen der Robbenpopulationen, das auf ein langjähriges Jagdverbot zurückzuführen ist, die Kabeljaubestände an den Ostküsten Nordamerikas dezimiert, was die französischen Fischer von St. Pierre und Miquelon ebenso in Schwierigkeiten bringt wie ihre kanadischen Kollegen...

Diese Medienereignisse zeigen den Wert von Studien, die die Jagd sowohl aus der Sicht des Jägers, als auch aus der des Gejagten untersuchen. Einerseits bilden jagen und gejagt werden zwei Facetten ein- und desselben Phänomens. Andererseits kommt es vor, daß die ursprünglichen Rollen vertauscht werden: Nun wird der Jäger gejagt, während die Jagdbeute zum Jäger avanciert. Es besteht daher ein echtes Interesse daran, Parallelen zwischen dem Verhalten der Tiere und des Menschen in ihrer jeweiligen Umwelt zu beschreiben. Zudem erlaubt die Verbreiterung der Quellenbasis durch eine interdisziplinäre Herangehensweise (Geschichtswissenschaft und Archäologie) weitere Analyseperspektiven auf das Thema »Macht und Umwelt im Mittelalter« zu gewinnen.

Ausgehend von einer klaren Definition der Jagdhandlung (spähen, verfolgen, fangen/töten), kann ich tatsächlich eine soziale Ausweitung ihrer Anwendung feststellen. Zudem wird eine Veränderung in den Beziehungen zwischen Mensch und Tier beschrieben. Es eröffnet sich folglich ein historisches Feld, das mit neuen Fragestellungen, Quellen und Untersuchungsinstrumenten zu analysieren ist.

Jagen – und das Gegenteil: gejagt werden – sind angeborene und erlernte Verhaltensweisen, die in der *longue durée* von den Jägern und Sammlern über das Mittelalter bis heute Bestand haben. Sie basieren auf Verhaltensweisen, von denen einige ritualisiert wurden und andere nicht mehr auftauchen. Mit interdisziplinären Methoden diese Elemente und ihre Entwicklung, die sich in unterschiedlichen räumlich-gesellschaftlichen Kontexten manifestierten, zu untersuchen, erlaubt es, einen zentralen Aspekt des Problems der Machtausübung über die Umwelt und in der Umwelt zu thematisieren und dabei der Geschichtsschreibung über die mittelalterliche Jagd neue Impulse zu geben.

MARTIN KNOLL

Dominanz als Postulat
Höfische Jagd, Natur und Gesellschaft im »Absolutismus«

Das Frontispiz der ab 1701 in vier Bänden erschienenen »Historico-Topographica Descriptio« Michael Wenings zeigt eine Allegorie auf das Kurfürstentum Bayern. Im Zentrum steht eine Frauengestalt, die Bayern symbolisiert. Sie ist von Figuren und Gegenständen umgeben, die das Land und seine Herrscherdynastie charakterisieren. Den Himmel bevölkern Heilige, die in Beziehung zum Land stehen – über ihnen allen thront die in Altötting verehrte Heilige Jungfrau Maria. Der Kurhut weist auf den politischen Status des Herrschers hin. Der Merkurstab symbolisiert das Florieren von Handel und Gewerbe, astronomische Instrumente stehen für die Wissenschaften, Kanonen versinnbildlichen die glorreiche Kriegsführung des Herrschers[1].

Von besonderem Interesse sind die übrigen Figuren und Attribute, die immerhin rund die Hälfte des Bildprogramms besetzen: Sie alle stehen in Bezug zu natürlichen Ressourcen. Mythologische Figuren repräsentieren die zahlreichen Flüsse und Seen Bayerns, die mit reichen Populationen an Fisch, Krebsen und Perlmuscheln ausgestattet sind. Die allegorische Bavaria trägt Kornähren in ihrem Arm. Im Hintergrund weidet Vieh vor Pavillon- und Parkarchitektur, Wald und malerischer Landschaft. Bavaria sitzt auf einem Salzfaß. Ein anderes Bergbauprodukt, Eisen, liegt – bereits zu Barren verarbeitet – am Boden. Die Füße der Frau ruhen auf einem Marmorblock. Zuletzt fällt – prominent positioniert – reiche Jagdbeute ins Auge, Symbol für den Wildreichtum des Landes; eine Jagdwaffe, der Sauspieß, stellt den Bezug zur Jagdleidenschaft des Herrschers her.

Die panegyrische Vorrede der »Historico-Topographica Descriptio« nimmt all die im Bildprogramm thematisierten Umweltmerkmale nochmals auf und kennzeichnet sie als »natürliche Vortheil« des Landes[2]. Die natürliche Ausstattung eines Territoriums wird in Dienst genommen für die Verherrlichung des Herrscherhauses und des Herrschers. Natur also als Argument im Herrscherlob? – Nicht nur das: Natur selbst wird zum Medium, ihre Nutzung und Transformation, ihre Domestikation dient der Inszenierung von Herrschaft und der Visualisierung von Machtanspruch. Zu studieren ist dies in der Architektur ebenso wie in der höfischen Zeremonial- und Festkultur der Frühen Neuzeit. Domestikation der Natur begegnet uns auch in der Jagdkultur früh-

---

[1] Michael WENING, Historico-Topographica Descriptio. Das ist Beschreibung deß Churfürsten- und Hertzogthumbs Ober- und Nidern Baym [...], Bd. 1, München 1701 (ND München 1974), (Frontispiz, unpag.); zum Bildprogramm des Titelkupfers vgl. Rainer SCHUSTER, Michael Wening und seine »Historico-Topographica Descriptio« Ober- und Niederbayerns. Voraussetzungen und Entstehungsgeschichte, München 1999 (Miscellanea Bavarica Monacensia, 171), S. 188–190.
[2] Vorred an den wol-genigten Leser, in: WENING, Historico-Topographica Descriptio (wie Anm. 1), unpag.

neuzeitlicher Herrscher. Fürstliche Jagd markierte einen streng reglementierten privilegierten Zugriff auf natürliche Ressourcen[3]. Cristina Joanaz De Melo charakterisiert diese Reglementierung, die Zuteilung bzw. die Vorenthaltung von Jagdrechten, als ein wichtiges Instrument der sozialen Distinktion und der Demonstration von Herrschaft[4]. Jagdausübung an frühneuzeitlichen Fürstenhöfen stand in engem funktionalem Zusammenhang mit der eben benannten Zeremonial- und Festkultur. Jagd bildete ein nicht unwesentliches Betätigungsfeld für die herrschaftliche Architektur (Jagdschlösser). Und schließlich wurden Schloßgarten und Jagdpark – wie überhaupt Schloßgarten und Territorium – nicht als streng von einander geschiedene Räume, sondern als ineinander übergehende Sphären wahrgenommen, inszeniert und genutzt[5]. Der Reiseschriftsteller Carl Ludwig von Pöllnitz bringt diesen Befund bezüglich des Münchener Hofes prägnant auf den Punkt, wenn er schreibt:

Doch ist unter allen churfürstlichen Lust-Schlössern Nymphenburg dasjenige, wo der Hof sich am meisten aufhält, nachdemmahlen der daranstoßende Thiergarten, so acht Meilen Umfang und verschiedene gerade ausgehauene Wege hat, dasselbe zu gleicher Zeit zu einem Lust- und jagd-Schloß machet, und divertiret sich der Churfürst mit der par force Jagd darinnen, das kleine Gebüsch aber, so an den Lust-Garten stoßet, samt den Feldern um das Schloß herum, ist voller Fasanen, Feldhühner und allerhand Arten wilden Geflügels[6].

---

[3] Im Alten Reich hatte sich im Verlauf des Mittelalters ein Rechtsstatus durchgesetzt, in dem die Territorialfürsten – gestützt auf ein umstrittenes Regalitätspostulat – die jagdliche Oberhoheit für sich beanspruchten. Das oft lokal oder nach Tierarten beschränkte Jagdrecht des Adels und der Prälaten wollte man als davon abgeleitet verstanden wissen. Die Bevölkerungsmehrheit war meist von der Möglichkeit der legalen Jagdausübung ausgeschlossen. Bereits dieser Hierarchie eignete erhebliche herrschaftsdidaktische Symbolik. Vgl. Hans Wilhelm ECKARDT, Herrschaftliche Jagd, bäuerliche Not und bürgerliche Kritik. Zur Geschichte der fürstlichen und adligen Jagdprivilegien vornehmlich im südwestdeutschen Raum, Göttingen 1976 (Veröffentlichungen des Max-Planck-Instituts für Geschichte, 48), S. 37–46; zur zeitgenössischen Systematisierung vgl. Veit Ludwig VON SECKENDORFF, Teutscher Fürsten-Staat, Jena 1737 (ND Aalen 1972), S. 441f.

[4] Cristina JOANAZ DE MELO, Hunting. The Axis of Modern Society Organisation, in: Andrée CORVOL (Hg.), Forêt et chasse (X^e–XXe siècle), Paris 2004, S. 57–73, hier S. 69.

[5] Zur Integration von Schloßparks in ihre Umwelt durch Blickachsen und Gehölze in der barocken Gartenarchitektur vgl. Cornelia JÖCHNER, Die ›schöne Ordnung‹ und der Hof. Geometrische Gartenkunst in Dresden und anderen deutschen Residenzen, Weimar 2001, S. 67–71. Am Beispiel des fürstbischöflich Bambergischen Jagdschlosses Seehof studiert Karen Schaelow den »Zusammenklang« von Schloß, Gartenanlage und repräsentativ gestalteter (wildreicher) Umgebung als »barockes Gesamtkunstwerk« höfisch-repräsentativer Funktionalität. Karen SCHAELOW, Grünwald – Seehof, in: Zeitschrift für Bayerische Landesgeschichte 57 (1994), S. 682–693, hier S. 687–693.

[6] Carl Ludwig VON PÖLLNITZ, Nachrichten des Baron Carl Ludwig von Pöllnitz, Enthaltend, Was derselbe auf seinen Reisen Besonderes anngemercket, Nicht weniger Die Eigenschaften derjenigen Personen, Woraus die Vornemste Höfe in Europa bestehen […], Frankfurt a.M. 1735, Bd. 1, S. 365.

Dominanz als Postulat. Höfische Jagd, Natur und Gesellschaft im »Absolutismus« 75

Der hier angesprochene, 1715 fertiggestellte Jagdpark maß zunächst rund 37 Kilometer Zaunlänge und umfaßte ein Areal von 4600 Hektar; in Zeiten größter Ausdehnung erreichte er eine Fläche von 6000 Hektar[7].

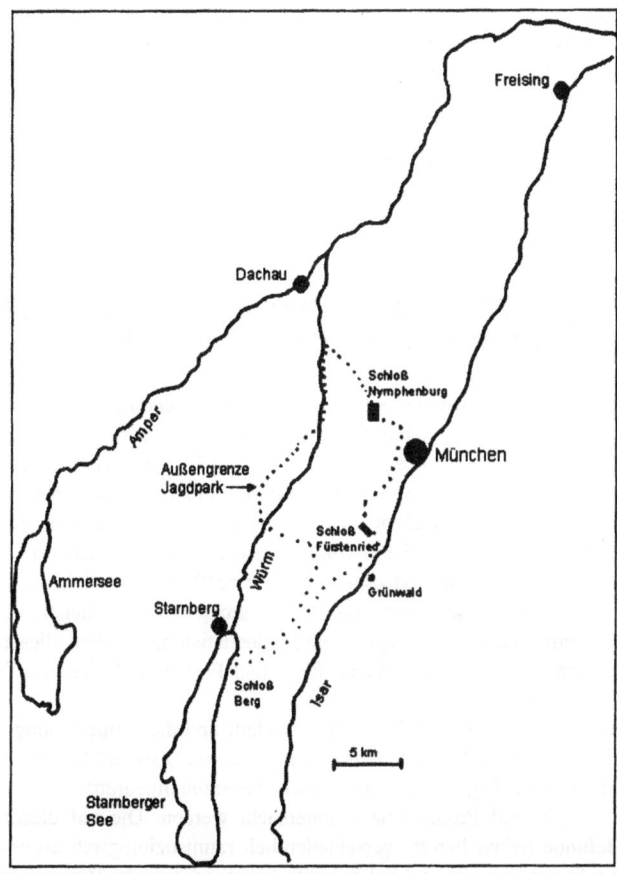

Lageskizze des kurfürstlichen Jagdparks bei München im 18. Jahrhundert in Anlehnung an Johann Baptist Tranners »Plan oder Grunt-Rüß über dem Chur Fürstlichen Hirsch jagd Parque ohn weith München [...]« (1734, Staatsarchiv München, Kartensammlung Nr. 181), und Coquilles »Plan des Environs de Starenberg & d'une Partie du Parc de Fürstenried Servant Pour les Plaisirs de la Chasse [...]« (1716, Bayerische Staatsbibliothek München, Kartensammlung, hier nach Gerhard SCHOBER, Prunkschiffe auf dem Starnberger See. Eine Geschichte der Lustflotten bayerischer Herrscher, München 1982, S. 67).

[7] Martin KNOLL, Umwelt – Herrschaft – Gesellschaft. Die landesherrliche Jagd Kurbayerns im 18. Jahrhundert, St. Katharinen 2004 (Studien zur neueren Geschichte, 4), S. 84–86.

Im vorliegenden Sammelband wurden für die Analyse der Interaktion menschlicher Gesellschaften mit ihrer natürlichen Umwelt eine Reihe von Leitfragen entworfen, die ich wie folgt vereinfachend wiedergebe[8]: erstens die Frage, inwiefern von einer Beherrschung der Umwelt durch den Menschen gesprochen werden kann, zweitens, in welcher Weise die vom Menschen beeinflußte Umwelt gesellschaftliche Machtstrukturen reflektiert, und schließlich, wie natürliche Faktoren innergesellschaftliche Machtausübung befördern oder behindern. Diesen Leitfragen werden im folgenden Diskussionsbeitrag drei konkrete Schwerpunkte zugeordnet: erstens die Frage nach Umweltsensibilität und Umweltwirksamkeit höfischer Jagd- und Festkultur, zweitens Jagdparks als spezialisierte Erlebnislandschaften und »monumentale Erweiterung[en] der fürstlichen Parkanlagen«[9] und schließlich Ressourcen als die materiellen und sozialen Grenzen des absolutistischen Machtpostulats.

1. UMWELTSENSIBILITÄT UND UMWELTWIRKSAMKEIT HÖFISCHER JAGD- UND FESTKULTUR

In seiner methodischen Positionsbestimmung der historischen Landeskunde zwischen Landesgeschichte und historischer Geographie schlägt Erwin Riedenauer vor, den Begriff der Herrschaft als »veranlassende und formgebende Kraft bei der Gestaltung der Landschaft« ins Auge zu fassen[10]. Dieser stark von kulturgeographischen Arbeiten beeinflußte Ansatz besitzt insofern analytisches Potential, als er sowohl die direkt materielle Wirksamkeit (z.B. in Form von Bauten), als auch die rechtliche, soziale und im weitesten Sinne kulturelle Wirksamkeit herrschaftlichen Handelns auf die natürliche Umwelt (durch die Setzung und Durchsetzung wirtschaftlicher, sozialer und kultureller Normen und Handlungsoptionen) thematisiert. In eben diesem Kontext erscheint es sinnvoll, auch die höfische Jagd- und Festkultur frühneuzeitlicher Herrscher zu analysieren.

Die raumwirksame Mobilität der Hofgesellschaft und die Einbeziehung und Adaption landschaftlicher Gegebenheiten können anhand von Quellen höfischer Provenienz (Festbeschreibungen, Tagebücher, aber auch zeremonialtheoretische Literatur etc.) hinsichtlich Praxis und Programmatik untersucht werden. Die auf dieser Basis ermittelten Befunde haben bereits verschiedentlich raumsoziologisch argumentierende Deutungen erfahren. So nimmt Axel Schmitt Andreas Gestrichs Hinweis auf, daß das europäische Hofzeremoniell sehr stark durch die »auf den Herrscher ausgerichtete

---

[8] Vgl. dazu die Einleitung der Herausgeber in diesem Band.
[9] Rainer BECK, Ebersberg oder das Ende der Wildnis. Eine Landschaftsgeschichte, München 2003, S. 140.
[10] Es sei dies, so Riedenauer, eine »geradezu exemplarische Anwendung des Forschungsbereichs ›historische Landeskunde‹, insofern sie eine im natürlichen Ambiente des Menschen sichtbar und greifbar gewordene Dimension seines geschichtlichen Lebens und Wirkens studiert«. Erwin RIEDENAUER, Gestaltung der Landschaft durch die Herrschaft. Begriffe, Modelle, Aspekte, in: Zeitschrift für Bayerische Landesgeschichte 57 (1994), S. 585–600, hier S. 588.

zentralräumliche Perspektive« (Andreas Gestrich) bestimmt war[11]. In diesem Zusammenhang sei gerade nicht die Einteilung der Gesellschaft nach oben und unten, sondern der einheitliche Raum hervorgehoben worden, der Herrscher wie Beherrschte mit umfaßte »und in den hinein der Herrscher und seine Repräsentanten semiotisch wirken konnten« (Axel Schmitt). Im zeremonialen Zusammenhang wird die Kategorie Raum von Werner Paravicini definiert als

organisierte Abstände, zunächst zwischen Menschen, dann aber auch zwischen Gegenständen und Mauern, Gebäuden und Straßen, Fluß und Berg. Konstituierend für den Raum ist die Grenze, an der er endet und seine Qualität wechselt. Es gehört zur Raffinesse des perspektivischen Bauens der Neuzeit, daß diese Grenze systematisch negiert und damit eine illusorische Unendlichkeit der Herrschaft suggeriert wird. Raum ist im übrigen stets eine Folge der Vorstellungen und nicht umgekehrt[12].

Im konkret jagdlichen Kontext weist Joseph Morsel auf den sozialen Sinn der Raumbezogenheit der Jagdausübung mittelalterlicher Herrscher hin[13]. Indem sich der Herrscher bei der Jagdausübung durch sein Territorium bewegt und so dessen Raum besetzt, macht er seine Herrschaft über die dort lebenden Menschen sichtbar. Alexander Schunka kann für das frühneuzeitliche Nordschwaben das Funktionieren dieser Strategie nachweisen. Er studierte Zeugenaussagen von Untertanen in jagd- und waldbedingten Reichskammergerichtsprozessen der Öttinger Grafen gegen ihre Nachbarn des 16. und 17. Jahrhunderts. Dabei zeigt er, daß die durch jagdliche Raumaneignung

[11] Axel SCHMITT, Inszenierte Geselligkeit. Methodologische Überlegungen zum Verhältnis von ›Öffentlichkeit‹ und Kommunikationsstrukturen im höfischen Fest der Frühen Neuzeit, in: Wolfgang ADAM (Hg.), Geselligkeit und Gesellschaft im Barock, Wiesbaden 1997 (Wolfenbüttler Arbeiten zur Barockforschung, 28), S. 713–734, hier S. 731–732; Andreas GESTRICH, Absolutismus und Öffentlichkeit. Politische Kommunikation in Deutschland zur Beginn des 18. Jahrhunderts, Göttingen 1994 (Kritische Studien zur Geschichtswissenschaft, 103), S. 167.
[12] Werner PARAVICINI, Zeremoniell und Raum, in: DERS. (Hg.), Zeremoniell und Raum. 4. Symposium der Residenzenkommission der Akademie der Wissenschaften zu Göttingen [...], Sigmaringen 1997 (Residenzenforschung, 6), S. 11–36, hier S. 14. An anderer Stelle wendet Cornelia JÖCHNER sich gegen eine bislang zu selten erfolgte Untersuchung des strukturellen Verhältnisses zwischen den formalen Eigenschaften der Architektur und der Sukzession des Zeremoniells. Sie stützt ihre Analyse zeremonieller Bewegung im Barockgarten u.a. auf den von Juliette HANSON und Bill HILLIER (The Social Logic of Space, Cambridge u.a. 1984) entwickelten raumtheoretischen Ansatz, der die Strukturierung von Raum als Grundvoraussetzung für Sozialität sieht. Cornelia JÖCHNER, Barockgarten und zeremonielle Bewegung. Die Möglichkeiten der Allée couverte. Oder: Wie arrangiert man ein incognito im Garten?, in: Jochen BERNS, Thomas RAHN (Hg.), Zeremoniell als höfische Ästhetik in Spätmittelalter und Früher Neuzeit, Tübingen 1995 (Frühe Neuzeit, 25), S. 470–483, hier v.a. S. 473. Zur soziologischen Interpretation von Raum als »Hauptmedium zeremonialer Hierarchisierung« am frühneuzeitlichen Fürstenhof vgl. auch: Rudolf SCHLÖGL, Der frühneuzeitliche Hof als Kommunikationsraum. Interaktionstheoretische Perspektiven der Forschung, in: Frank BECKER (Hg.), Geschichte und Systemtheorie. Exemplarische Fallstudien, Frankfurt a.M., New York 2004 (Campus Historische Studien, 37), S. 185–225, hier S. 196.
[13] Joseph MORSEL, Jagd und Raum. Überlegungen über den sozialen Sinn der Jagdpraxis am Beispiel des spätmittelalterlichen Franken, in: Werner RÖSENER (Hg.), Jagd und höfische Kultur im Mittelalter, Göttingen 1997 (Veröffentlichungen des Max-Planck-Instituts für Geschichte, 35), S. 255–287.

sozial konstruierte Herrschaft in das »soziale Wissen« dörflicher Gesellschaften diffundierte[14]. Ähnlich argumentiert Philippe Salvadori für den französischen Königshof. Er unterstreicht die Wichtigkeit der Mobilität bei der Jagdausübung und die Wichtigkeit der Infrastruktur, die diese Mobilität ermöglicht: Jagdbauten bleiben sichtbar, wenn die Hofgesellschaft schon einen Ort bereits verlassen hat. Sie verkörpern förmlich die Aktivitäten und Vorlieben des Herrschers, seine physische Existenz[15]. Häufig werden in diesem Zusammenhang zwei Hinweise aus der zeitgenössischen Literatur des 18. Jahrhunderts zitiert. Zum einen die Ausführungen Christian Wolffs im Kapitel »Von der Macht und Gewalt der Obrigkeit« seiner »Vernünftigen Gedancken von dem Gesellschaftlichen Leben der Menschen« aus dem Jahre 1721: Der Gemeine Mann hänge an den Sinnen und könne mangels Vernunft die Majestät und Macht des Königs nur über Dinge begreifen, die ins Auge fallen, sprich Zeremoniell und Prachtentfaltung[16]. Zum anderen – mit Blick auf die Jagd – finden wir im »Mundus christiano-bavaro-politicus« von 1711 die Passage, die der landesherrlichen Jagd die Funktion zuweist, daß sich die Herrscher in ihrer Ausübung überall im Lande zeigen und »auch allerorthen ihre macht durch bezaigten pracht und herrlichkeit zuerkennen geben« sollen[17]. Man möchte rückblickend rezeptionsgeschichtlich und im Hinblick auf die

---

[14] Alexander SCHUNKA, Soziales Wissen und dörfliche Welt. Herrschaft, Jagd und Naturwahrnehmung in Zeugenaussagen des Reichskammergerichts aus Nordschwaben, 16.–17. Jahrhundert, Frankfurt a.M. u.a. 2000 (Münchener Studien zur neueren und neuesten Geschichte, 21), S.156–163.

[15] Pilippe SALVADORI, La chasse sous l'Ancien Régime, Paris 1996, S. 213.

[16] Christian WOLFF, Vernünftige Gedancken von dem Gesellschaftlichen Leben der Menschen und insonderheit dem gemeinen Wesen, Halle 1721 (ND Frankfurt a.M. 1971), S. 500f. Zur Verortung der Stellungnahme Wolffs im machtästhetischen Kontext des höfischen Zeremoniells und in der erkenntnistheoretischen Argumentation der frühneuzeitlichen Zeremonial-Wissenschaft vgl. Andreas GESTRICH, Höfisches Zeremoniell und sinnliches Volk. Die Rechtfertigung des Hofzeremoniells im 17. und 18. Jahrhundert, in: BERNS, RAHN (Hg.), Zeremoniell als höfische Ästhetik (wie Anm. 12), S. 56–73, hier v.a. S. 56–61. Im selben Band weist Wolfgang Weber auf die stark herrschaftskonforme Akzentuierung des Eudämonismuspostulats in der eklektischen Philosophie deutscher Aufklärer wie Julius Bernhard von Rohrs hin. Wolfgang WEBER, Zeremoniell und Disziplin. J. B. von Rohrs Ceremoniel-Wissenschaft (1728/29) im Kontext der frühneuzeitlichen Sozialdisziplinierung, in: BERNS, RAHN (Hg.), Zeremoniell als höfische Ästhetik (wie Anm. 12), S. 1–20. Marcel Thomann glaubt dagegen, die strittige Frage, ob Wolff und seine Schüler »Anhänger oder gar Funktionäre des absolutistischen Staatsgedankens« oder »Vorkämpfer der liberalen, freiheitlichen, ja revolutionären Lehren, die sich in den Ereignissen um 1789 politisch konkretisierten«, gewesen seien, eindeutig beantworten zu können: Christian Wolff sei der »frühe Verfechter des freiheitlich modernen Rechtsstaats«. Marcel THOMANN, Christian Wolff, in: Michael STOLLEIS (Hg.), Staatsdenker in der Frühen Neuzeit, München ³1995, S. 257–283, hier S. 259.

[17] Zit. nach Peter VOLK, Die höfische Jagd, in: Hubert GLASER (Hg.), Kurfürst Max Emanuel, Bayern und Europa um 1700, Bd. 2, München 1976, S. 246. Zum »Mundus christiano-bavaropoliticus« als theoretischer Apologie des Hofes und der Politik Kurbayerns vgl. Alois SCHMID, Der »Mundus Christiano-Bavaro-Politicus«. Zur Theorie des Hofes der bayerischen Wittelsbacher im Zeitalter des höfischen Absolutismus, in: Klaus MALETTKE (Hg.), Hofgesellschaft und Höflinge an europäischen Fürstenhöfen der Frühen Neuzeit (15.–18. Jh.), Münster 2001 (Forschungen zur Geschichte der Neuzeit. Marburger Beiträge, 1), S. 125–137. Der anonyme Text wird dem familiären Umfeld des bayerischen Ratskanzlers Kaspar von Schmid (1622–

von Christian Wolff und anderen vertretene Erkenntnistheorie vom sinnlichen Volk[18] ergänzen: Prachtentfaltung als verschwenderischer Umgang mit natürlichen Ressourcen mußte innerhalb der Knappheitsgrenzen der solaren Agrargesellschaft besonders starke Signalwirkung entfalten. Jagdliche Machtdidaxe richtete sich also an den gesamten Untertanenverband[19]. Daneben freilich auch an andere Herrschaftsträger niedrigeren, gleichen oder höheren Ranges, inländischen Adel wie ausländische Herrscher.

Ein erstes Beispiel führt ins Elbetal bei Dresden im Sommer 1617[20]. Der sächsische Kurfürst Johann Georg I. erwartet hohen Besuch: Kaiser Mathias in Begleitung seines Vetters, des gerade zum böhmischen König gewählten Ferdinand, und Erzherzog Maximilian haben sich angesagt. Es ist dies ein Besuch in politisch unruhiger Zeit bei einem Gastgeber, der viel Wert legt auf die Geltung seiner kurfürstlichen Präeminenz, der sich aber als kaisertreuer Protestant diplomatisch auf einem schmalen Grat bewegt[21]. Der Dresdner Hof hat Schiffe elbaufwärts ins Böhmische Labasitz (Lovosice) geschickt, um den Kaiser und seinen Hofstaat dort abzuholen. Der Kurfürst selbst reist mit großem Gefolge das Elbetal hinauf zur Grenze bei Schandau, um die Gäste in Empfang zu nehmen. »Damit aber«, so lesen wir in der zeitgenössischen Schilderung Anton Wecks, »Ihr.[en] Kayserl.[ichen] und Königl.[ichen] Majestäten alle möglichste Ergötzlichkeit verschaffet werden möchte / wurde unweit Pirna am Grahl-Wäldchen auff der Elbe ein Wasser-Jagen gehalten / und darinnen 39 Stücke gefangen«[22].

1693) zugeschrieben und dürfte damit von Vertrautheit mit der politischen und zeremoniellen Praxis des Münchener Hofes geprägt sein.

[18] Vgl. GESTRICH, Höfisches Zeremoniell (wie Anm. 16).
[19] Wie weit man der These Cristina Joanaz de Melos folgen will, daß Jagd einen der wichtigsten Faktoren darstellt, auf dem Herrschaft in neuzeitlichen Gesellschaften aufgebaut wurde, kann hier nicht abschließend diskutiert werden. Vgl. JOANAZ DE MELO, Hunting (wie Anm. 4), S. 58.
[20] Anton WECK, Der Chur-Fürstlichen Sächsischen weltberuffenen Residentz- und Haupt-Vestung Dresden Beschreib: und Vorstellung [...], Nürnberg 1680, S. 389; digitale Reproduktion des Exemplars der Herzog August Bibliothek Wolfenbüttel: http://diglib.hab.de/drucke/gm-4f-270/start.htm?image=00479 (Zugriff vom 11. Mai 2006).
[21] Während des Besuches in Dresden erreicht der Kaiser die Zustimmung Johann Georgs zur Ausschreibung eines Kurfürstentages und seine Unterstützung für die Königswahl Ferdinands (II.) im Reich. Man trennt sich in »allen puncten eines sinnes und eines herzens«, Beratungsprotokoll, zit. nach Axel GOTTHARD, »Politice seint wir bäpstisch.« Kursachsen und der deutsche Protestantismus im frühen 17. Jahrhundert, in: Zeitschrift für Historische Forschung 20 (1993), S. 275–319, hier S. 297. Zum politischen Kontext des kaiserlichen Dresdenbesuchs vgl. auch Frank MÜLLER, Kursachsen und der Böhmische Aufstand 1618–1622, Münster 1997 (Schriftenreihe der Vereinigung zur Erforschung der Neueren Geschichte, 23), S. 30f.
[22] WECK, Der Chur-Fürstlichen Sächsischen weltberuffenen Residentz (wie Anm. 20), S. 389. Beim Wasser-Jagen handelte es sich um eine Sonderform der sog. Eingestellten Jagd. Für diese v.a. in Deutschland praktizierte Jagdform wurde Rot-, Schwarz- und Rehwild von Treibern in mehrtägiger bis mehrwöchiger Vorbereitung auf immer engerem Raum zusammengetrieben und in Kammern, die zuvor mit Jagdzeug (Netze, Tücher etc.) gezäunt worden waren, versammelt. Schließlich gelangte das Wild im »Lauf«, einer ebenfalls gezäunten Arena, zum Abschuß. Bei der Wasserjagd verlagerte sich dieser letzte Akt auf natürliche oder künstliche Gewässer. Vgl. dazu Gerhard STINGLWAGNER, Ilse HASEDER, Knaurs Großes Jagdlexikon, München ⁴1996, S. 178–180; verschiedene Gemälde höfischer Wasserjagden des 18. Jahrhunderts sind reproduziert bei Susan RICHTER, Ein Zyklus und seine Pendants. Die

Die kursächsische Festregie bespielt die landschaftliche Klaviatur der Elbe und des Elbtales virtuos. Sie liest die landschaftlichen Möglichkeiten, um sie möglichst perfekt in eine höfische Inszenierung einzubinden. Und daß eine festliche Jagd die Reise von Kurfürst und Kaiser stromabwärts unterbricht, noch bevor der Kaiser in Dresden feierlich empfangen wird, ist durchaus naheliegender Bestandteil dieser Regie. In der Zeichensprache der höfischen Repräsentation war ein gelungen inszeniertes Jagdspektakel eine Visitenkarte par excellence für den Machtanspruch und die Leistungsfähigkeit des gastgebenden Fürsten. Das Funktionieren des Gesamtarrangements zeremonieller Mobilität und Festlichkeit ist in der geschilderten Situation ohne die intensive instrumentalisierende Interaktion mit der natürlichen Umwelt nicht vorstellbar.

Eine Gegenprobe im frühen 18. Jahrhundert ermöglichen Zeremoniell und Festkultur des kurbayerischen Hofes, die durch historische, kunst- und architekturgeschichtliche Studien eingehend erforscht worden sind[23]. Christina Schulze etwa analysiert den Verlauf der dreiwöchigen Münchener Feierlichkeiten zur Hochzeit des bayerischen Kurprinzen Karl Albrecht mit der Habsburger Kaisertochter Maria Amalia 1722. Sie rekonstruiert dabei die Anordnung der Komponenten des Festablaufs, also Gottesdienste, Konzerte, Opernaufführungen, Bälle, Illuminationen, Feuerwerk, Schloß- und Gartenbesuche, Kutsch- und Gondelfahrten, und natürlich Jagden. Es wird eine Ablaufplanung sichtbar, die nicht zuletzt darauf angelegt ist, der Braut zunächst das Herrschaftszentrum der Münchener Residenz zu zeigen, um sie dann in Ausflügen mit der ›Galaxie‹ von Jagd- und Lustschlössern[24] bekanntzumachen, die um die Residenzstadt herum angeordnet sind. Im Rhythmus des Festverlaufs fällt zudem ein regelmäßiger Wechsel zwischen höfischer Aktivität im urbanen Raum von Stadt und Residenz (Gottesdienst, Oper, Ball) und einer solchen im landschaftlichen Umfeld der Jagd- und Lustschlösser auf (Jagd, Kutschfahrt, Gondelfahrt auf Kanälen, Gartenbesichtigung, Aufenthalt auf der Lustflotte auf dem Starnberger See)[25].

Schwetzinger Jagdbilder, in: Die Lust am Jagen. Jagdsitten und Jagdfeste am kurpfälzischen Hof im 18. Jahrhundert, hg. von den Staatlichen Schlössern und Gärten Baden-Württemberg, Ubstadt-Weiher 1999, S. 77–93.

[23] Samuel John KLINGENSMITH, The Utility of Splendor. Ceremony, Social Life and Architecture at the Court of Bavaria 1600–1800, Chicago 1993; Angela KLEIN, »Il y a plus d'aisance & plus de divertissements«. Vorbilder und Eigenarten des Zeremoniells am Hof Max Emanuels von Bayern, in: Mitteilungen der Residenzen-Kommission der Akademie der Wissenschaften zu Göttingen 12/2 (2002), S. 33–44; Heidrun KURZ, Barocke Prunk- und Lustschiffe am kurfürstlichen Hof zu München, München 1993 (Miscellanea Bavarica Monacensia, 163); Christina SCHULZE, Kunst und Politik am Hofe Max Emanuels. Die Hochzeit Karl Albrechts mit Maria Amalia (1722), in: Hans-Michael KÖRNER, Jürgen SCHLÄDER (Hg.), Münchner Theatergeschichtliches Symposium 2000, München 2000 (Studien zur Münchner Theatergeschichte, 1), S. 54–75; Eberhard STRAUB, Repraesentatio Majestatis oder churbayerische Freudenfeste. Die höfischen Feste in der Münchner Residenz vom 16. bis zum Ende des 18. Jahrhunderts, München 1969 (Miscellanea Bavarica Monacensia, 14); zur landesherrlichen Jagd: KNOLL, Umwelt (wie Anm. 7).

[24] So die Charakterisierung, die KLINGENSMITH, Utility of Splendor (wie Anm. 23), S. 94f., gewählt hat.

[25] Ähnliche Abläufe sind auch für andere Anlässe bzw. im höfischen Alltagsleben dokumentiert, vgl. KNOLL, Umwelt (wie Anm. 7), S. 57f.

Eine Sequenz der Feierlichkeiten am 26. Oktober verdient im Hinblick auf die zeremonielle Interaktion der höfischen Gesellschaft mit ihrer natürlichen Umwelt genaueres Hinsehen[26]. Am frühen Nachmittag begibt sich die Hofgesellschaft auf die Schiffe der kurfürstlichen Prunkflotte, die im Halbkreis angeordnet auf dem Starnberger See bei Schloß Berg vor Anker liegen. Die Anwesenden verteilen sich – der Hierarchie im Hofstaat folgend – auf das kurfürstliche Leibschiff, der »Bucentauro«, oder die anderen Schiffe und beobachten von dort, wie ein Hirsch ins Wasser getrieben wird und schwimmend, verfolgt von Hunden, um sein Leben kämpft. Dieser Kampf markiert das sorgsam inszenierte Finale einer Parforcejagd im bereits genannten Park, an der ein Teil der Festgesellschaft teilgenommen hatte, um dann ebenfalls an Bord zu gehen. Nach dem Tod des Tieres wird auf den Schiffen getafelt. Der Kurfürst tauft die Braut symbolisch zur Bayerin. Mit Einbruch der Dunkelheit werden an den Seeufern rings umher Illuminationen entzündet und ein Feuerwerk abgebrannt. Der Ablauf erweckt den Eindruck, daß sich in der Dramaturgie auch das für die populäre Naturwahrnehmung der Zeit nicht unwichtige Konzept der vier Elemente niedergeschlagen hat. Zwar hatte die auf Empedokles zurückgehende Lehre von den vier Elementen Erde, Wasser, Luft und Feuer als Basis allen Seins im naturwissenschaftlichen Diskurs des 18. Jahrhunderts längst an Autorität verloren[27], als Gegenstand allegorischer Darstellung in Kunst, Architektur und Gartenkunst blieb sie jedoch präsent[28].

Der Todeskampf des Hirschen im Wasser, von einem Festteilnehmer 1722 als »plaisir infini« beschrieben[29], führt uns zum Wildtier. Tatsächlich bildet ja die ritualisierte Tötung von Wildtieren den Kern der Jagd. Simon Schama spricht – bezogen auf das anglonormannische England – von einem »Blutritual«, durch das die Hierarchie von Status und Ehre innerhalb der den König umgebenden Elite im »Kriegerstaat« geordnet worden sei[30]. Und eine lange Traditionslinie bildlicher wie textueller Kommunikation des Herrschaftsanspruchs jagdausübender Eliten reicht zurück bis zum Motiv des heroischen Jägers in der orientalischen Herrscherikonographie[31]. Alexander Schunka weist auf die Rolle der gejagten Wildtiere als soziales Medium

[26] Vgl. zum folgenden ibid., S. 101.
[27] Vgl. Art. »Element«, in: Johann Heinrich ZEDLER, Grosses vollständiges Universal-Lexikon Aller Wissenschaften und Künste, Bd. 8, Halle, Leipzig [...], Sp. 765–771; digitale Reproduktion: www.zedler-lexikon.de (Zugriff vom 3. Juli 2006).
[28] Vgl. Hervé BRUNON, Monique MOSSER, Daniel RABREAU, Introduction, in: DIES. (Hg.), Les éléments et les métamorphoses de la nature imaginaire et symbolique des arts dans la culture européenne du XVIe au XVIIIe siècle, Bordeaux 2004 (Annales du Centre Ledoux, 4), S. 11–29, hier v.a. S. 17–26; exemplarisch zur Inszenierung der Elemente in der elisabethanischen Garten- und Festkultur im England des ausgehenden 16. Jahrhunderts und der programmatisch bedingten Dominanz des Elements Wasser: Jane AVNER, La curieuse bataille livrée entre l'eau et la terre dans un jardin Elisabéthain: Elvetham, Septembre 1591, in: BRUNON, MOSSER, RABREAU (Hg.), Les éléments, S. 113–122. Vielen Dank für diesen Literaturtip an Mag. Andrea Stockhammer, Wien.
[29] Pierre de Bretagne, Beichtvater des Kurfürsten Max Emanuel, zit. nach KURZ, Prunkschiffe (wie Anm. 23), S. 101.
[30] Simon SCHAMA, Der Traum von der Wildnis. Natur als Imagination, München 1996, S. 163.
[31] Wolfram MARTINI (Hg.), Die Jagd der Eliten in den Erinnerungskulturen von der Antike bis in die Frühe Neuzeit, Göttingen 2000 (Formen der Erinnerung, 3).

hin. Sie werden dieser Funktion gerecht, »indem sie über ihre Beziehung zum Menschen als Zeichen zwischenmenschlicher Kommunikation dienen und andererseits über symbolische Konnotationen das Verhältnis zwischen Mensch und Natur definieren«[32].

An deutschen Fürstenhöfen des 17. und 18. Jahrhunderts ist der Umgang mit der Ressource Wildtier vom Dominanzpostulat geprägt. Jagdordnungen und Mandate formulieren eine strenge Zugriffskontrolle. Die jagdrechtliche Unterscheidung zwischen »Hochwild« und »Niederwild« spiegelt ein nach Tierarten gestuftes Prestigegefälle. Die daran orientierte Hierarchie unterschiedlicher jagdlicher Zugriffsrechte verläuft entlang der gesellschaftlichen Hierarchien.

Übrigens tendierten die kulinarischen Vorlieben der Hofküche im Münchener Beispiel diesem Gefälle durchaus zuwider[33]. Der adulte männliche Rothirsch etwa oder kapitale Keiler – beide besonders prestigereich als Trophäe – wurden weit weniger häufig an die Hofküche geliefert als Hirschkälber, Frischlinge oder Rehwild. Hasen, Kaninchen und Federwild gelangten fast ausschließlich auf die kurfürstliche Tafel.

Die Hege folgte der Ratio einer nur sektoralen Nachhaltigkeit, d.h. der Wildbestand sollte stets auf einem Niveau erhalten werden, wie es für die Ausübung der höfischen Jagd gebraucht wurde. Zwischen dem 10. und dem 24. November 1735 begab sich der bayerische Kurfürst Karl Albrecht (1726–1745) mit seinem Hof auf einen Jagdausflug in den Geisenfelder Forst. Bei diesem Anlaß wurden 1105 Wildschweine erlegt[34]. Im Jahre 1763 beging Herzog Karl Eugen von Württemberg (1744–1793) seinen Geburtstag mit zweiwöchigen Feierlichkeiten. Einen der Höhepunkte bildete ein Wasserjagen, bei dem 5000 Stück Wild zum Abschuß kamen[35]. Für Regionen, in denen derlei Jagdspektakel vorbereitet wurden, bedeutete dies notwendigerweise lange Zeiträume der Überhege. Diese Logik mußte in Agrargesellschaften, in denen unterschiedliche Landnutzungsoptionen in so vielen landschaftlichen Sektoren überlappten, zwangsläufig zu Konflikten führen. Lebende Tiere wurden mit großem Aufwand in Jagdparks transportiert, in Kurbayern wie anderswo[36]. Lebende Tiere – kapitale Hirsche zumal – dienten als prestigereiche Geschenke von Fürst zu Fürst.

[32] SCHUNKA, Soziales Wissen (wie Anm. 14), S. 156–163.
[33] Dies ergab eine stichprobenartige Auswertung der Rechnungsbücher des »Wildbretgewölbes« der Münchener Residenz für den Jahrgang 1750 (Bayerisches Hauptstaatsarchiv München, Geheimes Hausarchiv, Hofjagdintendanz 142). Das Wildbretgewölbe war Umschlagplatz für einen Teil des Wildbrets aus landesherrlicher Jagd, das dort verarbeitet und entweder an die Hofküche, als »Verehrung« (Geschenk) an Adelige, Klöster, auswärtige Fürsten und Hofangehörige oder im Verkauf abgegeben wurde. Im Jahre 1750 wurden dort 1941 Stück Wild und 33 Fasaneneier umgeschlagen, darunter 120 Stück Rotwild, 160 Stück Rehwild, 96 Stück Schwarzwild, 312 Hasen, 288 Kaninchen und 962 Stück Federwild. Eine differenzierte Aufstellung bietet KNOLL, Umwelt (wie Anm. 7), S. 161–163.
[34] Franz VON KOBELL, Wildanger. Skizzen aus dem Gebiete der Jagd und ihrer Geschichte, mit besonderer Rücksicht auf Bayern, Stuttgart 1859, S. 128.
[35] ECKARDT, Herrschaftliche Jagd (wie Anm. 3), S. 55.
[36] KNOLL, Umwelt (wie Anm. 7), S. 93–97. Im England der Hannoveraner Könige Georg I. und Georg II. wurde der Wildbestand der königlichen Jagdparks im Windsor Forest nach Hofjagden stets aus anderen Reservaten ergänzt. Edward P. THOMPSON, Whigs and Hunters. The Origin of the Black Act, London 1990 ([1]1975), S. 234.

Dominanz als Postulat. Höfische Jagd, Natur und Gesellschaft im »Absolutismus« 83

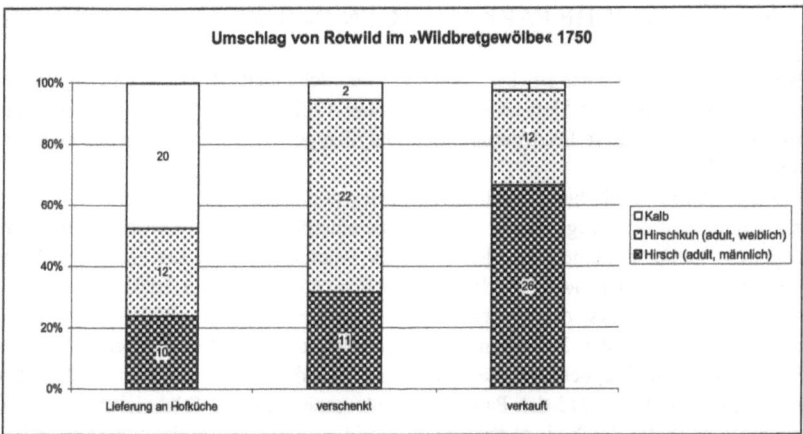

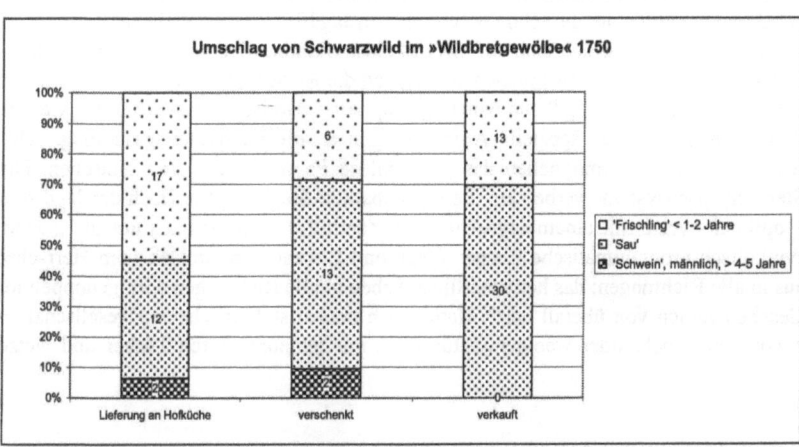

2. JAGDPARKS: ERLEBNISLANDSCHAFTEN UND FÜRSTLICHE PARKANLAGEN IN IHRER ERWEITERUNG

Nochmals bedarf es eines Blickes zurück auf den Schauplatz der Fest- und Jagdinszenierung des Münchener Hofes vom 26. Oktober 1722, oder konkreter: auf die Infrastruktur, ohne die diese Inszenierung nicht möglich gewesen wäre, der große kurfürstliche Jagdpark.

Rainer Beck erhält beim Studium des zeitgenössischen Kartenmaterials, das die zahlreichen axialen Wegsysteme und die mit einem Netz von Sternschneisen überzogenen Wälder dokumentiert, den Eindruck »monumentale[r] Erweiterung[en] der fürstlichen Parkanlagen«[37]. In der Tat: Schon der räumliche Befund eines geschlossenen Jagdparks, der in Zeiten größter Ausdehnung fast 6000 Hektar Fläche umfaßte, direkt an den Nymphenburger Schloßpark angrenzte und auch zahlreiche Siedlungen einschloß, bestätigt diesen Eindruck. Rund 37 Kilometer Zaun steckten bei seiner Fertigstellung 1715 den Park als geschlossene jagdliche Erlebnislandschaft ab, die ein Jahr später durch einen gezäunten Korridor auch noch an den Starnberger See angebunden wurde, um die schon beschriebenen Jagdfinale zu ermöglichen[38].

Derlei Infrastruktur läßt sich auf zwei Ebenen erklären: Die vordergründig funktionale Ebene hat mit den Ansprüchen der Jagd an die Reviergestaltung zu tun: Flora und Fauna wurden für die jagdliche Nutzung adaptiert[39]. Höfische Jagdtechniken, v.a. die Parforcejagd, richteten spezielle Anforderungen an die Landschaftsgestaltung: zahlreiche Wegachsen ermöglichen das problemlose Passieren auch mit Kutschen. Die Sternschneisensysteme verbessern die Einsehbarkeit des Geländes. Doch der Jagdstern – optimalerweise mit einem Jagdschloß als Zentralbau – weist auch auf die zweite, symbolisch-programmatische Ebene: Wege und Blickachsen strahlen vom Herrscher aus in alle Richtungen; das herrschaftliche Sehen in alle Richtungen wird gedoppelt im Gesehenwerden von überall her[40]. Hatten sich hocharistokratische Jagdgesellschaften zuvor durch mehr oder weniger ›natürliche‹, nur temporär durch Tücher und Netze

---

[37] BECK, Ebersberg (wie Anm. 9), S. 140.
[38] Vgl. KNOLL, Umwelt (wie Anm. 7), S. 82–93.
[39] THOMPSON, Whigs and Hunters (wie Anm. 36), S. 236, berichtet über den Jagdpark Georgs I. im Windsor Forest von der Pflanzung von Eichenhainen als Einstand für Rotwild, von der Kornsaat zur Produktion von Wildfutter und vom Besatz des Parks mit Fasanen. Zur Adaption des Waldes von Fontainebleau als Jagdlandschaft der französischen Könige und zur Interferenz mit anderen Nutzungsformen vgl. Jean BOISSIÈRE, Exploitation Forestière et Pratiques Cynégétiques à Fontainebleau à l'Époque Moderne, in: CORVOL (Hg.), Forêt et chasse (wie Anm. 4), S. 43–56.
[40] Rudolf Prinz ZUR LIPPE, Die vertikale Achse absolutistischer Herrlichkeit. Versuch über das Treppenhaus von Schloß Weißenstein, in: Die Jägerey im 18. Jahrhundert, hg. von der Arbeitsstelle Achtzehntes Jahrhundert, Bergische Universität Gesamthochschule Wuppertal, Heidelberg 1991 (Beiträge zur Geschichte der Literatur und Kunst des 18. Jahrhunderts, 11), S. 213–222. JÖCHNER, Barockgarten (wie Anm. 12), S. 476–478, diskutiert im Kontext der barocken Gartentheorie die Doppelfunktion der Allee als kürzester Verbindung zwischen zwei Punkten und zugleich visueller Schiene durch den Raum. Vgl. auch Albrecht Graf VON UND ZU EGLOFFSTEIN, Jagd und Architektur, in: Die Jägerey im 18. Jahrhundert, S. 187–212.

abgeschlossene Räume bewegt, wurde nun die Landschaft bestimmter Regionen zum jagdlichen Toporama, zur Kulisse fürstlicher Anwesenheit, umgebaut.

Im direkten Vergleich zwischen dem spätmittelalterlichen Wittelsbacher Jagdschloß Grünwald im gleichnamigen Forst unweit Münchens und der barocken fürstbischöflich bambergischen Anlage in Seehof arbeitet Karen Schaelow genau diese Akzentverschiebung heraus[41]: Die Grünwalder Burganlage wird aufgrund ihrer günstigen Lage in einem wildreichen Gebiet, dennoch nahe zur Residenzstadt, durch die Wittelsbacher Herzöge seit dem 14. Jahrhundert verstärkt für die Jagd genutzt und ausgebaut. Zwar entstehen im unmittelbaren Umgriff der Burg zwei Tiergärten (von insgesamt nur 169 Tagwerk Fläche) und schreibt sich die fürstliche Jagd durch den Rodungsschutz eines großen Waldgebiets in die regionale Landschaftsentwicklung ein; dennoch handelt es sich um einen vergleichsweise begrenzten Eingriff in die natürliche Umwelt. Ganz anders dagegen das barocke Jagdschloß der Bamberger Bischöfe, das sich, so der Eindruck Schaelows, die umgebende Landschaft regelrecht unterwerfe: Inmitten prächtiger Gartenarchitektur positioniert, ist der weithin sichtbare Schloßkomplex durch breite, von Alleebäumen gesäumte Straßen mit der Region und der Residenzstadt verbunden, ordnen geometrisch angelegte Sichtschneisen Park und Umgebung. Die Verbindung von Schloß und Wald zeige sich als ein »wesentliches Element fürstlicher Lebensart und damit auch herrschaftlicher Landschaftsgestaltung«[42]. Der Wald trage durch die Jagd zur Pflege fürstlicher Repräsentation bei.

Philippe Salvadori analysiert den Wald von Compiègne, der seit François I. mit Sternschneisensystemen und polygonalen Wegachsen für die Jagd erschlossen worden war. 1763 hatte dieses Netzwerk eine Länge von 1600 Kilometern erreicht. Salvadori betrachtet diese elaborierte Struktur als »une démonstration géometrique de la puissance du roi sur la nature«[43]. Die Jagd ist Anlaß für die herrschaftliche Durchdringung des Raumes, für die Zähmung von Natur mittels geometrischer Ordnungsraster[44]. Die dabei evidente Affinität zu Linearität und Symmetrie schlägt eine direkte Brücke von der Landschaftsarchitektur des Jagdparks zur Gartenarchitektur des Schloßparks, dessen Herrschaftssymbolik Zeitgenossen selbstverständlich decodierten: Cay Ludwig von Hirschfelds Theorie der Gartenkunst, erschienen in fünf Bänden zwischen 1779 und 1785, stellt fest: »Durch Größe und Pracht müssen sich die Gärten der Könige und Fürsten auszeichnen«[45]. Noch Friedrich Ludwig von Sckell, der die harte Linearität des Nymphenburger Schloßparks im Auftrag des Kurfürsten Karl Theodor und im Geist des englischen Landschaftsgartens überformte, gab um 1800 zu Protokoll, nur Alleen seien »imstande, Fürstengröße

---

[41] SCHAELOW, Grünwald (wie Anm. 5).
[42] Ibid., S. 692.
[43] SALVADORI, La chasse (wie Anm. 15), S. 213f.
[44] Vgl. allgemein zum Geometrismus der barocken Elitenkultur: Gernot HEISS, Die Liebe des Fürsten zur Geometrie. Adelserziehung und die Wertschätzung der höfischen Gesellschaft für Symmetrie und Regelmäßigkeit, in: Peter J. BURGARD (Hg.), Barock. Neue Sichtweisen einer Epoche, Wien u.a. 2001, S. 101–119.
[45] Zit. nach Wolfgang ADAM, Der Fürst des Wintergartens. Zur Despotismusdebatte und Gartentheorie des 18. Jahrhunderts, in: Park und Garten im 18. Jahrhundert, hg. von der Arbeitsstelle Achtzehntes Jahrhundert, Gesamthochschule Wuppertal, Heidelberg 1978 (Beiträge zur Geschichte der Literatur und Kunst des 18. Jahrhunderts, 2), S. 70–77, hier S. 70.

durch ihren majestätischen Charakter, der ihnen ganz eigen ist, auszudrücken«[46]. Cornelia Jöchner charakterisiert die durch axiale Formen oder Bewuchsformationen mit der Umgebung verschalteten Schloßgärten des 16. bis 18. Jahrhunderts als komplexe Raumarrangements und »extrem künstliche Landschafts- und Architekturgebilde«[47]. Norbert Elias verweist auf die kritische Sicht des Duc de Saint-Simon auf die Gartenkunst Ludwigs XIV. in Versailles. Es sei, so schreibt der Graf in seinen Memoiren, dem König ein Vergnügen, die Natur zu tyrannisieren und sie mit dem Aufgebot von Kunst und Geld zu bändigen. Man fühle sich durch den Zwang angewidert, der der Natur überall angetan werde[48]. Elias verweist auf den sich in Saint-Simons Äußerung manifestierenden engen Zusammenhang zwischen Herrschaftsstruktur, Parkarchitektur und Naturempfinden. Die Wendung von der zur Domestikation der Natur angewandten Kunst findet sich auch in einer anderen Quelle des 18. Jahrhunderts: Karl II. August von Zweibrücken hatte in seinem für Unsummen angelegten Schloß und Gartenkomplex Karlsberg einen aufwendigen Wintergarten erbauen lassen. Besuchern erklärte er: »Da seht Ihr, [...] wie man den Jahreszeiten vorgreifen und die Natur mit der Kunst besiegen muß«[49]. Von ihm selbst durchaus positiv gesehen, regte sich bei Zeitzeugen – ähnlich Saint-Simon in Versailles – der Verdacht von Despotie und Hybris[50].

[46] Zit. nach Martin WARNKE, Politische Landschaft. Zur Kunstgeschichte der Natur, München 1992, S. 21.
[47] JÖCHNER, Schöne Ordnung (wie Anm. 5), S. 71. Dort heißt es weiter: »Höherorganisierten Zellen gleich, beginnen sie durch ihr ausgreifendes System die Landschaft zu erschließen oder ergeben Ansätze für eine neue Stadt, die nun auch regulär und geometrisch sein mußte. Hatte sich der Fürst um 1500 in eine Stadt begeben, um von einem Ort aus das Land zu regieren, so ging er um 1700 aus der befestigten und abgeschlossenen Residenzstadt heraus: die dritte Natur des Gartens, seine schöne Ordnung, griff auf das Territorium über«.
[48] Zit. nach Norbert ELIAS, Die Höfische Gesellschaft. Untersuchungen zur Soziologie des Königtums und der höfischen Aristokratie [...], Neuwied 1969 (Soziologische Texte, 54), S. 338. Zur Gartenkunst des führenden Gartenarchitekten Ludwigs XIV., André Le Nôtre, vgl. Michael BRIX, Der barocke Garten. Magie und Ursprung, André Le Nôtre in Vaux-le-Vicomte, München 2004. Le Nôtres allzu gelungene Domestizierung von Natur im Garten von Vaux-le-Vicomte hatte augenscheinlich mit zum Sturz seines Auftraggebers Nicolas de Fouquet und zur Anstellung Le Nôtres durch Ludwig XIV. beigetragen. Vgl. dazu: SCHAMA, Der Traum von der Wildnis (wie Anm. 30), S. 364–372; Peter-Eckhard KNABE, Der Hof als Zentrum der Festkultur. Vaux-le-Vicomte, 17. August 1661, in: ADAM (Hg.), Geselligkeit und Gesellschaft im Barock (wie Anm. 11), S. 859–870.
[49] Zit. nach ADAM, Fürst des Wintergartens (wie Anm. 45), S. 73. Schon in der Gartenkunst der Antike und der Renaissance wurde das Verhältnis von Natur und (menschlicher) Kunst als Kräftemessen interpretiert. Ein Besucher der Villa d'Este in Tivoli soll angesichts des Gartens seinem Gastgeber Kardinal Ippolito d'Este bewundernd versichert haben, daß die Natur hier bereitwillig zuzugestehen habe, daß sie durch die Kunst bezwungen worden sei. Claudia LAZZARO, The Italian Renaissance Garden, zit. nach Joachim WOLSCHKE-BULMAHN, All of Germany a Garden? Changing Ideas of Wilderness in German Garden Design and Landscape Architecture, in: Christof MAUCH (Hg.), Nature in German History, New York, Oxford 2004, S. 74–92, hier S. 75f. Francis Bacon reflektierte 1623 die menschliche Fähigkeit zur Domestikation der Natur, indem er der letzteren attestierte, sie sei zwar »frei«, werde aber andererseits »von der menschlichen Kunst und Arbeit gebunden, gestaltet und gleichsam erneuert«. Zit. nach Christoph DIPPER, Deutsche Geschichte 1648–1789, Frankfurt a.M. 1991 (Moderne Deutsche Geschichte, 3), S. 9f.
[50] Ein weiteres gut dokumentiertes Beispiel der Inszenierung fürstlicher Macht über die Naturgewalten und die zeitgenössische Kritik daran markiert die Gestaltung der Kasseler Wilhelms-

3. RESSOURCEN: DIE MATERIELLEN UND GESELLSCHAFTLICHEN GRENZEN DES ABSOLUTISTISCHEN MACHTPOSTULATS

Die Gärten Ludwigs XIV. machen auch die naturalen Grenzen des Dominanzpostulats sichtbar: Trotz aller hydraulischen Ingenieursleistungen blieb die Wasserversorgung der Fontänen im Park von Versailles prekär, mußte ein von Colbert 1672 verfaßtes Reglement genau den Ablauf fixieren, nach dem die unterschiedlichen Fontänen mit Wasser gespeist wurden, je nachdem, welche gerade im Blickfeld der königlichen Gesellschaft lag[51].

Auch das hypertrophe Jagdgebaren frühneuzeitlicher Fürstenhöfe stand, was seine Abhängigkeit von natürlichen Ressourcen betrifft, auf tönernen Füßen. Hier wurde zwischen Hege und Landwirtschaft eine höchst problematische Prioritätensetzung erforderlich, die die Knappheitsgrenzen der solaren Agrargesellschaft massiv tangierte. Die Leitlinien dieser Prioritätensetzung werden am Hannoveraner Beispiel sichtbar, wo die Rechtslage in den 1780er Jahren den bäuerlichen Anspruch auf den Ersatz von Wildschäden staffelte: Je nach Entfernung vom Wald waren ein Achtel bis zwei Drittel (!) einer Ernte von vornherein als nicht ersatzfähig abzuschreiben[52]. Erst Wildschäden jenseits dieser Grenzen konnten geltend gemacht werden[53]. Eine Stellungnahme des kurbayerischen Oberstjägermeisters Franz Carl von Au aus dem Jahre 1682, in der dieser landwirtschaftliche Nutzflächen explizit als Weideflächen für das Wild einplante, folgt derselben Logik[54]. Entsprechend wenig kann verwundern, daß beim krisenhaften Erreichen der gesellschaftlichen Knappheitsgrenzen wie in den Hungerjahren von 1770–1773 der herrschaftliche Jagdbetrieb als Störfaktor und das Wild als Nahrungsreserve umgehend in den Focus der öffentlichen Diskussion gerieten. Nach entsprechenden Forderungen selbst der landesherrlichen Unterbehörden und unter dem Druck massiver Unruhen mußte etwa der bayerische Kurfürst Max III. Joseph verstärkten Wildabschuß und Wildbretverkauf an die notleidende Bevölkerung zu moderaten Preisen zusagen[55]. Der Adel wurde aufgefordert, dem Beispiel zu folgen.

---

höhe. Vgl. Katrin BEK, Der gelenkte Blick. Die räumliche Disposition des Friedrichsplatzes in Kassel als Seismograph gesellschaftspolitischer Veränderungen, in: Cornelia JÖCHNER (Hg.), Politische Räume. Stadt und Land in der Frühneuzeit, Berlin 2003 (Hamburger Forschungen zur Kunstgeschichte, 2), S. 109–132, hier S. 118–120; WARNKE, Politische Landschaft (wie Anm. 46), S. 95f.

[51] Érik ORSENNA, Portrait eines glücklichen Menschen. Der Gärtner von Versailles André Le Nôtre, 1613–1700, München 2001, S. 71f.

[52] ECKARDT, Herrschaftliche Jagd (wie Anm. 3), S. 102.

[53] In Pfalz-Zweibrücken waren im 18. Jahrhundert Wildschäden, die auf Flächen außerhalb der durch Wildzäune eingefriedeten Reviere entstanden, von Schadenersatzleistung gänzlich ausgeschlossen; Joachim ALLMANN, Der Wald in der frühen Neuzeit. Eine mentalitäts- und sozialgeschichtliche Untersuchung im Beispiel des Pfälzer Raumes 1500–1800, Berlin 1989 (Schriften zur Wirtschafts- und Sozialgeschichte, 36), S. 241.

[54] KNOLL, Umwelt (wie Anm. 7), S. 242.

[55] Helmut RANKL, Die bayerische Politik in der europäischen Hungerkrise 1770–1773, in: Zeitschrift für Bayerische Landesgeschichte 68 (2005), S. 745–779, hier S. 761f.

Auch der Holzverbrauch jagdlicher Infrastruktur zeigt sich, bei aller Schwierigkeit, exakte Zahlen zu ermitteln, als kritische Größe. Susan Richter hat ermittelt, daß die Pfälzer Oberämter Lautern und Neustadt für den Neubau eines landesherrlichen Parforceparks bei Käfertal im Jahre 1747 25 000 Kiefernbretter zu liefern hatten[56]. Daneben ist für dasselbe Projekt die Zufuhr von weiteren 12 000 Brettern, 10 000 Pfosten und 6000 Palisaden dokumentiert[57]. Ähnliche Zahlen lassen sich für den Parforcepark der bayerischen Kurfürsten bei München ermitteln, wo man wohl alleine für die Standsäulen des 37 Kilometer langen Außenzaunes im Jahre 1715 über 18 000 Pfosten aus Eichenholz (oder umgerechnet rund 1212 Festmeter) benötigte[58]. Die begrenzte Haltbarkeit der Holzkonstruktionen erforderte dabei ständigen Ersatz[59]. Der herrschaftliche Jagdbetrieb verschlang Holz in mannigfaltiger Form und an vielen Orten: Parforceparks, Tiergärten, Fasanengärten etc., aber auch die Verzäunungen der landwirtschaftlichen Nutzflächen als eine der wenigen legalen Optionen bäuerlicher Wildabwehr. Treiber brannten nächtliche Feuer ab, um Wild in seiner Bewegungsfreiheit einzuschränken.

Man muß diesen Holzbedarf im Zeitkontext diskutieren. Welche Glaubwürdigkeit eignete der Argumentation der jagenden Landesherren, deren Mandate und Forstordnungen die Knappheit der Ressource Holz zur Legitimation einer immer weiter reichenden Zugriffskontrolle auf die Ressource Wald instrumentalisierten? Den ökonomisch argumentierenden Forstreformern war die offensichtliche Sorglosigkeit des Jagd- und Forstpersonals im Umgang mit Wald und Holz jedenfalls ein Greuel[60].

Zwar soll hier nicht der falsche Eindruck entstehen, herrschaftliche Jagd habe sich nur innerhalb der hier diskutierten Parks abgespielt. Doch eignen sich diese hervorragend, um zu veranschaulichen, wie die herrschaftliche Jagd im späten Ancien Régime im weiteren Kontext einer zunehmenden Konflikthaftigkeit der Gestaltungshoheit bei der Nutzung natürlicher Ressourcen stand. Die Ausdehnung von Jagdparks scheint wie der allgemeine höfische Jagdaufwand im 18. Jahrhundert einen Höhepunkt zu erreichen. Die in diesem Aufsatz schon vorgestellten Gründungen bzw. Erweiterungen fränkischer, kurbayerischer und Pfälzer Anlagen warfen ähnliche Probleme auf wie die zahlreichen Neugründungen durch adelige Günstlinge König Georgs I. in England[61]. Stets standen eine immer größere Ausweitung herrschaftlicher Kontrolle und Inanspruchnahme der natürlichen Umwelt in Konflikt mit den angestammten Nutzungsoptionen der lokalen Bevölkerung. In diesem Zusammenhang wird auch klar,

---

[56] Susan RICHTER, Der kurfürstliche Parforce-Park in Käfertal, in: Die Lust am Jagen (wie Anm. 22), S. 43–54, hier S. 45.
[57] Ibid.
[58] KNOLL, Umwelt (wie Anm. 7), S. 89f.
[59] Man kann davon ausgehen, daß die vom Jagdpersonal beklagten Verfallserscheinungen am Zaun des Parks im Windsor Forest eher die Regel als die Ausnahme darstellten. Vgl. THOMPSON, Whigs and Hunters (wie Anm. 36), S. 41.
[60] Vgl. etwa die kraftvoll formulierte Kritik des bayerischen Agrar- und Forstreformers Simon Rottmanner (1740–1813): Anonymus [Simon ROTTMANNER], Nothwendige Kenntnisse und Erläuterungen des Forst- und Jagdwesens in Bayern, München 1780, S. 82f., 95 (digitale Reproduktion online zugänglich: http://mdz1.bib-bvb.de/~db/bsb00001280/images/ [Zugriff vom 17. Juli 2006]).
[61] Vgl. THOMPSON, Whigs and Hunters (wie Anm. 36), S. 110.

wie notwendig es ist, die Diskussion um den Stellenwert des sozialrebellischen Elements innerhalb der Wilderei[62] zu ökologisieren. Karl Jacoby hat mit seinem Konzept der *environmental banditry* eine Kategorie geschaffen, die mir auch auf die Situation im frühneuzeitlichen Europa nutzbringend anwendbar scheint. Jacoby studierte die Konflikte zwischen den Vertretern der »Conservation«-Bewegung und der ländlichen Bevölkerung in den Vereinigten Staaten des späten 19. und frühen 20. Jahrhunderts. Im Zuge der Errichtung von Naturreservaten und Nationalparks sowie einer neuen Naturschutzgesetzgebung wurden angestammte Praktiken der Naturnutzung als Mißbrauch neu definiert und kriminalisiert. Die Betroffenen reagierten auf diese Form von Umweltpolitik mit Beharren auf ihren Praktiken oder sogar deren gewaltsamen Ausweitung (*environmental banditry*)[63].

Die hier referierten Überlegungen zu den naturalen und sozialen Grenzen eines Jagdregimes absolutistischer Prägung stecken zugleich ein Desiderat ab: Regional differenzierend wäre zu untersuchen, ob natural bedingte Faktoren der Begrenzung das Gesicht der höfischen Jagdkultur an unterschiedlichen Orten unterschiedlich prägen, oder inwieweit eine kanonische Jagdkultur auch unter regional unterschiedlichen ›erschwerten Bedingungen‹ exekutiert wird. Was prägt Jagd als Zugang zur Natur stärker: die naturalen Rahmenbedingungen oder mental-kulturelle Konzepte? Ein in seinem Fokus derart spezifizierter und empirisch orientierter regionaler Vergleich erscheint mir im übrigen vor einem generalisierenden Feststellen von korrespondierenden Phasen des historischen Wildtiermanagements und des gesellschaftlichen Naturverhältnisses stehen zu müssen, wie es mit einem tendenziell angreifbaren empirischen Fundament bereits unternommen wurde[64].

---

[62] Vgl. dazu in Auswahl: Ibid., S. 64–67, 190–197; ECKARDT, Herrschaftliche Jagd (wie Anm. 3), hier v.a. S. 136–141; Winfried FREITAG, Das Netzwerk der Wilderei. Wildbretschützen, ihre Helfer und Abnehmer in den Landgerichten um München im späten 17. Jahrhundert, in Andreas BLAUERT, Gerd SCHWERHOFF (Hg.), Kriminalitätsgeschichte. Beiträge zur Sozial- und Kulturgeschichte der Vormoderne, Konstanz 2000 (Konflikte und Kultur – Historische Perspektiven, 1), S. 707–757; Norbert SCHINDLER, Wilderer im Zeitalter der Französischen Revolution. Ein Kapitel alpiner Sozialgeschichte, München 2001.

[63] »Law and its antithesis – lawlessness – are therefore the twin axes around which the history of conservation revolves. To achieve its vision of a rational, state-managed landscape, conservation erected a comprehensive new body of rules governing the use of the environment. But to create new laws also meant to create new crimes. For many rural communities, the most notable feature of conservation was the transformation of previously acceptable practises into illegal acts: hunting or fishing redefined as poaching, foraging as trespassing, the setting of fires as arson, and the cutting of trees as thimber theft. In many cases, country people reacted to this criminalization of their customary activities with hostility. Indeed, in numerous regions affected by conservation, there arose a phenomenon, that might best be termed ›environmental banditry‹, in which violations of environmental regulations were tolerated, and sometimes even supported, by members of the local rural society«. Karl JACOBY, Crimes against Nature. Squatters, Poachers, Thieves, and the Hidden History of American Conservation, Berkeley 2001, S. 2.

[64] Vgl. Christoph SPEHR, Die Jagd nach Natur. Zur historischen Entwicklung des gesellschaftlichen Naturverhältnisses in USA, Deutschland, Großbritannien und Italien am Beispiel von Wildnutzung, Artenschutz und Jagd, Frankfurt a.M. 1994.

AUSBLICK

In der 1992 von Nicholas Henshall neu befeuerten verfassungsgeschichtlichen Diskussion um den Realitätsbezug und die Brauchbarkeit des »Absolutismus«-Begriffs wurde wiederholt darauf hingewiesen, daß es sich bei der absoluten Herrschaft stets mehr um ein fürstliches Programm und staatstheoretisch fundiertes Postulat gehandelt habe, dessen Durchsetzbarkeit innerhalb der frühneuzeitlichen Gesellschaften auf einer ganz anderen Seite stand[65]. Für fürstliches Handeln gegenüber der Natur scheint ähnliches zu gelten: Im oben diskutierten Kontext von Jagd und Hofkultur wie in anderen Bereichen gesellschaftlicher Aktivität im Ancien Régime stößt das herrschaftliche Dominanzpostulat an enge gesellschaftliche, technische und ökologische Grenzen. Folgerichtig stand die aufgeklärte Jagdkritik des ausgehenden 18. Jahrhunderts in einem weiteren Kontext gesellschaftlicher wie ökonomischer Reformpostulate. Im 19. Jahr-hundert wendet sich vielerorts auch der aristokratische Jagdgeschmack ab von den Großspektakeln in geometrisierten Sekundärlandschaften. Der bayerische König Maximilian II. und seine Nachfolger Prinzregent Luitpold und König Ludwig III. genossen vor allem die Gebirgsjagd und posierten in volkstümlicher Jagdkleidung[66]. Zur gleichen Zeit mußte es anachronistisch erscheinen, wenn Kaiser Wilhelm II. ein neo-absolutistisches Jagdgepränge entwickelte – gerade wegen des Fehlens einer entsprechenden Tradition in Brandenburg-Preußen[67]. Wie man weiß, markierte des Kaisers jagdliche Indienstnahme der Natur nicht die einzige mißglückte Metapher seiner Herrschaft.

---

[65] Vgl. Ronald G. ASCH, Heinz DUCHHARDT (Hg.), Der Absolutismus – ein Mythos? Strukturwandel monarchischer Herrschaft in West- und Mitteleuropa (ca. 1550–1700), Köln u.a. 1996 (Münsterische Historische Forschungen, 9). Die Diskussion wurde jüngst im Rahmen eines Studientages am DHI Paris engagiert fortgesetzt. Vgl. Guido BRAUN, Tagungsbericht: L'absolutisme – un concept irremplaçable? Der Absolutismus – ein unersetzliches Forschungskonzept?, in: http://hsozkult.geschichte.hu-berlin.de/tagungsberichte/id=859 (Zugriff vom 14. Juni 2006).

[66] Bernd E. ERGERT, Skizzen aus dem Gebiet der Jagd und ihrer Geschichte. Mit besonderer Rücksicht auf die Wittelsbacher, in: Wittelsbacher Jagd, hg. vom Deutschen Jagd- und Fischereimuseum München, München 1980, S. 9–60, hier S. 44–54.

[67] Vgl. Wolfram G. THEILEMANN, Adel im grünen Rock. Adliges Jägertum, Großprivatwaldbesitz und die preußische Forstbeamtenschaft 1866–1914, Berlin 2004 (Elitenwandel in der Moderne, 5), S. 17–27.

RÉSUMÉ FRANÇAIS

L'environnement naturel, son exploitation et sa transformation jouent, dans les panégyriques, l'architecture, le cérémonial de cour et dans les fêtes traditionnelles de l'époque moderne, un rôle significatif, lorsqu'il s'agit de mettre en scène la domination et d'évoquer la prétention au pouvoir. La manière d'ordonner et de domestiquer les paysages existants et leur morphologie, de réguler et de réduire les droits d'accès aux ressources naturelles, reflète la structure hiérarchique de la société. Dans ce contexte la pratique de la chasse par la noblesse du début de l'époque moderne mérite une attention particulière. Le contexte socioculturel de la domination »absolutiste« exige une approche plus générale qui ne réduit pas simplement la chasse à un rite de mise à mort. Cette pratique s'intégrait alors à un cycle de fêtes, c'est-à-dire à une vie quotidienne strictement réglementée par un cérémonial de cour, et avait des rapports multiples avec d'autres domaines, par exemple l'architecture des jardins. Il est possible, à partir de sources provenant des cours (descriptions de fêtes, journaux intimes) d'étudier la mobilité dans l'espace de cette société, l'intégration et l'adaptation aux réalités environnementales en tant que pratique et programme. Les résultats ainsi obtenus ont déjà fait l'objet de plusieurs interprétations se fondant sur les arguments d'une sociologie de l'espace. Le matériel administratif permet d'avoir une idée de l'usage des ressources naturelles (les animaux sauvages, le bois, etc.). L'analyse historique de l'environnement concernant la chasse pratiquée par les nobles peut tirer profit des approches développées par l'histoire des idées, de l'art et de l'architecture, qui à première vue ne traitent que de façon accessoire de la relation des sociétés humaines à l'environnement naturel.

JÉRÔME BURIDANT

Croissance industrielle et demande énergétique
Le cas du bois (XVIIIe–XIXe siècles)

L'historiographie française a longtemps considéré la révolution industrielle comme une rupture majeure dans l'histoire économique et sociale. Cette notion a été forgée en 1837 par Adolphe Blanqui dans son »Histoire de l'économie politique en Europe«. Comparant les destinées de la France et de la Grande-Bretagne, celui-ci remarquait des divergences de parcours:

> tandis que la Révolution française faisait ses grandes expériences sociales sur un volcan, l'Angleterre commençait les siennes sur le terrain de l'industrie. La fin du XVIIIe siècle y était signalée par des découvertes admirables, destinées à changer la face du monde et à accroître de manière inespérée la puissance de leurs inventeurs [...]. À peine éclose du cerveau de ces deux hommes de génie, Watt et Arkwright, la révolution industrielle se mit en possession de l'Angleterre.

Adoptée par la communauté des historiens et des économistes, cette notion allait rapidement servir à caractériser les mutations enregistrées au XIXe siècle dans la plupart des pays occidentaux: accélération de la croissance économique, qui passe d'environ 0,5% à 2% par an, développement des industries textile et sidérurgique, progrès des transports terrestres et maritimes, passage à de nouvelles énergies comme le charbon puis l'électricité[1]. En privilégiant les ruptures techniques sur les dynamiques de longue durée, les historiens ont longtemps été conduits à favoriser le rôle de l'innovation dans la croissance économique[2]. Cette focalisation sur les phénomènes de rupture permettait d'abord d'intégrer les débats et les théories économiques, comme celles de Walt Whitman Rostow ou de Joseph Aloïs Schumpeter[3]. Elle présentait aussi l'avantage de conforter les césures de l'enseignement de l'histoire, traditionnelle en France, séparant de manière tranchée l'*histoire moderne* (XVIe–XVIIIe siècles) de l'*histoire contemporaine* (XIXe–XXIe siècles): aux modernistes l'histoire d'un passé révolu, celui de l'Ancien Régime, aux contemporanéistes l'histoire des ruptures conduisant au monde d'aujourd'hui. Dans ces conditions, les interrogations portaient plus sur l'articulation entre les évolutions démographiques, agricoles et industrielles, que sur les mutations énergétiques, la substitution du charbon au bois semblant évidente au moment où

---

[1] J. BURIDANT, A. FIGLIUZZI, G. NOËL et al., Histoire des faits économiques, Paris 2001, p. 53–54.
[2] Voir par exemple Jean-Pierre RIOUX, La révolution industrielle, 1780–1880, Paris 1971; Patrick VERLEY, La Révolution industrielle, Paris 1997.
[3] Walt Whitman ROSTOW, Les étapes de la croissance économique. Un manifeste non-communiste, Paris 1960, rééd. Paris 1963; Joseph Aloïs SCHUMPETER, Théorie de l'évolution économique, Paris 1925.

l'innovation technique est servie par la découverte de ressources abondantes[4]. En dépit de son importance, la question des mutations énergétiques reste relativement neuve. Elle a d'abord été posée avec force par des historiens de l'industrie comme Denis Woronoff, pour déboucher sur de multiples enquêtes, tant du côté de la ressource en charbon de terre que sur celle de la ressource en bois[5]. Le fait que l'industrie ait basé sa croissance sur la houille ne va pas de soi, et constitue à bien des égards une image réductrice des phénomènes. Techniquement, le bois constituait une énergie parfaitement maîtrisée qui pouvait fournir des températures supérieures à celles du charbon, et des chauffes de meilleure qualité. Si les rythmes de passage à la chauffe au charbon s'expliquent naturellement par des innovations techniques, elles sont motivées à la base par les coûts relatifs des différents combustibles, et par la menace d'une pénurie de bois, toujours plus inquiétante avec le temps.

I. CHRONIQUE D'UNE CRISE ANNONCÉE

UN PROBLÈME D'AMPLEUR NATIONALE

Au début du règne de Louis XIV, le contrôleur général des Finances Jean-Baptiste Colbert avait lancé un vaste programme de réforme des forêts françaises, visant à restaurer les peuplements, limiter les abus des riverains, réorganiser les coupes, pour fournir à la Marine, à l'industrie comme à la consommation urbaine des ressources abondantes et régulières. La réformation des forêts royales (1661) et l'ordonnance de Saint-Germain en Laye (août 1669) devaient conduire à une stabilisation des surfaces, à une normalisation de la production et à une régularisation de l'offre, évitant à jamais les crises d'approvisionnement rencontrées dans les années 1540-1550, ou 1650-1670[6]. En dépit de tous ces efforts, on remarque au XVIIIe siècle une persistance, voire une aggravation des difficultés, notamment en ville où l'approvisionnement en combustible n'est plus garanti lors d'hivers rigoureux, notamment en 1714-1715 ou en 1740-1742. Après 1770, on constate une brutale envolée des prix qui montre que la crise tend désormais à devenir structurelle.

Dans les années 1930, Ernest Labrousse avait tenté d'étudier l'évolution des prix des bois pour l'intégrer à son »Esquisse du mouvement des prix et des revenus en France«[7]. S'intéressant exclusivement aux prix à la consommation, celui-ci constatait qu'ils avaient augmenté de plus de 91% entre 1726 et 1789, correspondant à la hausse

---

[4] Voir par exemple l'analyse du Belge Paul BAIROCH, Le tiers monde dans l'impasse: le démarrage économique du XVIIIe au XXe siècle, Paris 1971.
[5] Denis WORONOFF, L'industrie sidérurgique en France pendant la Révolution et l'Empire, Paris 1984; ID., Histoire de l'industrie en France: du XVIe siècle à nos jours, Paris 1994; Nadège SOUGY, Les charbons de la Machine: valorisation et commercialisation des produits d'une houillère nivernaise, de 1838 à 1938, université de Paris I – Panthéon-Sorbonne: thèse de 3e cycle, 2001.
[6] Michel DEVÈZE, Une admirable réforme administrative: la grande réformation des forêts royales sous Colbert (1661-1680), Nancy 1962.
[7] Ernest LABROUSSE, Esquisse du mouvement des prix et des revenus en France au XVIIIe siècle, t. II: Les prix (fin), les revenus, Paris 1933, réed. Paris 1984, p. 343-348.

la plus forte par rapport à celle de tous les autres produits qu'il avait pu jusqu'alors observer. Si ce constat était exact, la démarche adoptée n'était toutefois pas exempte de critiques. L'historien était parti des états de prix de quatre généralités périphériques (Montauban, Riom, Grenoble, Besançon et Strasbourg), en excluant le Bassin parisien où les variations étaient les plus fortes. Faute de sources directement accessibles, il s'était aussi limité aux prix des bois livrés au consommateur, prix qui incorporait des données complexes comme le prix du bois sur pied, la coupe, le transport par voie d'eau et voie de terre, ainsi que les bénéfices des marchands.

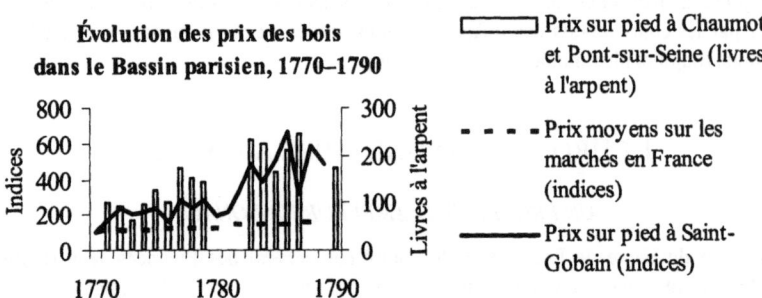

Pour mieux comprendre l'envolée des prix, il faut donc d'abord mesurer l'évolution des prix des bois sur pied en dépouillant les adjudications de bois, lorsqu'elles sont continues et homogènes. Dans le Bassin parisien, les prix sont multipliés par trois en vingt ans, parfois même davantage dans certains bassins d'approvisionnement industriels[8]. Dans ces deux terribles décennies, les accidents conjoncturels paraissent naturellement plus difficiles encore, comme en 1783-1784 (hiver très froid et crue de débâcle) ou en 1792-1793. Ces événements conduisent à une véritable panique dans tout le pays.

La première réponse à cette crise est le lancement de grandes enquêtes administratives, qui visent à faire un premier point sur la ressource ligneuse, pour apporter des réformes dans les bois les plus dégradés, rechercher les zones restant éventuellement encore excédentaires, et mieux mettre en adéquation la demande et l'offre. La première enquête générale est lancée en 1771 par la Table de marbre de Paris[9]. Cette institution dont le ressort s'étend au-delà de celui du Parlement de Paris, sur plus d'un tiers du royaume, constitue le niveau supérieur de l'administration des Eaux et Forêts. Elle doit

---

[8] Pour le graphique, les prix à Chaumot et à Pont-sur-Seine sont tirés de: Patricia COLFORT, Le domaine de Chaumot à la veille de la Révolution française (1771-1793), université de Reims Champagne-Ardenne: mémoire de master II, 2006; Aurélie LOUIS, Le domaine de Pont-sur-Seine au temps de Xavier de Saxe (1775-1790), mémoire de maîtrise, université de Besançon 2004, et Arch. dép. Aube E* 2807-2808; les prix en France de LABROUSSE, Esquisse du mouvement des prix (voir n. 7), p. 343-348, à Saint-Gobain de Jérôme BURIDANT, Espaces forestiers et industrie verrière (XVIIe-XIXe siècle), Paris 2005, p. 207-227.

[9] BNF, ms. 7867.

son nom à une véritable table de marbre, placée dans la grande salle du palais et détruite par un incendie en 1618. Cette enquête porte sur les bois des gens dits de »mainmorte«, c'est-à-dire sur les communautés ecclésiastiques et d'habitants. Elle vise à connaître la localisation, le prix et le débit des bois, mais aussi à mesurer la régularité des aménagements. Elle démontre surtout que les maîtrises des Eaux et Forêts n'ont qu'une connaissance très partielle des forêts qu'ils ont sous tutelle, qu'une grande partie des bois des communautés ne sont ni bornés, ni aménagés, et que l'œuvre de réformation entreprise au XVIIe siècle est loin d'être terminée. La seconde enquête d'envergure est lancée par l'intendant de finances Bonnaire des Forges, lors de la disette de bois de 1783–1784[10]. S'appuyant sur le réseau des intendants et des subdélégués en province, cette enquête est adressée aux maires et syndics de toutes les communautés d'habitants pour connaître les superficies en bois, les prix du combustible, le débit des bois et les possibilités d'exportation, mais surtout l'ampleur de la consommation locale, le nombre de forges, fourneaux, fours à chaux, verreries, etc. Mieux que la précédente, elle vise à faire un lien plus étroit entre les lieux de production et les zones de consommation. Elle se double au même moment d'enquêtes plus ponctuelles menées par le Bureau de la Ville pour l'approvisionnement de la capitale, par le truchement de ses propres subdélégués. D'une certaine manière, ces investigations rentrent dans un grand mouvement de doléances contre l'industrie, en rendant implicitement les établissements industriels responsables de la pénurie.

Dans un contexte de crise, l'heure est toujours à la recherche de responsables. Les premiers à subir les critiques sont souvent les industriels[11]. Il est vrai qu'au XVIIIe siècle, les phénomènes de concentration et la croissance des capacités de production ont donné naissance à de très gros établissements, qui sont autant de »gouffres dévorants« en combustible ligneux. À cette époque, un haut fourneau consomme environ 15 000 stères de bois par an, principalement en charbonnette, c'est-à-dire en bois de petit calibre destiné à la confection du charbon. Une verrerie de »menu-verre«, qui produit des bouteilles et de la gobeleterie par soufflage, réclame quant à elle 10 000 à 15 000 stères en billette, bois de plus gros calibre débité par refente. Deux autres établissements les dépassent encore plus largement. La compagnie de Saint-Gobain, qui produit des grandes glaces par coulage, tout comme la verrerie de Saint-Louis en Lorraine, consomment chacune près de 30 000 stères par an. À l'échelle du Bassin parisien, la concurrence entre la demande industrielle et la demande urbaine donne naissance à des clivages spatiaux particulièrement nets[12]. Autour de Paris se développe d'abord une auréole d'approvisionnement en bois neuf par voie de terre, relayée par une aire d'approvisionnement en charbon de bois, quoique relativement limitée dans la partie nord-est de l'Île-de-France (forêt d'Halatte par exemple). Ce charbon, encore

---

[10] Déposée dans les archives départementales en série C.
[11] Voir Denis WORONOFF, La politique des autorisations d'usines et la question du bois, dans: ID. (dir.), Forges et forêts: recherches sur la consommation proto-industrielle de bois, Paris 1990, p. 57–86.
[12] Jérôme BURIDANT, Transport des bois et logiques spatiales au XVIIIe siècle, dans: Andrée CORVOL (dir.), Forêt et transports traditionnels, Paris 2004 (Cahier d'études forêt, environnement et société, XVIe–XXe siècle, 14), p. 95–102.

voituré par charrois, supporte mieux les frais de transport que la bûche, car il incorpore davantage de valeur ajoutée. Au-delà d'une soixantaine de kilomètres commence l'aire du flottage, irriguée par les bois et les forêts de Compiègne, Laigue ou Villers-Cotterêts, sur l'Oise, la Marne, la Seine et l'Yonne. Ces bois, de qualité moindre en raison de leur transit dans l'eau, restent très concurrentiels à cause de la modicité des frais de transport. Au-delà, le clivage s'exprime longtemps par un effondrement des prix. Le plus souvent est alors adoptée une production à plus haute valeur ajoutée. Il peut s'agir d'une orientation vers une sylviculture de qualité, pour la fourniture du merrain à tonneaux ou du bois d'œuvre, en privilégiant la futaie sur le taillis. Mais le choix entraîne plus souvent une valorisation énergétique locale destinée à l'alimentation des forges, verreries et autres fourneaux. L'absence, réelle ou supposée, de débouchés pour les bois constitue d'ailleurs longtemps le premier argument avancé pour obtenir l'autorisation d'implantation d'un établissement industriel. Mais cette logique trouve désormais ses limites dans l'élargissement de l'aire d'attraction de la capitale, liée à l'aménagement des cours d'eau entrepris pour répondre à la »disette« croissante de bois. La progression de la flottabilité des cours d'eau induit de fait un surenchérissement du combustible en amont, qui nuit aux intérêts des industriels, refusant cette concurrence. Dans la seconde moitié du XVIIIe siècle, les zones de contact entre les aires d'approvisionnement urbain et les aires d'approvisionnement industriel deviennent des zones de conflits, qui témoignent de l'âpreté des tensions pour la maîtrise de la ressource énergétique.

Ce qui remonte de toutes ces enquêtes est beaucoup plus complexe que ce que l'on pouvait en attendre. Si l'industrie est régulièrement critiquée, elle n'est pas systématiquement stigmatisée. Les fautifs sont nombreux: les seigneurs et leur passion immodérée pour la chasse, la prolifération du gibier causant des dommages irrémédiables aux peuplements forestiers; les habitants eux-mêmes qui dégradent à l'envi les bois usagers faute de surveillance; les officiers des Eaux et Forêts, qui cherchent surtout à rentabiliser leur office et manquent cruellement de formation technique... Avant même les cahiers de doléances, ces enquêtes de terrain libèrent une parole politique qui débouche sur de multiples contestations.

Du côté de la demande, les causes les plus profondes de la crise sont souvent négligées, même si elles sont aujourd'hui plus faciles à déterminer. La hausse de la demande résulte d'abord et avant tout par la croissance accélérée de la population. De 1715 à 1789, le royaume passe de 21 à 28–29 millions d'âmes, réalité dont les contemporains n'ont pas conscience avant les travaux de l'abbé d'Expilly[13]. Cette hausse globale cache une croissance urbaine encore plus soutenue, notamment à Paris. En un peu plus de trois siècles, la population de la capitale est en effet multipliée par quinze, passant d'environ 150 000 habitants vers 1650, à 510 000 à la fin du règne de Louis XIV (vers 1715), à 604 000 vers 1780, et à 2,3 millions un siècle plus tard. Plus en retrait, d'autres villes comme Versailles, Troyes, Auxerre ou Rouen enregistrent des rythmes de croissance similaires, sinon encore plus vifs, qui préfigurent ceux de la

---

[13] Jean-Joseph D'EXPILLY, De la population de la France, Paris, Amsterdam 1765; ID., Tableau de la population de la France, s.l.n.e. 1780.

seconde moitié du XIXe siècle. Dans le monde urbain, on note aussi parallèlement une forte augmentation des besoins individuels. À la fin du XVIe siècle, les Parisiens consomment environ un stère par an et par personne: le bois sert à chauffer les aliments et à atténuer les rigueurs des plus grands hivers, tout au plus. À la veille de la Révolution, ils consomment désormais le double, soit plus d'une tonne par personne. Cette croissance des besoins s'explique surtout par l'évolution des mentalités, le chauffage se diffusant progressivement dans toutes les pièces de la maison. Elle est un peu atténuée par des progrès dans les techniques de chauffage comme les poêles, les cheminées à conduits multiples, les réflecteurs placés devant le foyer, les fourneaux remplaçant l'âtre. La demande en combustible ligneux suit donc une croissance exponentielle jusqu'au passage au charbon de terre, dans la seconde moitié du XIXe siècle. Elle passerait de 315 000 stères dans la seconde moitié du XVIe siècle à 830 000 stères vers 1720, puis à environ 1,5 million à la fin de l'Ancien Régime[14]. Cela équivaut à près de 4000 stères, soit 2000 à 3000 tonnes par jour, qui transitent par les deux ports aux bois du cœur de Paris, le port de Grève pour les bois venant d'amont et celui de l'École pour ceux d'aval. La satisfaction de cette demande jusqu'aux années 1770 tient même du miracle. Elle s'explique par une importante extension des aires d'approvisionnement, par un drainage systématique et poussé des forêts du Bassin parisien, rendu possible par le flottage des bois. À la croissance démographique peut-on enfin ajouter une dernière cause, sans doute importante, mais qu'il conviendrait encore de mesurer avec précision: la demande en bois de marine. Durant le ministériat de Choiseul, la France s'est dotée d'une politique navale d'envergure, assez comparable à celle menée un siècle plus tôt par Colbert, et générant des difficultés d'approvisionnement relativement similaires. Un navire de ligne consomme environ 3000 chênes centenaires, 6000 à 10 000 m^3 de bois sur pied, volumes que la forêt française peine désormais à fournir avec qualité et régularité.

UNE CRISE ATTENDUE PAR LA PLUPART DES THÉORICIENS

En réalité, cette crise est loin d'être une surprise. Depuis de nombreuses décennies, de nombreux théoriciens avaient déjà tenté de tirer la sonnette d'alarme pour montrer que la ressource était déjà en danger. Au début du siècle, le maréchal de Vauban avait sans doute été le premier à contester l'œuvre réformatrice du grand Colbert, en montrant que les normes imposées par la législation conduisaient à une impasse. Selon lui, la conversion massive d'anciennes futaies en taillis sous futaie entraînait déjà à une pénurie en bois de construction:

> Il y a longtemps qu'on se plaint que les futaies se ruinent, qu'elles s'anéantissent partout, que dans peu elles seront réduites en taillis, et qu'incessamment nous manquerons de bois à bâtir: l'expérience de ceux qui font travailler chez eux ne vérifie que trop la justice de cette plainte, par

---

[14] Jean BOISSIÈRE, La consommation parisienne de bois et les sidérurgies périphériques: essai de mise en parallèle (milieu XVe–milieu XIXe siècle), dans: WORONOFF (dir.), Forges et forêts (voir n. 11), p. 35.

la difficulté où ils sont de trouver des bois, et pour peu qu'on veuille se donner la peine d'examiner de près l'état des forêts, tant du roi que des particuliers, on s'apercevra bientôt du désordre où elles sont. On verra que toutes les futaies qui se sont trouvées de quelque débit, ont été coupées; que les particuliers se sont défaits de tout ce qu'ils avaient de meilleur à cet égard; ce qui est parvenu à tel excès qu'on ne trouve plus de bois à bâtir qu'avec beaucoup de peine et en l'achetant bien cher dans les lieux mêmes qui en étaient couverts il n'y a pas soixante ans. On verra que ce mal s'accroît tous les jours de plus en plus par la coupe continuelle du peu qu'il en reste sur pied; en sorte que si bientôt on n'y remédie, on sera obligé de chercher du bois à bâtir hors du royaume[15].

L'argument le plus pertinent s'appuyait sur l'analyse comparée des revenus du taillis et de la futaie, qui montrait qu'une futaie produit toujours davantage que le taillis à temps égal, en fournissant à la fois des bois d'œuvre et des bois de feu. Elle est confirmée et prolongée en 1739 par Réaumur et Buffon, dans les »Mémoires de l'Académie des Sciences«[16]. Mais la première analyse très fouillée des lacunes du modèle colbertien revient à Duhamel du Monceau, dans son »Traité général des forêts« (1755–1767). Inspecteur général de la Marine et chargé à ce titre de l'approvisionnement des chantiers navals en bois de marine, il est l'un des plus grands connaisseurs de l'époque en matière de sylviculture. Selon lui, la crise s'est aggravée, touchant désormais tous les secteurs du royaume:

Les bois sont presque d'une première nécessité, soit pour nous défendre des rigueurs du froid, soit pour la préparation de nos aliments, pour l'exploitation des mines, pour le soutien de quantité de manufactures, telles que les verreries, savonneries, brasseries, tuilleries, faïenceries; les ateliers des teinturiers, les fours à chaux, pour l'établissement de quantité de machines, écluses, moulins, usines; pour les charpentes des bâtiments civils [et] militaires, pour la navigation sur les rivières; enfin pour la marine, qui en fait indispensablement une prodigieuse consommation [...]. La disette de cette matière se fait déjà sentir de toute part: le pauvre ne peut qu'à gros frais se garantir de la rigueur de nos hyvers; les manufactures sont forcées de porter à un prix fort haut leurs marchandises, ou d'interrompre leurs fabriques, les propriétaires des maisons dans les villes, ou de fermes à la campagne, s'aperçoivent que l'entretien des charpentes de leurs bâtiments devient tellement onéreux, qu'une réparation, en apparence médiocre, consomme les loyers, nonseulement d'un mois mais même de plusieurs années. Enfin tous ceux qui emploient le bois en œuvre, éprouvent que cette matière est portée à un prix excessif[17].

Après Duhamel, tous les théoriciens font le constat d'une crise d'approvisionnement, marquée par une hausse des prix des bois, une pénurie de combustible comme de bois d'œuvre. Parmi les plus connus peut-on citer le forestier Pannelier d'Annel, artisan de

---

[15] Sébastien DE VAUBAN, Traité de la culture des forêts, 1701, dans: ID., Oisivetés de M. de Vauban, t. II, Paris 1843, p. 59–60.
[16] Michel DEVEZE, La crise forestière française dans la 1ère moitié du XVIIIe siècle et les suggestions de Vauban, Réaumur, Buffon, dans: Actes du 88e congrès national des Sociétés savantes, Clermont-Ferrand 1963. Section d'histoire moderne et contemporaine, Paris 1964, p. 595–616, rééd. dans: ID., La forêt et les communautés rurales, XVIe–XVIIIe siècles, Paris 1982, p. 63–84.
[17] DUHAMEL DU MONCEAU, Des semis et plantation des arbres et de leur culture, Paris 1760, p. IV–V; cf. Jérôme BURIDANT, Duhamel du Monceau et la crise forestière du XVIIIe siècle, dans: Andrée CORVOL (dir.), Duhamel du Monceau, 1700–2000: un Européen du siècle des Lumières, Orléans 2001, p. 41–54.

la restauration de la forêt de Compiègne, l'ingénieur du duc d'Orléans Plinguet, le grand maître des Eaux et Forêts de Champagne Tellès d'Acosta, le louvetier Delisle de Moncel, l'agronome Varenne de Fenille ou le correspondant de la Société d'Agriculture Baillon[18]. S'ils constatent généralement que la pénurie peut être renforcée par la croissance des besoins en bois, tous s'accordent pour chercher en forêt les racines du mal en parlant d'un »dépérissement des bois« ou d'un »dépérissement forestier«.

Derrière ces termes se cache une crise environnementale assez sensible, qui se manifeste de nombreuses manières. Une des premières manifestations de cette crise semble être une évolution régressive des peuplements forestiers. Alors qu'une succession progressive de la végétation, en l'absence de perturbation majeure, aboutirait selon les sols à la chênaie-hêtraie ou à la hêtraie pure, on enregistre dans de nombreux massifs des faciès régressifs assez marqués, qui aboutissent dans le meilleur des cas à la chênaie-charmaie, la chênaie-frênaie ou la bétulaie, parfois même à des prés-bois et à des landes dégradées[19]. Cette dynamique, décrite avec précision dans les procès-verbaux de visite de bois, reste encore mal expliquée par les forestiers. En s'inspirant du principe de la rotation des cultures sur les terres agricoles, on imagine encore que la terre n'accepte pas la succession des mêmes productions, une production uniforme causant à terme un épuisement du sol. En réalité, l'épuisement des sols forestiers peut seulement apparaître lors de coupes très rapprochées, avec des rotations courtes inférieures à quinze ans. Cette situation est fréquente dans les bois particuliers comme dans les bois communaux. Elle est devenue assez rare dans les bois royaux et ecclésiastiques, où les rotations ont eu tendance à être augmentées au fil du siècle. Dans ces circonstances, la dynamique régressive des peuplements peut surtout s'expliquer par la mauvaise maîtrise des régénérations: coupes trop fortes, insuffisance et mauvaise qualité des réserves, irrégularité des fructifications, etc.

Une seconde manifestation de cette crise forestière est la sensibilité aux chablis. Comme aujourd'hui, le terme de »chablis« désigne déjà, à l'époque moderne, les arbres déracinés ou cassés par les éléments naturels comme le vent ou la neige. Au sens plus étroit, les forestiers distinguent plus généralement les chablis effectivement déracinés ou »culevés« et les »volis« cassés, la »chandelle« restant encore sur pied.

---

[18] PANNELIER D'ANNEL, Essai sur l'aménagement des forêts, présenté au roi, Paris 1778; J. B. PLINGUET, Traité sur les réformations et les aménagements des forêts avec une application à celles d'Orléans et de Montargis, Orléans 1769; ID., Examen analytique des causes du dépérissement des bois, 2ᵉ éd., Orléans, s.d.; TELLÈS D'ACOSTA, Instruction sur les bois de marine, contenant des détails relatifs à la physique et à l'analyse du chêne, et en ce qui concerne l'économie et l'amélioration du bois en général, Paris 1780; DELISLE DE MONCEL, Mémoire sur le repeuplement, l'augmentation et la conservation à venir des bois dans les départements de la Meurthe, Moselle, Aisne, Meuse, Marne, etc., Nancy 1791; P. C. VARENNE DE FENILLE, Mémoires sur l'administration forestière et sur les qualités individuelles des bois indigènes ou qui sont acclimatés en France, Bourg ²1792; Philibert LE DUC (dir.), Œuvres agronomiques et forestières de Varenne de Fenille, Paris 1869; J. F. E. BAILLON, Causes du dépérissement des bois. Quelles sont les causes du dépérissement des bois? Quels sont les moyens d'y remédier?, Paris 1791.

[19] Par exemple à Saint-Gobain, Compiègne, Halatte, Fontainebleau, Chantilly, dans une moindre mesure à Clairvaux, en Argonne.

Les épisodes de chablis sont désormais bien connus par un programme de recherches mené par le Groupe d'histoire des forêts françaises[20]. Du XVIe au XXe siècle, le temps de retour au vent de plus de 120 km/h, seuil significatif pour produire des dégâts en forêt, apparaît identique à celui des trente dernières années, de l'ordre de cinq à six ans. Cet ordre de grandeur cache, bien entendu, des irrégularités chronologiques, certaines périodes apparaissant plus agitées que d'autres, comme la fin du XVIe siècle, le XVIIIe siècle, la fin du XIXe ou du XXe siècle. La recrudescence des chablis éoliens dans le courant du XVIIIe siècle pose des problèmes d'interprétation. Les documents forestiers font en effet apparaître une sensibilité accrue aux grands vents, avec une accélération sensible de la récurrence des épisodes de casse, notamment en 1716, 1717, 1726, 1729, 1735, 1736, 1739, 1741, 1746, 1751, 1756, 1765, 1781 ou 1786. Si les martelages de chablis se font de plus en plus nombreux durant cette période, les mémoires et les journaux intimes livrent très peu de descriptions de tempêtes, contrairement au siècle précédent. Cette recrudescence de chablis, souvent provoqués par des vents d'assez faible intensité, peut s'expliquer par une fragilisation des peuplements.

Arbres déclassés en forêt de Saint-Gobain, 1650–1760
(moyenne mobile sur trois ans)
Source: *Arch. dép. Aisne B 3563-3598*

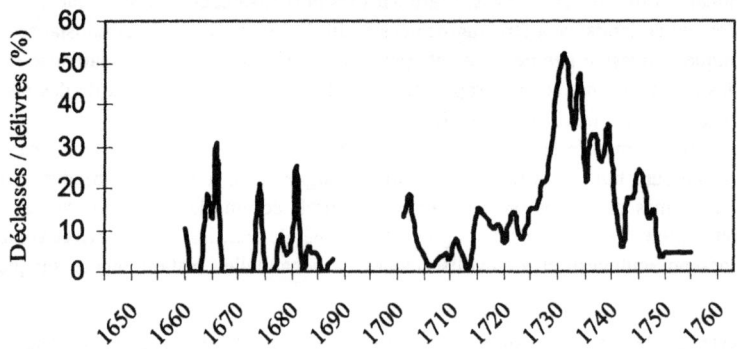

Cette fragilisation est par exemple évidente en forêt de Saint-Gobain, où l'on observe une hausse impressionnante des arbres déclassés lors des martelages en abandon. Ces arbres, dénommés »hallots«, sont souvent »morts«, »morts en cime«, »pourris« ou tarés, peut-être attaqués par les insectes. Ce phénomène de dépérissement est aussi re-

---

[20] Andrée CORVOL (dir.), Tempêtes sur la forêt française, XVIe–XXe siècle, Paris 2005; Jérôme BURIDANT, L'impact des variations climatiques sur les forêts de plaine du nord-est de la France, entre le XVIe et le XIXe siècle, dans: Jean-Pierre CHABIN (dir.), La forêt dans tous ses états: de la Préhistoire à nos jours, Besançon 2005, p. 57–72.

marqué au même moment dans la maîtrise des Eaux et Forêts de Nancy[21]. Sans que cela soit explicite dans les documents de l'époque, on peut légitimement s'interroger sur les rapports entre ce dépérissement, net et brutal, et les effets du »grand hyver« de 1709. Après 1709, les forestiers ont nécessairement purgé les coupes des arbres morts, mais ont le plus souvent tenté de préserver l'avenir en maintenant le maximum de semenciers, même entre vie et mort. Une révolution plus tard, le destin de ces arbres de réserve apparaît évident. Morts en cime, viciés par les insectes, ils n'ont même plus assez de valeur pour être vendus au cours ordinaire, et tombent à chaque grand vent d'hiver. Ce phénomène de dépérissement peut être parfois corroboré par des mentions, plus rares, de dégâts de »chenilles«. Toutes ces indications sont révélatrices de déséquilibres environnementaux profonds, autrement dit d'une perturbation sensible des écosystèmes forestiers, qui n'est pas sans conséquence sur leur productivité. La crise énergétique semble bien parallèle à une grave crise environnementale.

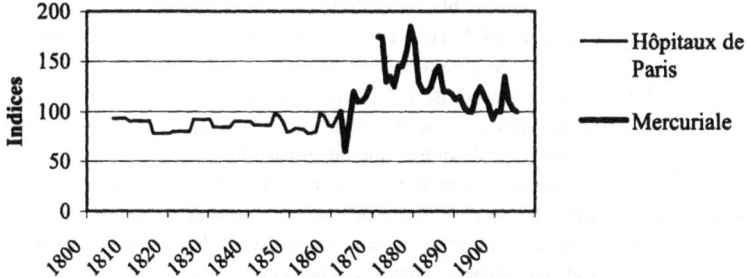

Prix des bois flottés rendus à Paris au XIXe siècle
Sources: Annales des Eaux et Forêts, Revue forestière française

II. LE PARADOXE FORESTIER: UNE CRISE RETARDÉE

En dépit de l'ampleur de la menace, on constate au XIXe siècle des évolutions qui paraissent totalement paradoxales. Alors que les industriels britanniques passent majoritairement au charbon de terre, les Français continuent majoritairement la chauffe au bois très en avant au cours du siècle. Dans notre pays, l'apogée de la sidérurgie au bois se place même en 1856. À cette date, le premier département sidérurgique français est encore la Haute-Marne, et le second la Haute-Saône, témoins d'une géographie industrielle totalement différente de celle du XXe siècle, encore calquée sur la carte des disponibilités forestières. Cette résistance s'explique principalement par un second paradoxe, celui des prix. De 1810 à 1860, les prix des bois enregistrent une relative stabilité, qui contredit l'imminence de la crise.

---

[21] Travaux de Daniel BERNI, présentés de manière synthétique par Christian DUGAS DE LA BOISSONNY, Repérer le dépérissement, dans: Andrée CORVOL (dir.), La forêt malade: débats anciens et phénomènes nouveaux, Paris 1994, p. 69–88.

DES STRATÉGIES INDUSTRIELLES DIFFÉRENTES

Dans le détail, on s'aperçoit que la plupart des industries au bois retardent au maximum le passage aux chauffes au charbon de terre, et ce pour de multiples raisons. Le cas de la Manufacture royale de grandes glaces de Saint-Gobain peut, à cet égard, fournir un bon exemple. Implantée à Saint-Gobain depuis 1692, la glacerie connaît un essor particulièrement considérable à partir du directorat de Pierre Delaunay-Deslandes (1758). Celui-ci entreprend une restructuration totale du site, réorganisant les fours, supprimant le soufflage, améliorant inlassablement les techniques de coulage. Avec une croissance continue, à peine interrompue par la Révolution, la Manufacture devient en 1845 la quatrième entreprise française. En dépit de la proximité de la forêt, la glacerie est confrontée à un problème structurel d'approvisionnement en bois. Dans les années 1770, elle consomme bon an mal an 30 000 stères de bois, son bassin d'approvisionnement couvrant un massif de plus de 10 000 ha. À cette date, l'envolée des prix commence à inquiéter, alors qu'ils n'avaient pas représenté un obstacle considérable à la production durant des décennies. Deslandes, qui envisage de passer à des chauffes au charbon de terre, entreprend alors de multiples essais techniques. La mutation énergétique ne lui paraît pas impossible puisqu'elle connaît des précédents. Le charbon de terre est déjà utilisé depuis 1605-1610 en Angleterre, et depuis 1749 en Normandie, à la verrerie de Tourlaville, le charbon étant importé d'outre-Manche. Il s'agit néanmoins d'établissements qui produisent du verre soufflé, avec des techniques différentes. Les premiers essais gobanais sont loin d'être concluants. Après la construction d'un four à charbon, on se rend compte que des escarbilles sont projetés dans les creusets, et que la fumée grasse colore le verre en noir. Ces difficultés ne sont certes pas insurmontables, mais elles se doublent d'obstacles d'ordre économique. En l'absence de mines à proximité de la glacerie, le charbon provient des mines d'Anzin (Nord), ouvertes depuis 1734. Au départ d'Anzin, le charbon de terre reste moins cher que le bois, mais le transport par terre et partie par voie d'eau, sur plus d'une centaine de kilomètres, multiplie par quatre le prix initial. Dans ces conditions, la chauffe au bois reste encore rentable pour plusieurs décennies, même dans des conditions de hausse des prix. À l'échelle du massif forestier, mieux vaut encore surenchérir pour emporter les ventes, étouffer la concurrence et à plus long terme arriver à une situation de monopole.

Plus que les aspects techniques, le facteur essentiel qui fait opter, soit pour le bois, soit pour le charbon, reste le rapport prix-distances. C'est ce facteur, plus que tout autre, qui explique la plupart des stratégies énergétiques industrielles. La Manufacture maintien cette stratégie jusque 1840, date à laquelle la construction des canaux et les économies d'échelle réalisées dans les mines rendront davantage rentable l'approvisionnement en charbon. Jusqu'à ce moment s'appliquent surtout des logiques d'économie: amélioration du rendement des fours, meilleure surveillance du personnel... En forêt, la pression économique pèse aussi fortement sur les aménagements forestiers, entraînant progressivement une normalisation de la production. En 1769, la forêt de Saint-Gobain passe de la famille Mazarin à l'apanage d'Orléans. Dès 1770, la Maison d'Orléans impose un nouvel aménagement, qui modifie l'ensemble du parcellaire et convertit l'ensemble des peuplements au taillis sous futaie à la révolution de 25 ans, traitement parfaitement adapté à la demande verrière[22].

Comme on l'a dit, la substitution énergétique est encore plus tardive dans la sidérurgie. En France, la prééminence des maîtres de forge haut-marnais dure jusqu'aux années 1870-1873. Ils pratiquent une fonte au bois, selon la technique du haut fourneau mise au point dans la région de Liège au XIVe siècle. Leur déclin ne sera véritablement consommé qu'avec la Grande dépression (1873-1896), qui jouera surtout en faveur des sidérurgies modernes, plus rentables. Il sera aussi renforcé par l'essor de la sidérurgie lorraine voisine après 1876, date de l'invention du procédé de Sidney-Gilchrist Thomas, permettant de décarburer les fontes phosphoreuses. Le plus paradoxal encore reste le développement des bas fourneaux et des forges dites à la Catalane. La technique du bas fourneau, déjà au point dans l'Antiquité, demeure assez rudimentaire et produit des fontes de qualité inégale selon le minerai. Elle connaît cependant un essor assez remarquable dans les Pyrénées de l'est (Ariège, Aude, Pyrénées orientales) et le Dauphiné, le maximum de production se situant en... 1852! Si la technique reste archaïque, elle demande peu de savoir-faire, une masse de capitaux encore limitée, et reste surtout très économe en combustible, contrairement aux hauts fourneaux. Ici encore, c'est le prix du combustible qui détermine les choix industriels[23]. Si de nouvelles géographies industrielles apparaissent progressivement (Nord, près d'Anzin, ou Loire, au Creusot), les vieilles industries s'appuient encore longtemps sur leurs anciennes logiques, la rupture la plus importante étant l'arrivée du chemin de fer, qui bouleverse brutalement les possibilités d'échange.

Ces données fondamentales sont renforcées par des facteurs internes. Avec la vente des biens nationaux durant l'épisode révolutionnaire, et plus encore avec les ventes massives de bois durant la Restauration, les industriels ont pu progressivement se porter acquéreurs d'espaces boisés, pour s'affranchir du marché. Comme dans les verreries, on observe aussi parallèlement des logiques d'économie, avec une amélioration des fours (meilleur tirage, récupération de la chaleur), une amélioration considérable des rendements, qui permet au bois d'être rentable durant plus d'un demi-siècle. Des logiques similaires d'économie et d'amélioration des rendements sont aussi remarquées pour le chauffage domestique, produisant les mêmes effets[24].

---

[22] BURIDANT, Espaces forestiers et industrie verrière (voir n. 8), p. 188-206, 217-230.
[23] Jérôme BONHÔTE, Christian FRUHAUF, La métallurgie au bois et les espaces forestiers dans les Pyrénées de l'Aude et de l'Ariège, dans: WORONOFF (dir.), Forges et forêts (voir n. 11), p. 151-212.
[24] Jean-François BELHOSTE, Le chauffage à Paris: approvisionnement en bois et évolution des appareils (XVIIe-XIXe siècle), dans: Le bois, source d'énergie: naguère et aujourd'hui, Paris 2000 (Cahier d'études forêt, environnement et société, XVIe-XXe siècle, 10), p. 58-61.

UNE RÉPONSE FORESTIÈRE?

Si la crise peut être en partie contenue par la modération de la demande, qu'en est-il de l'évolution de l'offre? En d'autres termes, la stagnation des prix dans la première moitié du XIXe siècle peut-elle s'expliquer par une augmentation de la production sylvicole?

Le XIXe siècle est d'abord marqué par une réorganisation complète du corps forestier, qui passe progressivement d'une structure judiciaire à une structure technique. La période révolutionnaire se caractérise par une grande période d'incertitudes et de bouleversements internes, le moment le plus marquant restant le rattachement de l'administration des Eaux et Forêts à la Régie de l'enregistrement et des domaines (4 brumaire an IV). De 1796 à 1877, le corps forestier reste intégré à l'administration des Finances, les logiques économiques s'imposant de fait[25]. C'est surtout durant l'Empire que s'impose l'influence allemande. Avec l'annexion de la Rhénanie à la France, et la création des départements de la Roer, de la Sarre, de Rhin et Moselle et de Mont-Tonnerre, l'administration forestière tente d'imposer ses institutions et ses lois Outre-Rhin. Mais les forestiers français envoyés sur place découvrent en retour toute l'avance de la sylviculture allemande. Parmi ceux-ci émerge la figure de Jacques-Joseph Baudrillart, premier traducteur en Français des grands théoriciens allemands comme Georg-Ludwig Hartig (»Anweisung zur Holzzucht«, 1791), et vulgarisateurs des méthodes allemandes (régénérations par coupes progressives, méthodes de conversion...). Devenu chef de division à l'Administration générale des Eaux et Forêts, il est l'un des artisans de la création de l'École royale des Eaux et Forêts de Nancy, en 1824. Contrairement au corps des Ponts et Chaussées ou à celui des Mines, le corps forestier ne s'était pas encore doté d'une école formant des ingénieurs aux sciences modernes. Le contraste avec l'Allemagne est particulièrement marquant, car dans de nombreux États se sont déjà ouvertes des écoles, à Stuttgart dès 1772, à Göttingen en 1775, à Zillbach en Saxe en 1785, à Munich en 1787[26]. Le choix de Nancy n'est d'ailleurs pas fortuit. La proximité de l'Allemagne permet des échanges fructueux, et les trois premiers directeurs, Lorentz, Salomon et Parade, sont Alsaciens et ont fait leurs études en Allemagne. Le nouveau code forestier, promulgué en 1827, reste cependant encore très hésitant quant à la démarche à suivre. Héritier des principes de la Révolution, il reste très libéral pour la forêt privée, plus directif pour les forêts domaniales. Sur le terrain, les aménagements restent pourtant tardifs. Ils se multiplient entre 1850 et 1870, au moment où les prix commencent à s'emballer.

La politique de plantation, qui commence timidement au XVIIIe siècle, s'accélère surtout sous la Monarchie de Juillet et le Second Empire. C'est le moment du boisement des Landes de Gascogne en pin maritime, de la Champagne en pin sylvestre puis en pin noir d'Autriche, de la Sologne et des dunes littorales de la Manche[27]. Ces plan-

---

[25] De 1877 à 1964, les Eaux et Forêt sont rattachées au ministère de l'Agriculture.
[26] Michel DEVÈZE, Forêts françaises et forêts allemandes: étude historique comparée, dans: Revue historique 480 (1966), p. 57–67.
[27] Jean-Robert PITTE, Histoire du paysage français, t. II: Le profane: du 16e siècle à nos jours, Paris 1983, p. 86–88; Louis BADRÉ, Histoire de la forêt française, Paris 1983, p. 131–176.

tations, désormais massives, ne portent cependant leurs fruits qu'au terme du premier cycle de production. Les premières coupes interviennent réellement après 1870, au moment où les prix des bois commencent à s'effondrer, la substitution énergétique étant désormais bien engagée.

L'apaisement des tensions sur le marché, dans la première moitié du XIXe siècle, ne provient donc ni d'une amélioration rapide de la gestion forestière, ni d'une augmentation des surfaces. S'il faut chercher une origine interne à la forêt, il faut seulement évoquer la possibilité d'une décapitalisation progressive des réserves accumulées au XVIIIe siècle, phénomène qu'il conviendrait de mesurer avec plus de finesse à l'échelle des massifs.

La réalité de la crise forestière, entre 1770 et 1860 reste l'objet de débats. La croissance industrielle, alliée à la croissance démographique et urbaine, entraîne bien une hausse des besoins. À bien y regarder, la forte hausse des prix, spectaculaire pour les contemporains, n'est peut-être pas un phénomène si anormal, après des siècles où la ressource ligneuse s'était débitée à vil prix. Sous cet angle, l'envolée vertigineuse des prix dans la période 1770–1800 peut-être aussi vue comme une »reprise technique«, un réajustement de l'offre à la demande. La hausse, il est vrai, s'explique aussi par une insuffisance de la production, sans doute liée à une crise environnementale assez sensible. Hormis quelques exceptions, les peuplements forestiers apparaissent généralement très dégradés, avec de forts déséquilibres environnementaux, mais aussi de forts contrastes dans la gestion, avec des secteurs réellement surexploités et d'autres encore totalement laissés à l'abandon.

En dépit des alertes et des prophéties de malheur, la pénurie n'apparaît cependant pas réellement avant le milieu du XIXe siècle. Cette crise retardée appelle de nombreuses hypothèses d'explication. Les logiques de rationalisation de la ressource et de son emploi, les logiques d'économie, l'amélioration des réseaux de transport et la meilleure monopolisation des potentialités peuvent en grande partie expliquer la modération des prix au début du XIXe siècle. On peut aussi remarquer que l'alerte semblait certainement aussi disproportionnée. Comme toujours dans l'histoire, l'angoisse de l'avenir l'emporte toujours sur la réalité des faits.

DEUTSCHE ZUSAMMENFASSUNG

Während der gesamten Frühen Neuzeit (16.–18. Jahrhundert) gab es in Frankreich wiederholt Holzmangelkrisen (1661–1662, 1714–1715,–1740–1742), die die Zuspitzung der Situation mit einem starken Preisanstieg in der Zeit zwischen 1770 und 1800 ankündigten. Seit Beginn des 18. Jahrhunderts hatten die Forstwissenschaftler diese Krise vorhergesagt und vor allem nach den internen Ursachen für den Holzmangel gesucht. Die Holznot des späten 18. Jahrhunderts war teilweise auf eine ernste Umweltkrise zurückzuführen, die die Holzproduktion belastete, aber auch Folge des ansteigenden Konsums in den Städten und in der Industrie. Trotz aller Alarmrufe zogen die Industriellen lange Zeit die Holzfeuerung anderen Arten der Energiegewinnung vor. Forciert wurde dieses Verhalten durch technische Fortschritte, die Einsparungen beim Brennmaterial erlaubten, und insbesondere durch den Preisrückgang für Holz in der ersten Hälfte des 19. Jahrhunderts. Dieser war in erster Linie eine Folge der stärkeren Ausschöpfung der Ressourcen bzw. der Vermarktung der Reserven, weniger jedoch ein Ergebnis rationeller Bewirtschaftung der Forste oder einer Ausweitung der forstwirtschaftlich genutzten Flächen.

DIRK VAN LAAK

Infrastrukturen und Macht

Infrastrukturen und Macht gehören der allgemeinen Auffassung nach nicht unmittelbar zusammen. Haben die Einrichtungen der Ver- und Entsorgung, der Kommunikation und des Verkehrs doch bis heute eine Konnotation von Selbstverständlichkeit, von allgemeiner Verfügbarkeit und Neutralität. Der Begriff »Infrastruktur«, aus dem Französischen kommend und um das Jahr 1875 zum ersten Mal nachweisbar, brauchte Jahrzehnte, um sich im allgemeinen Sprachgebrauch durchzusetzen. Im Verständnis der Eisenbahner stand er ursprünglich für den Unterbau einer Streckenführung sowie für diejenigen Einrichtungen, die den Eisenbahnbetrieb erst ermöglichten. Seit den 1950er Jahren machte der Begriff dann eine erstaunliche Karriere. In der Terminologie der NATO, der beginnenden Entwicklungshilfe und der Sozial-, Raum- und Wirtschaftspolitik allgemein stand »Infrastruktur« seitdem für die Modernisierung und die Ausweitung gesellschaftlicher Basiseinrichtungen[1].

Sehr früh jedoch war die Tendenz bemerkbar, immer mehr Bereiche mit diesem scheinbar sachlich-neutralen Neologismus zu kennzeichnen. So kam später auch die »soziale Infrastruktur« hinzu, also Einrichtungen der Bildung, der Kranken- und Altenpflege, aber auch Rechts- und Normensysteme, kurzum: alles, was als allgemein verfügbar und kollektiv bereitgestellt definiert wurde[2]. Dahinter stand die in den 1950er und 1960er Jahren international feststellbare Neigung, immer mehr dieser öffentlichen Einrichtungen einer staatlichen Zuständigkeit zuzuweisen. Alles, was als Vorleistung für das Gelingen einer differenzierten und wohlständigen Gesellschaftsordnung verstanden werden konnte, fiel fortan unter den Begriff. Die 1960er Jahre sind daher das Jahrzehnt der Bemühungen, den Gegenstandsbereich und die Aufgaben von Infrastrukturen systematisch zu bestimmen. Mehrere Theorien der Infrastruktur wurden in diesen Jahren entworfen[3]. Eine charakteristische Definition sah 1966 in Infrastrukturen einen Begriff, mit dem die gemeinschaftliche Bewirtschaftung von gesellschaftlichen und natürlichen Ressourcen einem politischen Kalkül unterworfen

---

[1] Vgl. Dirk VAN LAAK, Der Begriff »Infrastruktur« und was er vor seiner Erfindung besagte, in: Archiv für Begriffsgeschichte 41 (1999), S. 280–299.
[2] Vgl. auch Thomas SCHULZE, Infrastruktur als politische Aufgabe. Dogmengeschichtliche, methodologische und theoretische Aspekte, Frankfurt a.M. u.a. 1993.
[3] Reimut JOCHIMSEN, Theorie der Infrastruktur. Grundlagen der marktwirtschaftlichen Entwicklung, Berlin 1966; René L. FREY, Infrastruktur. Grundlagen der Planung öffentlicher Investitionen, Tübingen, Zürich 1972; Dieter LÄPPLE, Staat und allgemeine Produktionsbedingungen. Grundlagen zur Kritik der Infrastrukturtheorien, Berlin 1973; Reinhard FILZEN, Infrastrukturpolitik, Marktmechanismus und Kapitalverwertung. Grundlagen zu einer Kritik der Infrastrukturtheorien, München 1982.

würden. Ihre Funktion sei es, den möglichst reibungslosen und zweckbestimmten Ablauf von gesellschaftlichen Handlungen zu sichern[4].

Diese Bemühungen um eine Definition zogen sich bis in die 1980er Jahre, um dann jedoch umzuschlagen in eine Debatte darüber, ob Infrastruktur wirklich gleichsam ›naturnotwendig‹ vom Staat bereitgestellt und unterhalten werden müsse oder ob dies privaten Anbietern nicht sehr viel effizienter gelänge. Diese Diskussion über eine »Deregulierung« und »Privatisierung« von Infrastrukturen begleitet uns international bis heute und ist auch eines der Kernthemen des zusammenwachsenden Europas[5].

Der Sache nach ist das, was heute üblicherweise mit »Infrastruktur« bezeichnet wird, natürlich sehr viel älter. Man kann sie sogar als ein bestimmendes Merkmal komplexer, arbeitsteiliger Gesellschaften bezeichnen. Aus der Sicht der Kulturanthropologie können Infrastrukturen zunächst relativ überzeitlich interpretiert werden als Äquivalente menschlicher Organe: Sie erfüllen vor allem den Zweck, die Interaktion mit und den Zugriff auf Umweltressourcen zu verbessern sowie den Radius menschlicher Sinne zu erweitern. Das gilt vor allem für Verkehrs- und Kommunikationsträger sowie die Wasserversorgung oder die Entsorgung von Fäkalien oder Müll. Diese Einrichtungen stellen eine notwendige Voraussetzung komplexer Arbeitsteilung dar, weil sie den Einzelnen von unmittelbaren Subsistenzfragen befreien und damit vielen produktiven und kulturellen Tätigkeiten fast notwendig vorgelagert sind[6].

Damit bilden Infrastrukturen so etwas wie eine »zweite Natur«, eine »gebaute Umwelt« oder eine Kulturlandschaft, in der man sich bewegen kann wie in der Natur selbst. Dies gilt vor allem für Gesellschaften, die die Subsistenzwirtschaft mit überwiegender Eigenversorgung – und einem Überschuß für gesellschaftliche Funktionsträger – überwunden haben. Ein gewisser Grad an Differenzierung erfordert die Zirkulation von Waren und Informationen und damit Einrichtungen, die dies mit einer gewissen Zuverlässigkeit ermöglichen. Aber auch die Seßhaftigkeit generell und der zunehmend kontrollierte Austausch zwischen Mensch und Umwelt erfordert Infrastrukturen. Die ersten menschlichen Hochkulturen bauten meist auf dem Erfordernis auf, ein komplexes Ressourcenmanagement, etwa das der Wasserwirtschaft, organisatorisch zu bewältigen[7]. Die systematische Bemächtigung der Naturvorgaben ging meist Hand in Hand mit dem Aufbau einer Verwaltung, mit differenzierten Herrschaftsformen, mit kulturellen Praktiken und der Schaffung von Einrichtungen, die eine allgemeine Grundversorgung der Bevölkerung gewährleisteten, damit diese sich anderen Aufgaben widmen konnte.

---

[4] Jürgen KRAFT, Über den Begriff »Infrastruktur«, in: Mitteilungen des Deutschen Verbandes für Wohnungswesen, Städtebau und Raumplanung 3 (1966), S. 13–22.
[5] Ulrich SCHEELE, Privatisierung von Infrastruktur. Möglichkeiten und Alternativen, Köln 1993.
[6] Vgl. Dirk VAN LAAK, Infrastrukturen. Anthropologische und alltagsgeschichtliche Perspektiven, in: Gudrun M. KÖNIG (Hg.), Alltagsdinge. Erkundungen der materiellen Kultur, Tübingen 2005 (Tübinger kulturwissenschaftliche Gespräche, 1), S. 81–91.
[7] Karl August WITTFOGEL, Die orientalische Despotie. Eine vergleichende Untersuchung totaler Macht, Frankfurt a.M., Berlin, Wien 1977.

Der Zusammenhang von Infrastruktur und Herrschaft ist hier ein dreifacher: Zum ersten erweisen – bereits seit den ersten Kanal- und Staudammbauten, Tunneln und Brücken – Bauwerke der öffentlichen Verwendung sich als Symbole der menschlichen Bemächtigung der Naturvorgaben, sei es als Schutzbauten, sei es als Nutzbauten. Mit ihnen soll die Umwelt kalkulierbarer gemacht und in ihren Erträgen für den Menschen effizienter ausgebeutet werden. Zum zweiten stellen Infrastrukturen und die damit verknüpften Normierungen, Standardisierungen und Vereinheitlichungen Elemente dar, die nicht nur die Natur, sondern auch die menschliche Gesellschaft ›lesbarer‹ und damit kalkulierbarer machen[8]. Diese ›Lesbarkeit‹ steht auch im Dienste einer effizienteren Verwaltung von Dingen und Menschen. Sie bedeutet zugleich eine Steigerung von individuellen Möglichkeiten, sich im Raum zu bewegen, an Informationen zu gelangen, Handel zu treiben oder kulturellen Bedürfnissen nachzugehen. Damit stellen Infrastrukturen zentrale Medien dar, mit denen Einfluß und Herrschaft gesteuert werden können. Zum dritten waren Infrastrukturen stets machtvolle Symbole eines Vertrauens in die Zukunft einer Gesellschaft, gerade weil sie oft eine gewaltige investive Vorleistung an Kapital und Arbeit bedeuten. Je näher wir der Gegenwart kommen, um so kalkulierter werden die Prognosen für einen künftigen Bedarf an bestimmten Infrastrukturen, damit sich Investitionen langfristig auszahlen.

Was dagegen seit den frühen Hochkulturen gleichgeblieben zu sein scheint, ist die Neigung zu repräsentativen Infrastrukturen, mit denen Macht, Wohlstand und Bedeutsamkeit demonstriert werden sollen. Mit vielen dieser Großprojekte verbindet sich eine demonstrative Herrschaft über die Natur und die Gesellschaft gleichermaßen. Sie durchziehen die Technikgeschichte ebenso wie die Stadt- und die Herrschaftsgeschichte, denn wodurch läßt sich Macht besser demonstrieren als durch die Ermöglichung des Gewaltigen und scheinbar Unmöglichen, mit dem man sich einschreiben kann in das, was von der Geschichte bleibt? Die großen Potentaten der Weltgeschichte haben sich ihren Platz in der historischen Überlieferung meist durch enorme »Destruktionsleistungen« erworben, ebenso oft allerdings finden wir Versuche von enormen »Konstruktionsleistungen«. Es genügt hier der Verweis auf die lange Tradition chinesischer Wasserbauten vom Kaiserkanal bis zum gerade fertiggestellten Drei-Schluchten-Damm oder auf die Tradition des integralen Straßenbaus von den Römern über Napoleon bis zu den deutschen Autobahnen. In deren Rhetorik wurde vielfach auf die Vorläufer Bezug genommen[9].

Mit Infrastrukturen kann man Herrschaft ausüben und Macht demonstrieren – und das nicht nur von einer starken Zentrale aus, sondern auch auf regionaler und lokaler Ebene. Gerade Residenzen und Städte sind oft Pioniere des Infrastrukturausbaus gewesen, schon aus Gründen der herrscherlichen oder urbanen »Rivalität«. Zentren und Peripherien unterscheiden sich heute nicht mehr durch Entfernungen, sondern durch den Grad ihrer Ausstattung mit materiellen, sozialen und kulturellen Infrastrukturen.

---

[8] James C. SCOTT, Seeing Like a State. How Certain Schemes to Improve the Human Condition Have Failed, New Haven, London 1998.
[9] Vgl. Erhard SCHÜTZ, Eckhart GRUBER, Mythos Reichsautobahn. Bau und Inszenierung der ›Straßen des Führers‹ 1933–1941, Berlin 1996.

Die aus der Stadtplanung erwachsene Raumplanung operiert zu einem wesentlichen Teil mit Verkehrs- und Kommunikations-, Versorgungs- und Entsorgungseinrichtungen, die alle wesentlich für Standortentscheidungen von Siedlung und Wirtschaft sind[10]. Dennoch geht die Geschichte von Infrastrukturen in einem Ansatz, der ihren Auf- und Ausbau nur von oben her beschreibt, nicht auf. Nicht immer war damit eine konkrete Planung, Projektierung und Umsetzung verbunden. Die Eins-zu-Eins-Umsetzung eines Entwurfs dürfte sogar der deutlich seltenere Fall gewesen sein. Vielmehr zeigt die Geschichte der Infrastrukturen eine deutliche Eigenlogik, die in der Techniksoziologie mit dem Modell des Entstehens großtechnischer Systeme beschrieben wurde[11]. Hierbei zeigt sich eine inhärente Tendenz zur Vergrößerung und Vernetzung, zur Schaffung neuer Möglichkeiten, neuer Anschlüsse oder zur Steigerung der Ausnutzung, des sogenannten *load factor*. Dies ist jedenfalls dann der Fall, wenn es sich nicht ausdrücklich um Repräsentationsbauten handelt, für die das Argument der »Effizienz« oder des »Wirkungsgrades« nicht zutrifft. Hier gilt es, die Eigenrationalität solcher großtechnischen Systeme zu beachten, die sich gegenüber politischer oder ökonomischer Vereinnahmung oft sperrig und eigensinnig verhält. Einige der namhaften *system builders* gingen von der komplexen Gemengelage des natürlichen, gesellschaftlichen und politischen Umfelds aus, in die man moderne Infrastrukturen wie ein Telefon- oder Elektrizitätssystem einführen muß, um sie erfolgreich zu etablieren[12]. Dadurch wurden sie zu durchaus heroischen Gestaltern, man denke nur an Heinrich von Stephan für das Postwesen, an Henry Ford für den individuellen Automobilverkehr oder natürlich an den Baron Haussmann für das Pariser Straßenwesen. Sehr viel verbreiteter beim Ausbau von Infrastrukturen war jedoch das kumulative Zusammenwirken von Detaillösungen sowie die Vernetzung zu Systemen, die in dieser kombinierten Form und in ihrem abschließenden Design von niemandem wirklich zielstrebig geplant worden sind.

Daß Infrastrukturen darüber hinaus in sich selbst machtvoll sind und eine stark prägende Kraft auf den Nutzer ausüben, dürfte schon beim Blick auf die zahlreichen Verkehrsregeln unmittelbar einleuchten. Es ist dies aber noch in einem weitergehenden Sinne gemeint: dem der Prägung von Alltagsroutinen. Infrastrukturen schleichen sich gleichsam in die Gewohnheiten der Menschen ein und können deshalb auch als »kollektives Unbewußtes« bezeichnet werden. Dieses Unbewußte entlastet und diszipliniert zugleich – ein weithin unerforschtes Feld, obwohl sich der moderne Mensch doch mit großer Routine und Selbstverständlichkeit in einer weithin künstlichen Umwelt bewegt. Wie abhängig wir von ihr sind, erreicht unmittelbar nur dann unsere Aufmerksamkeit, wenn die uns umgebenden Systeme einmal nicht mehr funktionieren, wenn es

---

[10] Vgl. Christian LANGHAGEN-ROHRBACH, Raumordnung und Raumplanung, Darmstadt 2005.
[11] Thomas P. HUGHES, Networks of Power. Electrification in Western Society, 1880–1930, Baltimore, London 1983; Renate MAYNTZ, DERS. (Hg.), The Development of Large Technical Systems, Boulder 1988; Wiebe E. BIJKER u.a. (Hg.), The Social Construction of Technological Systems. New Directions in the Sociology and History of Technology, Cambridge 1987.
[12] Vgl. Thomas P. HUGHES, Die Erfindung Amerikas. Der technologische Aufstieg der USA seit 1870, München 1991.

technische Defekte – etwa Stromausfälle – gibt oder wenn sich die Infrastrukturen dem Nutzeraufkommen nicht mehr gewachsen zeigen, etwa bei Verkehrsstauungen. Auch wurden nicht von ungefähr die oft als »Lebensadern«, »Venen« oder »Arterien« bezeichneten Netzwerke immer häufiger zu strategischen Achillesfersen kriegerischer Konflikte oder terroristischer Anschläge.

Damit soll es historisch etwas konkreter werden: In ihrer »klassischen« Periode, also vom Ausgang des 19. Jahrhunderts bis in die 1970er Jahre, waren Infrastrukturen als *public utilities* erstrangige Medien einer gestaltenden Intervention des Staates in die Gesellschaft[13]. Über politische Umbrüche hinweg waren sie aber auch Garanten der Beständigkeit. Denn fast jedes politische oder ökonomische System baute auf dem Sockel bestehender Infrastrukturen auf und erweiterte diesen nach seinen Möglichkeiten – auch über zum Teil revolutionäre politische Umbrüche hinweg[14]. Als wohlfahrtsstaatliche Einrichtungen waren sie jedem anspruchsvollen Marktgeschehen vorgelagert und wurden vornehmlich dort bereitgestellt, wo die Mechanismen des freien Marktes scheinbar versagten. Ihr Funktionieren hing freilich von der gewaltigen – und in Hinsicht auf die »Nachhaltigkeit« oft auch gewaltsamen – Ausbeutung von Umweltressourcen ab.

Wo es einen freien Markt nicht gab, etwa in den realsozialistischen Systemen, zeigte sich eine Neigung zu demonstrativen, aber auch einseitig steuernden Infrastrukturprojekten. Man denke etwa an die Flußregulierungs- und Kraftwerksbauten der frühen Sowjetunion, die mit allen Risiken zentraler Planung verbunden waren, also mit Fehlkalkulationen, der Bevorzugung massenproduktiver Industrie, bürokratischer Überregulierung sowie einer forcierten Vernachlässigung des Faktors Umwelt[15]. Dieser letzte Aspekt beruhte vor allem auf dem materialistischen Zugriff auf die Ressourcen, die auszubeuten eine nahezu unhinterfragte Grundvoraussetzung der sozialistischen Wirtschaft darstellte. Die Natur spielte im Marxismus-Leninismus eine eindeutig ›dienende‹ Rolle. Hier auf das Eigenrecht natürlicher Faktoren hinzuweisen, konnte daher leicht als Sabotage am kommunistischen Gesamtprojekt gewertet werden[16]. Es ist daher kein Zufall, daß sich die realsozialistische Opposition seit den 1970er Jahren auch in Umweltgruppen formierte[17].

Letztlich erwiesen sich freilich die dezentralen und von ihren Agenten her pluralistisch organisierten Infrastrukturen des freien Marktes denen der Planwirtschaft als

---

[13] Vgl. hier die frühe Arbeit von J. Friedrich ZWICKY, Public Utilities, Jena 1937.
[14] Dirk VAN LAAK, Garanten der Beständigkeit. Infrastrukturen als Integrationsmedien des Raumes und der Zeit, in: Anselm DOERING-MANTEUFFEL (Hg.), Strukturmerkmale der deutschen Geschichte des 20. Jahrhunderts, München 2006, S. 149–162.
[15] Paul R. JOSEPHSON, »Projects of the Century« in Soviet History: Large-Scale Technologies from Lenin to Gorbachev, in: Technology and Culture 36 (Juli 1995), S. 519–559; Klaus GESTWA, Technik als Kultur der Zukunft. Der Kult um die »Stalinschen Großbauten des Kommunismus«, in: Geschichte und Gesellschaft 30 (2004), S. 37–73.
[16] Vgl. Loren R. GRAHAM, The Ghost of the Executed Engineer: Technology and the Fall of the Soviet Union, Cambridge 1993, sowie zahllose Beispiele in: Susanne SCHATTENBERG, Stalins Ingenieure. Lebenswelten zwischen Technik und Terror in den 1930er Jahren, München 2002.
[17] Jeannette MICHELMANN, Verdacht: Untergrundtätigkeit. Eine Erfurter Umweltschutzgruppe und die Staatssicherheit, Rudolstadt, Jena 2001.

überlegen, auch wenn sich oft gemischtwirtschaftliche Organisationsformen herausbildeten und Infrastrukturen ebenfalls als zentrale Staatsaufgaben definiert wurden. Denn in westlich-liberalen Ländern gab es wegen der stärkeren Arbeitsteilung in Wirtschaft und Gesellschaft stets eine größere Aufmerksamkeit für den Eigenwert funktionierender, vor allem aber unterschiedslos zugänglicher Infrastrukturen. In den realsozialistischen Stagnationsphasen seit den 1960er Jahren wurden Infrastrukturen kaum noch modernisiert. Sie schienen auf einem leidlichen Niveau festgefahren und symbolisierten schon deshalb den schrittweisen Verlust an Zukunftsvertrauen. Jedenfalls gilt dies für die technischen Infrastrukturen, während die sozialen Infrastrukturen auf einem durchaus fortschrittlichen Niveau gehalten wurden, was jedoch ökonomisch entscheidend zum finalen Staatsbankrott beitrug. Nach der Öffnung des »Eisernen Vorhangs« 1989/1990 zeigten sich Ostdeutsche und Osteuropäer weniger vom Angebot an Waren im kapitalistischen System beeindruckt als vielmehr von der Modernität und soliden Funktionsfähigkeit der Infrastrukturen. Wohl auch aus diesem Grund waren es vor allem Infrastrukturen, mit denen eine räumliche und ökonomische Angleichung der neuen Bundesländer betrieben wurde.

Die 1970er Jahre verzeichneten gleichwohl auch in den westlichen Industrie- und Wohlfahrtsstaaten eine Wende in der Infrastrukturpolitik, auch wenn heute noch nicht hinreichend deutlich ist, wie diese Wende historisch zu charakterisieren ist. Immer wieder werden verschiedene Indikatoren angeführt: das Wendejahr von 1973 mit der Ölkrise und dem schleichenden Ende der ökonomischen Wachstumsphase, zunehmende Arbeitslosigkeit, das Schrumpfen öffentlicher Haushalte sowie die langsame Hinwendung zu Deregulierung und Privatisierung. In globalgeschichtlicher Perspektive läßt sich dagegen eine weiter fortschreitende Modernisierung und transnationale Ausweitung infrastruktureller Netzwerke konstatieren. Man denke an das Internet, den Mobilfunk, aber auch die Europäisierung der Stromversorgung und der Verkehrssysteme, die zudem Einzug in die Länder der »Dritten« und nach 1989/1990 auch in die Länder der früheren »Zweiten Welt« hielten. Denn im Zentrum von Infrastrukturen stehen nach wie vor »Anschluß« und »Integration«.

Seit den 1970er Jahren läßt sich freilich beobachten, daß die in der Mitte des 20. Jahrhunderts tendenziell verstaatlichten Sektoren erneut in gemischtwirtschaftliche oder private Verwaltungsformen zurückgeführt werden, wie dies schon in der Phase des Aufbaus vieler Infrastruktursysteme im 19. und frühen 20. Jahrhundert vorherrschend war. Dem Staat verbleibt heute vornehmlich eine Infrastrukturverantwortung, d.h. eine Oberaufsicht darüber, daß Infrastrukturen mehr oder weniger zugänglich bleiben[18]. Zu fragen wäre jedoch, ob nicht selbst dieses Merkmal seit einigen Jahren wieder in Frage steht. Läßt sich doch beobachten, daß auch auf diesen Paradefeldern der »Gemeinwirtschaft« eine ökonomische Logik einzieht, die einer »ungleichmäßigen Entwicklung« bestimmter Leitsektoren den Vorrang gegenüber

---

[18] Georg HERMES, Staatliche Infrastrukturverantwortung. Rechtliche Grundstrukturen netzgebundener Transport- und Übertragungssysteme zwischen Daseinsvorsorge und Wettbewerbsregulierung am Beispiel der leitungsgebundenen Energieversorgung in Europa, Tübingen 1998.

einer möglichst »gleichmäßigen Entwicklung« einräumt. Die Zugänglichkeit wird nun sehr viel stärker über den Preis reguliert. Hinzu kommt seit den 1970er Jahren die langsame Rückkehr der Vorstellung von »Nachhaltigkeit« und von »Ökologie«, die in der hochmodernen Phase des Fortschrittsoptimismus in nahezu jedem politischen und ökonomischen System an den Rand geraten war[19].

Ein spezifischer Agent der Infrastrukturausweitung ist gerade in der Phase der Hochmoderne von kaum zu überschätzender Bedeutung gewesen, der idealtypisierend als »Technokrat« bezeichnet werden kann, obwohl gegen den Begriff vielfache Einwände möglich sind. Denn als Technokrat wird häufig ein an Visionen armer Bürokrat bezeichnet. Tatsächlich stellt sich für ihn ein spezifischer Zusammenhang zwischen Infrastrukturen und Macht her, weil von technokratischer Warte Infrastrukturen ein Surrogat des Politischen und damit sachgerecht ausgeübte Macht darstellen. Ein »Surrogat des Politischen« insofern, als – wiederum idealtypisch gesehen – Technokraten, also Angehörige von technischen und administrativen Berufen, sich häufig in einem ausdrücklichen Gegensatz zur Sphäre der professionellen Politik einerseits, zur Sphäre des unternehmerischen Wirtschaftens andererseits sehen. Macht im klassischen Sinne einer Ausübung von Herrschaft und Kontrolle erscheint ihnen vor allem deswegen notwendig, weil sie auf der Verfügungsgewalt knapper Ressourcen beruht. In dem Grad, in dem man diese Knappheit in einen Überfluß verwandelt, relativiert sich die Politik zu einer Frage der gerechten Verteilung von Überschüssen. Zu dieser gerechten Verteilung wiederum sind in den Augen vieler Technokraten vermittelnde Sachsysteme wie Infrastrukturen in hervorragender Weise geeignet. Experten und Fachleute wiederum können, anders als Politiker oder Unternehmer, nach sachgesetzlichen Kriterien der Effizienz und des Bedarfs operieren, nicht denen der Akkumulation von Macht oder Besitz. Die Herrschaft einer technischen Logik, und nichts anderes meint »Technokratie«, überwindet nach diesem Verständnis die Notwendigkeit einer Herrschaft über den Menschen – freilich ziemlich eindeutig auf Kosten einer Herrschaft des Menschen über die Natur[20].

Die Analyse einer Ideologie der Technokratie ist freilich aus mehrerlei Gründen problematisch[21]. Zum einen ist es zu keiner geschlossenen Ausformulierung eines technokratischen Weltbildes gekommen. Zum anderen äußern sich Technokraten tendenziell eher im Hintergrund – und eher in Artefakten als in Texten. Historiker tun sich oft schwer, das ebenso wortkarge wie effektive Wirken hinter den Fassaden des Geschichtlichen aufzuspüren. Vorerst hat sich die Kultur- und Alltagsgeschichte nur langsam von den großen Bauwerken und Ideologien herunter zur Komplexität des Routinierten vorgearbeitet. Zum dritten handelt es sich bei der Technokratie auch deshalb eher um eine »Hintergrundideologie«, weil sie ihre Erfolge meist in Kombination mit bzw. im Fahrwasser von politischen Großideologien feierte. Der

---

[19] Vgl. Joachim RADKAU, Natur und Macht. Eine Weltgeschichte der Umwelt, München 2000.
[20] Vgl. schon Hermann LÜBBE, Zur politischen Theorie der Technokratie, in: Der Staat 1 (1961), S. 19–38.
[21] Vgl. aber Stefan WILLEKE, Die Technokratiebewegung in Nordamerika und Deutschland zwischen den Weltkriegen, Frankfurt a.M. u.a. 1994.

technokratische Ansatz war mit seiner Verheißung von Effizienz und Fortschritt für nahezu alle liberalen und illiberalen, für demokratische und diktatorische Systeme anschlußfähig.

Infrastrukturen, das erweist ihre Geschichte, haben zwar gerade bei ihrem Aufbau etwas mit Macht zu tun, etwa die Macht, Eigentumsrechte zugunsten des Gemeinwohls einzuschränken oder große Pläne in die Tat umzusetzen. Auch haben sie zweifellos etwas mit Kontrolle und Disziplinierung zu tun, und sei es die Kontrolle einer statistischen Erfassung zum Zwecke der Bedarfsprognose oder die Verhaltensdisziplin im Straßenverkehr. Dennoch sind sie eher Elemente der Interaktion als der Machtausübung. Infrastrukturen verbinden und verknüpfen und werden oft anders genutzt als ursprünglich beabsichtigt. Ihre Nutzung erfordert meist eine gewisse Routine, sonst funktionieren sie nicht. Schließlich besitzen Infrastrukturen eine bezwingende Macht, das Bedürfnis des Anschlusses zu wecken und sich immer weiter zu vernetzen. Man kann Infrastrukturen daher auch als Medien kennzeichnen, die soziale, räumliche und politische Grenzen, die früher oft als natürliche wahrgenommen wurden, überwinden. Anders gesagt, sie besitzen eine stark integrative Kraft, und diese wurde nicht nur von Technokraten eingesetzt, sondern hat sich auch bei der Überwindung nationaler und ideologischer Grenzen bewährt. So gesehen stellen Infrastrukturen ebenso effiziente wie subtile Elemente einer modernen Macht- und Herrschaftsgeschichte dar, die den Menschen, seine technisch-kulturelle und die natürliche Umwelt in ihren Wechselwirkungen gleichermaßen berücksichtigt. Die Interaktion zwischen Mensch und Umwelt spiegelt sich in der Dichte und Funktionsfähigkeit von Infrastrukturen, und das macht sie zu erstrangigen Quellen einer Geschichte von Umwelt und Herrschaft.

RÉSUMÉ FRANÇAIS

Du point de vue de l'anthropologie culturelle on peut concevoir une analogie entre les infrastructures – à savoir les services régissant l'approvisionnement et l'élimination, la communication et les transports – et l'organisme humain: en premier lieu, ces dispositifs servent à faciliter l'accès aux ressources naturelles et à élargir l'éventail des capacités humaines. Condition préalable de toute forme complexe de division du travail, ils libèrent l'individu des soucis fondamentaux de l'existence et précèdent bon nombre d'activités productives et culturelles. Ils forment ainsi une sorte de »seconde nature«, c'est-à-dire un »environnement construit« qui sous-tend la quotidienneté des hommes et peut être considéré comme un »inconscient collectif«.

Au cours de la période »classique« (fin du XIXe siècle jusqu'aux années 1970) les infrastructures entendues comme *public utilities* ont représenté non seulement des outils essentiels au service des interventions de l'État dans la société, mais ont aussi offert des »garanties de stabilité« lors des mutations politiques. Parties constitutives de l'État providence, elles ont précédé toute activité importante du marché et ont surtout été instituées là où les mécanismes du libre marché semblaient échouer. Il est vrai que leur mise en place a alors dépendu de l'immense exploitation des ressources naturelles, souvent violente si l'on songe aux critères actuels du »développement durable«.

Du point de vue des grands systèmes techniques, que sont devenues la plupart des institutions du »secteur public«, les infrastructures relient désormais avec la plus grande efficacité producteurs et consommateurs, fournisseurs et utilisateurs. Or, lors de la création du »bien-être social«, les élites techniques et administratives ont à présent tendance à qualifier les infrastructures de substitut technocratique du politique. Des experts ont été chargés de »couler le pouvoir« dans le moule des »contraintes matérielles«; bien souvent on a entendu par »pouvoir« un défi à atteindre, voire la capacité à vaincre quelque chose sur le long terme grâce à une planification optimale et à la création d'une justice redistributive.

Avec la »haute modernité autoritaire« (première moitié du XXe siècle) l'approche technocratique a pu adopter les traits caractéristiques d'une conception singulière du monde (*Weltanschauung*). Mais son importance a diminué ensuite, dès lors que »l'environnement« a été de nouveau perçu comme producteur de droits, que l'on ne peut ni contrôler ni maîtriser.

LAURENCE LESTEL

Pouvoir et modifications urbaines
Le cas de Paris au XIXe siècle

L'histoire de l'environnement ou écohistoire[1] a pour objet d'étude les liens et multiples interactions de l'homme avec le milieu dans lequel il vit. Souvent ces études portent sur le milieu »naturel«[2], excluant, à la suite de Donald Worster[3], l'environnement social (interaction des humains entre eux en l'absence de nature) et l'environnement construit (environnement modifié par l'homme au point de devenir une nature artificielle, une »second nature«). Worster justifie cette exclusion du monde artificiel du champ de l'histoire environnementale par le fait que cet espace construit est déjà étudié à travers l'histoire urbaine, de l'architecture ou des techniques. Or l'étude segmentée de la ville à travers ses différentes composantes politique, économique, sociale, technique, ne permet justement pas de retracer l'histoire environnementale des villes, c'est-à-dire l'évolution de la ville comme système organique, ou écosystème[4], incluant la modification par la ville de son environnement physique, mais aussi l'étude des chan-

---

[1] Corinne BECK, Robert DELORT (dir.), Pour une histoire de l'environnement, Paris 1993, p. 5.
[2] Robert DELORT, François WALTER, Histoire de l'environnement européen, Paris 2001; Joachim RADKAU, Natur und Macht. Eine Weltgeschichte der Umwelt, Munich 2002. La situation a évolué ces dernières années: Harold L. PLATT, The emergence of urban environmental history, dans: Urban History 26 (1999), p. 89–95; Christoph BERNHARDT (dir.), Environmental problems in European cities in the 19th and 20th century, Münster 2001; ID., Geneviève MASSARD-GUILBAUD (dir.), Le démon moderne. La pollution dans les sociétés urbaines et industrielles d'Europe, Clermont-Ferrand 2002.
[3] Donald WORSTER, Doing environmental history, dans: ID. (dir.), The ends of the earth: perspectives on modern environmental history, New York 1988, p. 289–307.
[4] La théorie de la ville comme corps organique est développée en Angleterre au début du XIXe siècle, donnant à chacun des organes constitutifs de la ville les noms de »cœur«, »poumons«, »artères«. Voir Graeme DAVISON, The city as a natural system. Theories of urban society in early nineteenth-century Britain, dans: Derek FRASER, Anthony SUTCLIFFE (dir.), The pursuit of urban history, Londres 1983, p. 349–370. En France, Charles de Freycinet se fait l'apôtre de cette notion qu'il applique à l'usine: »On a souvent comparé l'usine à un être animé, chez lequel l'accomplissement des fonctions vitales est toujours accompagné de l'expulsion de rebuts nuisibles«. Charles DE FREYCINET, Traité d'assainissement industriel comprenant la description des principaux procédés employés dans les centres manufacturiers de l'Europe occidentale pour protéger la santé publique et l'agriculture contre les effets des travaux industriels, Paris 1870, p. 1. Le mot »écosystème« a été introduit par Arthur Tansley en 1935. La notion est appliquée à la ville par Abel Wolman en 1965 dans un article du »Scientific American«, où il décrit les entrées et les sorties d'une ville hypothétique de 1 million d'habitants. Abel WOLMAN, The metabolism of cities, dans: Scientific American 213/3 (1965), p. 178–193. Les historiens américains s'en servent avec bonheur (Martin V. MELOSI, The sanitary city. Urban infrastructure in America from colonial times to the present, Baltimore 2000; Joël TARR, The metabolism of the industrial city: the case of Pittsburgh, dans: Journal of Urban History 28 [2002], p. 511–545].

gements de comportements sociaux induits par cette modification de l'environnement urbain, approche développée par l'école de Chicago au lendemain de la Première Guerre mondiale[5]. Comment retirer l'espace urbain du champ de l'histoire de l'environnement alors qu'il s'agit du lieu où l'interaction entre l'homme et le milieu qui l'entoure est la plus forte, milieu artificiel qu'il a contribué à façonner mais dont la modification induit des impacts environnementaux souvent plus conséquents que ceux exercés par la modification des milieux naturels (pollutions de l'air, de l'eau, imperméabilisation et pollution des sols, rejets de déchets...)[6]?

C'est donc la ville qui est au cœur de mes préoccupations. Cet article concerne le Paris qui s'est construit au XIXe siècle, à travers deux composantes essentielles pour son fonctionnement, sa croissance et sa modernisation: la mise en place du réseau de distribution et d'assainissement de l'eau d'une part, le développement de son industrie manufacturière d'autre part. Ces deux composantes ont profondément changé l'environnement urbain, augmentant la circulation de l'eau dans la ville, mais contribuant à une dégradation marquée de l'état de la Seine; canalisant les industries dans l'espace urbain, et augmentant l'exposition à des produits toxiques dans des proportions jusqu'alors inconnues.

Lorsque Martin Melosi a utilisé une approche globale, écosystémique, pour décrire la mise en place de la ville sanitaire aux États-Unis, il s'est donné pour but de montrer comment les préoccupations d'hygiène publique et les perceptions environnementales du début du XIXe siècle ont conduit à l'implantation de services sanitaires, quel a été le rôle des preneurs de décision, hygiénistes, ingénieurs, médecins, et système politique, dans le choix des types d'installations proposés, et enfin quel a été l'impact environnemental de ces choix[7]. Réduire son approche au seul rôle du pouvoir ne lui aurait pas permis de montrer la complexité de la ville et les dynamiques de sa transformation. C'est en prenant en compte le dernier volet de cette approche (l'impact environnemental des transformations de la ville) que nous pouvons ici aller au-delà des études jusque là réalisées sur Paris, décrire le système dans sa globalité et, par la suite, mieux cerner le rôle effectif du »pouvoir« par rapport aux transformations de l'écosystème ville.

Les nombreuses études sur l'approvisionnement en eau des villes du XIXe siècle ont désigné l'hygiénisme comme fondement idéologique de cette transformation. L'industrialisation de Paris au début du XIXe siècle doit beaucoup aux scientifiques, dont certains, comme Chaptal, ont également« joué un rôle politique majeur. Le »pouvoir«

---

[5] Yves GRAFMEYER, Isaac JOSEPH (dir.), L'école de Chicago. Naissance de l'écologie urbaine, Paris 2004.
[6] Martin Melosi se demande également comment étudier l'histoire de l'intrusion humaine dans la nature comme les débuts de l'agriculture ou de l'élevage en excluant l'étude de la formation des villages et des villes? Comment étudier la nature, en ne comprenant pas les groupes qui sont à l'origine de ces études? Pourquoi se priver d'une approche holistique, globale, souvent indispensable à la compréhension d'un écosystème, en mettant volontairement une barrière entre le monde »naturel« et l'espace construit? Martin V. MELOSI, The historical dimension of urban ecology: frameworks and concepts, dans: Alan R. BERKOWITZ, Charles H. NILON, Karen S. HOLLWEG (dir.), Understanding urban ecosystems. A new frontier for science and education, New York 2003, p. 187–200.
[7] ID., The sanitary city (voir n. 4), p. 2.

est donc détenu par différents acteurs dont l'action a modifié l'environnement urbain. Les autorités politiques nous semblent être un acteur parmi d'autres qui a cependant eu deux rôles majeurs que nous nous efforcerons de décrire ici: il a contribué à modifier la place et la responsabilité de l'homme dans la ville en supervisant la mise en place de ces réseaux et en encadrant l'activité industrielle, pour des raisons hygiénistes essentiellement. Il a eu un rôle d'enregistrement des modifications environnementales (à travers des études, des lois), même s'il a ni anticipé, ni même vraiment géré ces impacts qu'il n'attendait pas.

Les exemples que je vais développer sont situés dans cette entité géographique particulière qu'est l'ancien département de la Seine qui comprend Paris et 80 communes de sa très proche banlieue, découpage administratif qui perdure encore aujourd'hui dans les institutions comme le Service d'inspection des installations classées.

1. LA CIRCULATION DE L'EAU À PARIS AU XIXᵉ SIÈCLE

La question de l'approvisionnement en eau de la ville de Paris au XIXᵉ siècle a été traitée de multiples fois à travers ses aspects techniques, politiques, économiques[8], ou sociaux[9]. Pour répondre à l'accroissement de la population parisienne, il convenait d'augmenter la quantité d'eau disponible; mais la demande était également forte pour une eau de meilleure qualité. Nombres d'études sont le fait de scientifiques (académiciens), ingénieurs, médecins ou architectes, mais le manque d'implication de l'État ne favorise pas l'aboutissement de ces projets. La situation change à Paris en 1802 lorsque le Premier Consul, qui souhaite faire de Paris la plus belle capitale du monde, s'empare du projet du canal de l'Ourcq que cherchaient à promouvoir depuis 1799 deux entrepreneurs, Solages et Bossu. Non seulement ce canal pouvait augmenter de manière significative la quantité d'eau distribuée à Paris, mais il pouvait également permettre le développement commercial de Paris en intégrant une deuxième fonction: celle de la navigation[10]. Le canal, situé au nord-est de Paris, fut construit entre 1802 et 1839. Il assurait un approvisionnement de 80 000 m³/jour contre 8000 m³/jour pour les sources traditionnelles d'eau de Paris[11]. En parallèle se met en place une véritable

---

[8] Jean-Pierre GOUBERT, La conquête de l'eau. L'avènement de la santé à l'âge industriel, Paris 1986. Philippe CEBRON DE LISLE, L'eau à Paris au XIXᵉ siècle, Paris 1991; Sabine BARLES, La ville délétère: médecins et ingénieurs dans l'espace urbain, XVIIIᵉ–XIXᵉ siècle, Seyssel 1999. Voir aussi André GUILLERME, Capter, clarifier l'eau, la distribution de l'eau dans les villes françaises, 1800–1850, dans: Annales de la recherche urbaine 32 (1985), p. 32–43; François-Xavier MERRIEN, La bataille de l'eau: l'hygiène à Rennes au XIXᵉ siècle, Rennes 1994. Estelle BARET-BOURGOUIN, Politiques urbaines et accès à l'eau dans la cité: la révolution des eaux à Grenoble à la fin du XIXᵉ siècle, dans: Le mouvement social 213 (2005), p. 9–29.

[9] GOUBERT, La conquête de l'eau (voir n. 8); Roger-Henri GUERRAND, Les lieux. Histoire des commodités, Paris 1997.

[10] CEBRON DE LISLE, L'eau à Paris au XIXᵉ siècle (voir n. 8), p. 116–119, 142.

[11] Pour la capacité d'approvisionnement en eau de Paris entre 1807 et 1930, voir Sabine BARLES, L'invention des eaux usées: l'assainissement de Paris, de la fin de l'Ancien Régime à la se-

administration des eaux de Paris, qui, à partir de 1807, est régie par le préfet de la Seine, sous la surveillance du directeur général des Ponts et Chaussées et l'autorité du ministère de l'Intérieur[12]. Pendant la Monarchie de Juillet, Rambuteau étant préfet du département de la Seine, les différents services municipaux de la ville (Eaux, Égouts et assainissement, Gaz) se structurent et commencent à coordonner leurs actions sous les directions d'Henri Charles Emmery puis de Louis Charles Mary. Le projet de mise en concession des eaux de la ville de Paris, selon le modèle anglais, est alors définitivement abandonné, l'administration municipale décidant de prendre en charge par ses propres moyens la distribution des eaux de l'Ourcq. Cette époque est donc marquée par une emprise croissante des services techniques sur la Ville[13].

C'est sous le Second Empire qu'est véritablement élaboré le schéma d'organisation du réseau de distribution et d'assainissement de l'eau à Paris. Dès son arrivée à la tête de la préfecture de la Seine en juin 1853, Georges Haussmann confie à l'ingénieur Eugène Belgrand, du service municipal des travaux de Paris[14], la tâche de réaliser un réseau moderne qui puisse répondre aux nouveaux besoins de la ville du XIXe siècle: d'une part une alimentation en eau indépendante des sources locales (rivières, puits) souvent contaminées, d'autre part une alimentation qui puisse répondre à un accroissement de la consommation domestique qui s'additionne à l'augmentation de la population, mais aussi aux prélèvements croissants de la part d'industries en expansion qui exigent des eaux de qualité constante et contrôlée.

Si Napoléon III est à l'origine des plans de transformation de Paris, c'est l'audace d'Haussmann qui a été déterminante[15]. Il a imposé son projet contre l'avis des techniciens de l'État qui, pendant longtemps encore, ont cru en la bonne qualité des eaux de la Seine[16]. En 1860, commencent les travaux d'adduction de la Dhuis et de la Vanne. Les premiers sont achevés en 1865, les seconds en 1874. La quantité d'eau disponible est ainsi décuplée depuis le début du siècle. Une grande partie de cette eau (environ 60%) étant réservée aux usages publics (arrosage des rues...), seule une fraction de cette eau sert en fait pour les usages privés (alimentation en eau potable, prélèvements d'eau pour l'industrie), soit environ 35 litres par habitant et par jour[17].

conde guerre mondiale, dans: BERNHARDT, MASSARD-GUILBAUD (dir.), Le démon moderne (voir n. 2), p. 134.
[12] CEBRON DE LISLE, L'eau à Paris au XIXe siècle (voir n. 8), p. 122.
[13] Ibid., p. 176–182.
[14] Créé le 21 juin 1848. Ibid., p. 301. Haussmann et Belgrand se connaissaient depuis une rencontre en 1850 à Avallon, où Belgrand s'était fait remarqué pour ses travaux hydrauliques en tant qu'ingénieur de district alors qu'Haussmann était préfet du département de l'Yonne dont dépend Avallon. George ATKINSON, Eugène Belgrand (1810–1878): civil engineer, geologist and pioneer hydrologist, dans: Transactions of the Newcomen Society 69/1 (1997–1998), p. 97–127.
[15] David H. PINKNEY, Napoleon III's transformation of Paris: the origins and development of the idea, dans: The Journal of Modern History 27/2 (1955), p. 125–134.
[16] CEBRON DE LISLE, L'eau à Paris au XIXe siècle (voir n. 8), p. 296.
[17] Louis FIGUIER, Industrie de l'eau, Paris 1873–1876 (Les merveilles de l'industrie, 3), p. 318. Voir aussi Julia CSERGO, L'eau à Paris au XIXe siècle: approvisionnement et consommation domestique, dans: François CARON (dir.), Paris et ses réseaux: naissance d'un mode de vie urbain, XIXe–XXe siècles, Paris 1990, p. 137–152.

En parallèle est mis en place le premier plan d'ensemble du réseau d'assainissement de Paris à partir de 1856[18]. Le projet, mis en œuvre par Belgrand, consiste à réunir les eaux de Paris dans des collecteurs profonds qui conduisent les eaux dans la Seine au niveau de Clichy. Ce réseau n'accueille à ses débuts que les eaux de surfaces (pluviales) et les eaux ménagères. L'accroissement de la disponibilité en eau, et donc de la liquidité des excréments, conduit à installer des appareils diviseurs au pied des tuyaux d'évacuation des lieux d'aisances: ces cylindres percés de trous séparent les liquides des matières solides[19]. L'écoulement direct et continu des eaux-vannes dans les égouts est accepté à partir de l'arrêté préfectoral du 2 juillet 1867. En novembre 1868, le dispositif de Belgrand est complété par la mise en service d'un émissaire en siphon sous la Seine qui permet aux eaux de la rive gauche de la Seine de rejoindre les eaux de la rive droite. Le conseil municipal de Paris adopte le tout-à-l'égout, c'est-à-dire le rejet direct de toutes les matières fécales à l'égout, en 1884, tout-à-l'égout qui ne sera définitivement imposé que le 10 juillet 1894, après des années de débats acharnés entre tenants et opposants à ce système, scientifiques, hygiénistes, médecins, politiciens, vidangeurs ou propriétaires[20]. Pour bénéficier de ce nouveau service introduit par le service des Eaux et Égouts, une des trois branches du service municipal des travaux de Paris, il faut être abonné au service de distribution des eaux, s'équiper selon les normes établies par la ville et payer une redevance par tuyau de chute. Ainsi, la mise en place des réseaux de distribution de l'eau et d'assainissement de Paris est-elle présentée comme un succès indéniable des services techniques de la ville, dans les mains desquels est passée progressivement et entièrement la gestion de l'eau.

Cependant, la circulation accrue de l'eau dans la ville s'accompagne d'une dégradation accrue de la qualité des eaux: jamais l'eau de la Seine n'a inspiré autant d'inquiétude. D'après les analyses réalisées depuis le début du siècle, au gré de commissions souvent composées de chimistes: Thénard, Hallé et Tarbé en 1816, Vauquelin en 1829, Boutron et Henry, à la demande de l'administration municipale de Paris en 1848, Boudet à la demande du conseil d'hygiène publique et de salubrité en 1861, le tournant a lieu à la fin des années 1840. L'eau de la Seine, jusque là remarquée pour sa pureté, subit une dégradation marquée sous l'effet conjugué de la montée en puissance de l'industrie parisienne, dont les rejets ont déjà condamné la Bièvre, et de la réalisation du réseau d'égout. Les eaux de l'Ourcq, qui servent à la fois au trafic fluvial et à l'alimentation en eau potable n'ont pas meilleure réputation. Ainsi, l'amélioration de la distribution d'eau s'accompagne par une pollution, à une échelle inconnue jusqu'alors, du fleuve où l'on s'approvisionne: »L'altération des eaux courantes est due invariablement à la même cause: les égouts qui viennent y déverser les eaux industrielles et

---

[18] BARLES, La ville délétère (voir n. 8), p. 284–289.
[19] GUERRAND, Les lieux (voir n. 9), p. 110–115. Les matières fécales étaient alors recueillies dans les fosses d'aisance »étanches« établies sous les maisons. Le contenu de ces fosses était transporté par les vidangeurs au dépotoir municipal de La Villette et, de là, par un conduit souterrain de 10 km, jusqu'à Bondy où ces matières riches en azote étaient transformées en engrais.
[20] Gérard JACQUEMET, Urbanisme parisien: la bataille du tout-à-l'égout à la fin du XIXe siècle, dans: Revue d'histoire moderne et contemporaine 26 (1979), p. 505–548.

ménagères«[21]. Ces constats précèdent de beaucoup le moment où les matières fécales solides seront effectivement écoulées vers la rivière. Ils conduisent à la mise en place de commissions pour l'assainissement de la Seine, dont la première, constituée en 1865, aboutit à la création en 1867 par la Ville de Paris d'un service d'étude et de travaux des égouts et d'assainissements, placé sous la direction d'Adolphe Mille, assisté d'Alfred Durand-Claye.

km	Situation	Titre oxymétrique
-5,5	Ivry	9
0	Pont de Tournelle	8,5
8	Auteuil	7
12	Sèvres	6
17	Suresnes	5
22	Asnières	5
24	Clichy	4
26	Saint-Ouen	4
28	Saint-Denis	3
32	Épinay	2
36	Argenteuil	2
40	Bezons	2
45	Chatou	2
48	Marly	2,5
52	Le Pecq	3
58	Maisons	4
70	Conflans	6
75	Andresy	6
78	Poissy	6,5
85	Triel	7
93	Meulan	8
109	Mantes	6,5

Fig. 1: Titre oxymétrique de la Seine
(*1re semaine de novembre 1874, étiage à 1,80 m, température à 10 °C*).

Ces différentes commissions ont pour mérite d'établir un état des lieux de l'état de la Seine. Ainsi Gérardin, mandaté par le ministre de l'Instruction publique, met au point une méthode d'analyse simple et rapide, ne nécessitant pas d'appareillage lourd et qui puisse être utilisée sur place, sur le lieu même des prélèvements[22]. S'inspirant des résultats du chimiste Émile Monier, il établit une corrélation entre la quantité de ma-

---

[21] Auguste-Charles GÉRARDIN, Rapport sur l'altération, la corruption et l'assainissement des rivières, Paris 1874.
[22] Inspecteur des établissements classés du département de la Seine, un corps créé en 1863.

tière organique déversée dans la rivière et son taux d'oxygène[23]. Après avoir testé sa méthode dans les rus proches de Paris, il mesure le »titre oxymétrique« de la Seine entre Ivry, en amont de Paris et Mantes en aval, à différentes saisons. Ce taux d'oxygène chute distinctement à l'endroit où sont rejetées les eaux usées de Paris; il ne redevient normal qu'à Poissy, grâce à l'effet oxygénateur de la confluence avec l'Oise (fig. 1)[24].

Pour diminuer l'impact écologique de la circulation accrue de l'eau dans la ville, et donc des rejets de matières organiques à la rivière, diverses solutions sont proposées: création d'un canal-collecteur-déversoir entre Paris et la Manche, traitement et épuration des eaux, ou bien irrigation de terres agricoles par épandage des eaux usées. Mille est l'ardent défenseur de cette dernière proposition, depuis un voyage d'étude qu'il a effectué en Angleterre en 1854[25]. C'est donc l'ensemble tout-à-l'égout/champ d'épandage qu'il lui revient de défendre. Trois cercles de pouvoir seront à convaincre: la ville qui, après la présentation de 17 rapports, adopte le projet en juin 1880[26]; les scientifiques et médecins qui s'emparent de la discussion après l'été de la grande puanteur (août 1880) où l'impact des égouts est remis en question[27]; l'État confronté à la résistance du département de la Seine-et-Oise qui accepte difficilement d'être le lieu de décharge des égouts de Paris. Peut-on cependant résister à la grandeur des mots de Victor Hugo qui plaide pour le réacheminement des engrais urbains vers la campagne?[28]

Paris jette par an vingt-cinq millions à l'eau. Et ceci sans métaphore. Comment, et de quelle façon? Jour et nuit. Dans quel but? Sans aucun but. Avec quelle pensée? Sans y penser. Pourquoi faire? Pour rien. Au moyen de quel organe? Au moyen de son intestin. Quel est son intestin? C'est son égout. […] Tout l'engrais humain et animal que le monde perd, rendu à la terre au lieu d'être jeté à l'eau, suffirait à nourrir le monde[29].

---

[23] Émile MONIER, Détermination des matières organiques des eaux: eaux de la Seine, de la Bièvre, eau distillée, dans: Comptes-rendus de l'Académie des sciences 50 (1860), p. 1084–1085.
[24] Auguste-Charles GÉRARDIN, Altération de la Seine aux abords de Paris, depuis novembre 1874 jusqu'en mai 1875, dans: Comptes rendus de l'Académie des sciences 80 (1875), p. 1326–1328.
[25] BARLES, La ville délétère (voir n. 8), p. 286.
[26] Belgrand n'acceptait que de mauvaise grâce les critiques contre les réseaux d'alimentation en eau et d'assainissement. Il s'est élevé contre la dangerosité supposée des canalisations en plomb pour l'alimentation en eau potable en 1873. Voir Laurence LESTEL, Experts and Water quality in Paris in 1870, dans: Dieter SCHOTT, Bill LUCKIN, Geneviève MASSARD-GUILBAUD (dir.), Resources of the city: contributions to an environmental history of modern Europe, Aldershot 2005, p. 203–214. Il a mis également beaucoup de temps à reconnaître la dégradation de la qualité de l'eau à Asnières au débouché du grand collecteur qui avait pour avantage, à ses yeux, d'épargner Paris.
[27] La Commission des odeurs de Paris créée par le ministre de l'Agriculture à la suite de la grande puanteur de l'été 1880, doit déterminer si cette puanteur est due aux dépôts de vidanges qui ont fleuri tout autour de Paris depuis que les dépôts privés sont autorisés (1867) ou bien au manque d'étanchéité des égouts. Après neuf mois de travaux, la Commission conclue à la remise en cause des égouts, dont l'écoulement n'est pas satisfaisant et qui véhiculent des maladies contagieuses.
[28] Sabine BARLES, Laurence LESTEL, The nitrogen question: urbanisation, industrialisation and river quality, Paris (France), 19th century, dans: Journal of Urban History 33 (2007), p. 794–812.
[29] Victor HUGO, Les misérables, Paris 1985 (Œuvres complètes, Roman II), p. 991.

Après de nombreuses expérimentations à Clichy puis Gennevilliers, les champs d'épandage sont institués en 1889 (soit cinq ans avant que le tout-à-l'égout ne soit imposé)[30]. Ce système rencontrera également l'opposition des vidangeurs (pour qui le tout-à-l'égout représente la perte de leur source de revenus) et des propriétaires, qui mèneront une longue bataille juridique entre 1894 et les années 1900 pour s'opposer à l'installation du tout-à-l'égout, essentiellement pour des raisons financières. Ils s'y plieront cependant sous la pression sociale des locataires qui s'installent de préférence dans les immeubles pourvus de cette commodité[31].

En un demi-siècle, l'écosystème urbain s'est donc très fortement modifié sous l'influence des services de la ville: la circulation de l'eau est accrue; les matières fécales, autrefois collectées à Montfaucon, puis Bondy, pour servir d'engrais sous forme de poudrette, sont maintenant épandues en aval de Paris. Parmi toutes les discussions que ces changements ont induits (hygiénistes, politiques, juridiques, financiers), la Seine finit par être oubliée. Ce qui retient dès lors l'attention sont Les débats glissent vers les critères de qualité de l'eau potable, conduisant à la création du laboratoire de contrôle des eaux de la Ville de Paris le 14 mai 1900, suite à l'épidémie de typhoïde de 1899. La Seine est bien auscultée régulièrement depuis 1884 par l'observatoire municipal de Montsouris, créé par la Ville de Paris en 1868, mais son état n'est plus au centre des débats.

2. L'INDUSTRIE DANS LA VILLE

Outre la mise en place des réseaux urbains, la ville est le théâtre d'un autre changement environnemental important, conséquence de l'industrialisation de la ville et de ses faubourgs, dont les prémices se font sentir, pour Paris, dès la fin du XVIIIe siècle. Alors que l'Est parisien est marqué par une très forte présence artisanale, c'est dans l'ouest de la capitale, vers Grenelle ou Passy, que s'installe à partir des années 1770 la nouvelle industrie chimique, portée par les savants et entrepreneurs comme Berthollet, Vauquelin, Leblanc, Payen ou Chaptal[32]. Depuis le Comité de salut public établi en 1793, l'État sait qu'il peut compter sur les chimistes pour améliorer la Défense nationale ou favoriser le développement de l'industrie française. Ainsi Chaptal, chimiste proche de Napoléon jusqu'à la fin de l'Empire, est le premier président de la Société d'encouragement pour l'industrie nationale (créée en 1801)[33]. Cette société se donne

---

[30] Loi du 4 avril 1889 qui déclare d'utilité publique et ordonne les travaux nécessaires pour conduire les eaux des collecteurs urbains sur 800 ha de terre à Achères.
[31] JACQUEMET, Urbanisme parisien (voir n. 20), p. 535–545.
[32] Denis WORONOFF, Histoire de l'industrie française en France du XVIe siècle à nos jours, Paris ²1998, p. 151; John Graham SMITH, The Origins and Early Development of the Heavy Chemical Industry in France, Oxford 1979.
[33] Jean Chaptal, comte de Chanteloup (1756–1832), chimiste. Il participe activement à l'effort de guerre du Comité de salut public à partir de 1793. Après son expérience industrielle de La Paille près de Montpellier, il développe l'industrie de l'acide sulfurique aux usines des Ternes et de La Folie à Nanterre. Il est ministre de l'Intérieur du Consulat à l'Empire (1800–1804), au

pour but d'encourager l'industrie nationale en décernant des prix, comme le fait l'Académie des sciences, dont un des premiers, d'une valeur de 1000 francs, proposé dès 1801 et finalement décerné en 1809, doit être attribué à »celui qui aura trouvé l'art de fabriquer le blanc de plomb avec perfection, et qui satisfasse pleinement aux besoins des arts, à un prix égal à celui des blancs de plomb étrangers les plus parfaits«[34]. En effet, la France est alors tributaire des importations, qui lui coûtent cher, de ce pigment blanc qui sert de base aux peintures, intérieures et extérieures, de l'habitat du XIXe siècle. L'histoire de ce produit est remarquable: ce carbonate de plomb, également appelé céruse, est très apprécié des peintres par son pouvoir couvrant. Lorsque la production française démarre et que son prix baisse, son utilisation croissante, au détriment de la chaux, va contribuer au blanchiment et à l'embellissement des villes[35]. Le procédé de fabrication français, découlant d'une découverte du chimiste Thenard[36], est très innovant, puisque la céruse est obtenue sous forme d'une poudre fine, très blanche, en 48 heures, alors que le procédé traditionnel dit »hollandais« permet d'obtenir une céruse grossière, plus ou moins grisée, en deux mois environ[37]. La production de céruse démarre en 1809 à Clichy, soutenue par la Société d'encouragement et l'État. Le comité des arts chimiques de la Société d'encouragement présente en juillet 1813 un rapport sur la fabrique de Clichy. Ce rapport est envoyé par le ministre des Manufactures et du Commerce le 21 septembre 1813 à tous les préfets à qui il est demandé de lui faire toute la publicité nécessaire afin d'inciter des entrepreneurs de leur région à produire de la céruse par ce procédé donnant lieu à une céruse »plus blanche que la meilleure céruse obtenue par le procédé hollandais«[38]. À partir des années 1820, c'est cependant la région lilloise qui est reconnue comme le principal centre français de production de la céruse, exclusivement par le procédé hollandais[39].

---

moment où se met en place le système préfectoral et l'administration territoriale. André GUILLERME, Anne-Cécile LEFORT, Gérard JIGAUDON, Dangereux, insalubres et incommodes: paysages industriels en banlieue parisienne, XIXe-XXe siècles, Seyssel 2004, p. 39–41; Nicole DHOMBRES, Jean DHOMBRES, Naissance d'un nouveau pouvoir: sciences et savants en France, 1793–1824, Paris 1989, p. 740–754.

[34] Programme des prix proposés par la Société, dans: Bulletin de la Société d'encouragement pour l'industrie nationale 1 (1802), p. 6.

[35] Valérie NÈGRE, La peinture à la céruse et l'embellissement des villes du Midi, aux XVIIIe et XIXe siècles, dans: Laurence LESTEL, Anne-Cécile LEFORT (dir.), La céruse: usages et effets, X^e-XXe siècles, Paris 2003 (Documents pour l'histoire des techniques, 12), p. 39–47.

[36] Gérard EMPTOZ, Un procédé de fabrication de la céruse issu de la »chimie moderne« au début du XIXe siècle, dans: LESTEL, LEFORT (dir.), La céruse: usages et effets (voir n. 35), p. 49–60.

[37] Ernst HOMBURG, Johan H. DE VLIEGER, A victory of practice over science: the unsuccessful modernisation of the Dutch white lead industry (1780–1865), dans: History and Technology 13 (1996), p. 33–52. Tous les détails du procédé tel qu'il est pratiqué en Hollande et en Angleterre sont connus en France grâce à Jean CHAPTAL, Chimie appliquée aux arts, vol. 4, Paris 1807, p. 302–308.

[38] Arch. nat., F^{12} 2428.

[39] Laurence LESTEL, Producteurs et production de céruse en France au XIXe siècle, dans: ID., LEFORT (dir.), La céruse: usages et effets (voir n. 35), p. 61–81. La production française de céruse croît jusqu'à atteindre 25 000 t/an juste avant la Première Guerre mondiale.

En effet, la fabrication et l'usage de la céruse ne sont pas sans inconvénient: cette poudre blanche à base de plomb provoque des centaines de cas de saturnisme parmi les ouvriers des fabriques de céruse, mais aussi parmi les peintres utilisateurs de ce pigment. La céruse est d'autant plus dangereuse qu'elle est fine et facilement inhalée, ce qui est le cas de la céruse de Clichy. Les ouvriers du procédé hollandais ne sont pas épargnés mais dès les années 1850, le nombre de cas de saturnisme les concernant diminue fortement, essentiellement grâce aux mesures d'hygiène et aux améliorations de procédé apportés par les grands céruciers que sont Théodore Lefebvre à Lille et Bezançon à Paris[40]. Clichy garde sa particularité, le nombre annuel de malades étant, pendant toute la durée de l'existence de cette usine, de l'ordre de 150 à 200, alors que le nombre moyen d'ouvriers de cette usine est de 50 seulement. Dans le département de la Seine, la plupart des malades de saturnisme proviennent de cette usine, quelques-uns de chez Bezançon dans ses premières années d'existence, les autres malades étant les peintres utilisateurs de la céruse ou les autres professions utilisant du plomb (fondeurs de caractères, de tuyaux de plomb, blanchisseuses de dentelles utilisant de la céruse, etc.; fig. 2).

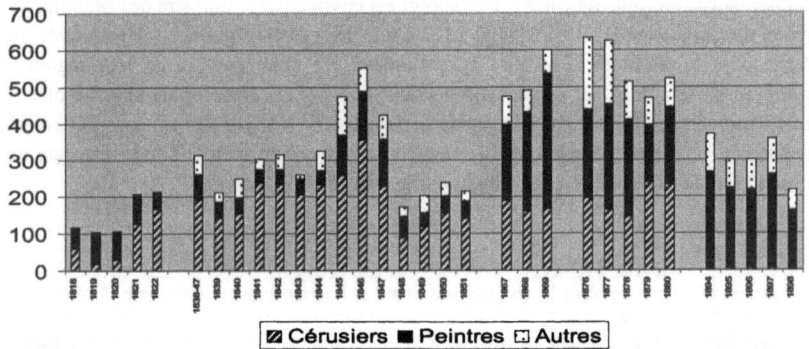

Fig. 2: Ouvriers hospitalisés pour saturnisme dans le département de la Seine de 1818 à 1898.

Nombre d'organismes publics sont ici observateurs de cette atteinte de cette population ouvrière: l'Administration générale des hospices et hôpitaux civils de Paris qui prévient son ministère du nombre anormal de cas de saturnisme dès 1818[41]; le conseil de salubrité du département de la Seine, dont un des membres, Alphonse Chevallier, accumule les visites d'usines et les rapports, propose des instructions pour améliorer les procédés de fabrication de la céruse directement inspirés des progrès réalisés chez

---

[40] Ibid., p. 62; Gérard JORLAND, Hygiénisme et maladies professionnelles: le saturnisme des ouvriers céruciers au XIXe siècle, dans: LESTEL, LEFORT (dir.), La céruse: usages et effets (voir n. 35), p. 83–100.

[41] Administration générale des hospices et hôpitaux civils de Paris, État des peintres et des ouvriers employés à la fabrication de la Céruse atteints de la colique de plomb, admis pendant les années 1818, 1819, 1820, 1821 et 1822 dans les Hôpitaux dépendant de la 1re et de la 2e division (3 tableaux), dans: Arch. nat., F^{12} 2428.

Théodore Lefebvre à Lille, et collecte les statistiques du nombre de malades de saturnisme; le Comité consultatif des arts et manufactures, dont la fonction est d'éclairer le ministre de l'Intérieur au sujet des problèmes concernant les activités insalubres. Ce comité est dans les années 1820 composé de chimistes très liés à l'usine de Clichy: Thenard, à l'origine du procédé, Gay-Lussac, collègue de Thenard, et Roard, directeur de l'usine. Cette particularité permet de comprendre la loi promulguée en 1823, mettant en demeure les cérusiers de vendre exclusivement de la céruse en poudre (la forme la plus dangereuse) et interdisant la vente de la céruse en pains (celle obtenue par le procédé hollandais). Cette loi est abrogée en 1825 mais montre bien combien l'État est loin de prendre la mesure de cette atteinte environnementale majeure[42]. Pourtant, il est informé. En 1824, le rapport de Bérard et Petit présenté en séance du 12 novembre du conseil de salubrité de la Seine souligne:

De tout temps la fabrication de la Céruse a donné lieu à des accidents extrêmement graves; si on les a jusqu'ici moins remarqués en France qu'à l'Étranger, cela a été parce que la Céruse ne se fabrique chez nous, en quantité notable, que depuis peu d'années [...]. En Hollande, où la Céruse se fabrique en très grande quantité, le tiers des ouvriers employés à cette opération périt chaque année[43].

Des renseignements sont pris par le ministère de l'Intérieur auprès du médecin de Londres, Gilbert Blanc, qui soigne depuis douze ans les malades dont la santé a été affectée par la fabrication de la céruse et autres emplois du plomb. Le consulat général de France à Amsterdam envoie des recettes pour prévenir la maladie[44]. Il faut cependant attendre 1849 pour que soit publié le premier arrêté prescrivant (modestement) la substitution du blanc de zinc au blanc de céruse dans les travaux de peinture à exécuter dans les bâtiments de l'État (arrêté non respecté) et 1902 pour que commence enfin à être réglementé à l'échelle nationale l'emploi du blanc de céruse dans l'industrie de la peinture en bâtiments. La céruse ne peut plus être employée par les ouvriers peintres (seulement) suite à la loi du 20 juillet 1909, applicable en 1915 et reprise en 1926 pour être étendue à tous les professionnels du bâtiment (ouvriers et artisans à leur propre compte).

Ainsi l'État a soutenu cette industrie nationale qui a contribué au blanchiment et à l'embellissement des villes, en a enregistré les inconvénients mais n'a que peu œuvré à en limiter les effets nocifs. Le décret-loi du 15 octobre 1810 établi pour réglementer les

---

[42] Ces atteintes environnementales perdurent encore de nos jours. La céruse est responsable du saturnisme particulièrement grave pour les jeunes enfants qui habitent des immeubles aux peintures anciennes dégradées. Didier FASSIN, Anne-Jeanne NAUDÉ, Plumbism reinvented: Childhood Lead Poisoning in France, 1985–2003, dans: American Journal of Public Health 94 (2004), p. 1854–1863. La résurgence du saturnisme à la fin des années 1980 a conduit à imposer les diagnostics de plomb lors des transactions immobilières (loi 98-657).
[43] Arch. nat., F^{12} 2428.
[44] »Boire deux fois par semaine une cuillère à café d'une potion composée ainsi qu'il suit: sulfure de potasse ou foie de soufre 1½ dragme; Yeux d'écrevisse 1 once, le tout mêlé et réduit en poudre«. Arch. nat., F^{12} 2428.

établissements dangereux, insalubres ou incommodes[45] n'a pas conduit à éloigner la production de céruse des villes. Cette activité est intégrée à la classe 2 à cause de ses émanations dangereuses, mais les lieux de production sont autorisés à proximité immédiate des lieux de consommation: en plein centre de Clichy (Roard), dans le sud de Paris (Bezançon), à Lille et tous ses faubourg dans le département du Nord. En 1891, Faure et Gautier rapatrient dans le centre de Marseille, avec l'accord de la préfecture, une production de céruse jusque là réalisée à l'extérieur de la ville[46]. Après l'interdiction d'usage de la céruse, l'État continue d'accorder des autorisations d'ouverture d'usine de fabrication de céruse à Aubervilliers le 10 mars 1926 (entreprise Villemot), ou à Saint-André-lez-Lille le 19 mai 1930 (Expert-Bezançon)[47].

Au XIXe siècle, l'évolution de la situation est essentiellement due aux industriels eux-mêmes qui tous, sauf le propriétaire de l'usine de Clichy, proposent des améliorations du procédé, humidifient la céruse, introduisent une surveillance médicale de leurs ouvriers[48]. Le nombre d'ouvriers cérusiers malades de saturnisme chute de lui-même à la fermeture de l'usine de Clichy, non pas pour des raisons administratives mais à la mort prématurée du directeur de la fabrique[49]. Les lois du début du XXe siècle font suite à une intense campagne de presse menée dans »L'Aurore« en 1901 constatant que »voici cinquante ans que l'État ne fait rien contre l'emploi de la céruse«[50], puis d'une nouvelle campagne de presse dans »L'Aurore« en septembre 1904, dans laquelle s'implique Clemenceau[51].

---

[45] Cette loi a été promulguée à la suite de deux rapports de l'Institut de France qui a été saisi en 1804 par le ministre de l'Intérieur pour répondre à la question de savoir si les manufactures qui exhalent une odeur désagréable peuvent être nuisibles à la santé (rapport rédigé par les chimistes Guyton de Morveau, alors vice-président de la Société d'encouragement pour l'industrie nationale, et Chaptal) puis en 1809 sur la question de savoir quel parti prendre par rapport aux fabriques dont le voisinage peut porter préjudice aux particuliers (rapport signé par Fourcroy, Guyton de Morveau, Vauquelin et Deyeux). GUILLERME, LEFORT, JIGAUDON, Dangereux, insalubres et incommodes (voir n. 33), p. 32–122.

[46] Arch. dép. des Bouches-du-Rhône, 14M12/23.

[47] Arch. dép. de Seine-Saint-Denis, 219W6; Arch. dép. du Nord, M417 16224.

[48] LESTEL, Producteurs et production de céruse (voir n. 39), p. 67–77.

[49] Anne-Cécile LEFORT, Fabriquer de la céruse aux portes de Paris. L'usine de Clichy, 1809–1883, dans: LESTEL, EAD. (dir.), La céruse: usages et effets (voir n. 35), p. 101–110.

[50] L'Aurore, 2 janvier 1901, cité dans Vincent VIET, Les voltigeurs de la République, l'inspection du travail en France jusqu'en 1914, Paris 1994, p. 285.

[51] L'Aurore, 5 septembre 1904, cité dans Michel VALENTIN, Travail des hommes et savants oubliés. Histoire de la médecine du travail, de la sécurité et de l'ergonomie, Paris 1978, p. 288. Clemenceau a publié sept éditoriaux consacrés à la céruse dans »L'Aurore« pendant l'été 1904.

3. CONCLUSION

La ville du XIXᵉ siècle se transforme sous la pression démographique, la mise en place de réseaux urbains et son industrialisation. La mise en place des réseaux d'approvisionnement en eau et d'assainissement consacre la mainmise des services techniques de la Ville de Paris sur la circulation de l'eau dans la ville, services qui se sentent investis, à la place des particuliers, de la nécessité de procurer une eau de qualité. Leurs décisions conduisent à une modification profonde de la circulation de l'eau et de la matière organique dans la ville. Dans une vision globale, il est cependant surprenant de constater combien l'état de la rivière, à l'origine des préoccupations croissantes des divers acteurs (hygiénistes, médecins, scientifiques, ingénieurs, ...) disparaît des débats. L'État est également à l'origine de la promotion d'industries dont les inconvénients vont conduire dès 1810 à instaurer une loi environnementale, rejetant certaines industries à l'extérieur des villes, créant de nouveaux quartiers industriels. Le paysage urbain est profondément modifié par l'obligation de clôturer les usines, d'ériger de hautes cheminées pour rejeter les nuisances au loin. Cependant, il n'y a pas de prise de conscience d'atteinte environnementale liée à l'usage accrue de la matière, comme le montre l'exemple de la céruse, dont pourtant les atteintes à la personne ont fait l'objet d'innombrables pages de rapports et de débats tout au long du XIXᵉ siècle. Le pouvoir, initiateur de changements, qui vont dans le sens du progrès porté par ces changements techniques, assure l'enregistrement minutieux et conséquent des atteintes environnementales sans, pendant longtemps, en tirer les conséquences.

DEUTSCHE ZUSAMMENFASSUNG

In der Umweltgeschichte, die die Verbindungen und vielfältigen Interaktionen des Menschen mit seinem Lebensraum untersucht, sollte die Stadt eine privilegierte Stellung einnehmen. Denn der städtische Raum ist ein gebautes, künstliches Umfeld, dessen Veränderungen nicht nur Modifikationen im Bereich der physischen Umwelt nach sich ziehen, sondern auch hinsichtlich der Beziehung zwischen Mensch und Stadt. Im 19. Jahrhundert wurde die Stadt Paris hauptsächlich von zwei für ihre Funktionen, ihr Wachstum und ihre Modernisierung essentiellen Faktoren beeinflußt: zum einen von den Systemen der Wasserversorgung und -reinigung und zum anderen von der Industrie. In beiden Fällen haben politische Institutionen großen Einfluß auf die Umweltveränderungen ausgeübt, und zwar auf die Zunahme der Wasserzirkulation in der Stadt und die Lenkung der Industrieansiedlungen im städtischen Raum. Allerdings waren sie lange Zeit nicht in der Lage, die Konsequenzen aus den Umweltveränderungen zu ziehen, und beschränkten sich darauf, diese zu beschreiben. Das gilt sowohl für die sinkende Wasserqualität der Seine als auch für die Belastung der Bevölkerung mit toxischen Substanzen in einem bislang nicht gekannten Ausmaß.

Perspektiven

JOACHIM RADKAU

»Nachhaltigkeit« als Wort der Macht
Reflexionen zum methodischen Wert
eines umweltpolitischen Schlüsselbegriffs

Wenn man nach einem Schlüsselbegriff sucht, der den Zusammenhang zwischen Umweltgeschichte und Macht verdeutlicht, ist der Begriff »Nachhaltigkeit« – *durabilité/développement durable, sustainability* – in hohem Maße geeignet. Merkwürdigerweise glauben selbst in Deutschland viele, dieser Begriff sei ganz neu, ja er sei ein Amerikanismus, eine Lehnübersetzung von *sustainability* oder *sustainable development*. Das stimmt jedoch ganz und gar nicht. In der deutschen Forstwissenschaft hat der Begriff eine 300jährige Geschichte. Daß sogar viele Umweltschützer diesen Begriff für einen Amerikanismus der jüngsten Zeit halten, zeugt von einem erstaunlichen Mangel an Geschichtsbewußtsein.

Die zuerst im Jahr 1713 erschiene »Sylvicultura oeconomica« von Hans Carl von Carlowitz, einem sächsischen Oberberghauptmann, gilt als Grundlegung des Nachhaltigkeitsgedankens[1]. Nachhaltiger Umgang mit den Waldressourcen begegnet hier als Forderung eines leitenden Beamten des Bergwesens, der darauf bedacht ist, daß den Schmelzhütten stets reichlich Holzkohle zur Verfügung steht, denn fossile Kohle für die Schmelzprozesse gab es zu dieser Zeit noch nicht. Der wortreiche barocke Titel gibt eine anschauliche Vorstellung, wie schon damals mit alarmierenden Warnungen über drohenden Holzmangel auch in Deutschland Politik betrieben wurde, ähnlich wie bereits zuvor in Frankreich. In jenen Kontext gehören auch Colberts berühmte Worte »La France périra faute du bois« (»Frankreich wird an Holzmangel zugrunde gehen«). Colbert dachte dabei allerdings in erster Linie an die Versorgung der französischen Flotte mit Schiffbauholz und nicht an Brennholz. Vor allem über den Holzbedarf der Marine erlangte die Frage der Holzversorgung in vielen Ländern am frühesten höchste politische Priorität. Eine Knappheit solcher Holzqualitäten bedeutete noch lange keine Knappheit an Brennholz. Nachhaltigkeit beim Flottenholz war eine Forderung der Machtpolitik. Paul W. Bamford[2] stellte vor 50 Jahren die These auf, Frankreich sei im 18. Jahrhundert auf den Weltmeeren nicht zuletzt deshalb von England überflügelt worden, weil das Inselreich den besseren Zugang zu Wäldern mit hohen Mastbäumen gehabt habe – zu einer Zeit, als die großen französischen Kriegsschiffe ihre Masten teilweise schon aus mehreren kleineren Stämmen zusammensetzen mußten. Unter solchen Bedingungen konnten die englischen Kriegsschiffe noch bei starkem Wind mit vollen Segeln fahren, während die französischen ihre Segel raffen mußten.

---

[1] Hans Carl VON CARLOWITZ, Sylvicultura oeconomica: Anweisung zur wilden Baum-Zucht, Leipzig 1713 (ND Freiberg 2000).
[2] Paul W. BAMFORD, Forests and French Sea Power, 1660–1789, Toronto 1956.

Auch in deutschen forstlichen Quellen der Frühen Neuzeit finden wir förmlich eine Flut von Warnungen vor Holzverknappung. Eine vergleichende deutsch-französische Forstgeschichte könnte ungemein aufschlußreich sein. Es ist schade, daß es ein solches Werk seit der vor 40 Jahren erschienenen Arbeit Heinrich Rubners[3] nicht mehr gegeben hat. Andrée Corvol hat einmal geschrieben, der Kult des Hochwalds sei die »Religion« des Ancien Régime gewesen. Auch hier erkennt man deutlich, daß die Dogmatisierung des Hochwalds und die Politik, ihn beständig zu erneuern, nicht zuletzt ein Stück weit Machtpolitik war, eine Demonstration von Herrschaft, aber neben dieser symbolischen Bedeutung auch in einem ganz praktischen Sinn: dem der Holzversorgung der Flotte und der Hüttenwerke, zwei Eckpfeilern staatlicher Macht.

Die »Sylvicultura oeconomica« von Carlowitz ist das erste deutsche Buch, das ausdrücklich den Begriff und das Konzept der Nachhaltigkeit propagiert. Das bedeutet nicht, daß es diese Idee nicht schon früher gegeben hätte. Viele Konzepte existieren bereits, bevor es einen Begriff dafür gibt. In der Tat, in einem gewissen Sinne ist die Forderung nach Nachhaltigkeit eine Trivialität. Natürlich wußte jeder Bauer, daß er hungern muß, wenn er nicht dafür sorgt, daß sich die Fruchtbarkeit seines Bodens erneuert, und jeder Besitzer eines Obstgartens, daß er einen neuen Baum pflanzen muß, wenn der alte Obstbaum keinen Ertrag mehr bringt. So gesehen ist Nachhaltigkeit als Kriterium eine Banalität.

Zu einem Begriff oder einem Programm wird sie erst im 18. Jahrhundert gemacht, in einer Situation, wo sich in Frankreich wie in Deutschland der Kampf um den Wald und die Konkurrenz um das Holz verschärften. In Frankreich kann man das für viele Regionen beobachten. Ich habe vor über zwanzig Jahren den »Guide de recherche. Histoire des forêts françaises« studiert, der 1982 von der Groupe d'histoire des forêts françaises beim CNRS publiziert wurde[4], und war überrascht von der Fülle von Forschungen, über die dort berichtet wird, und die in Deutschland damals kaum jemand kannte und die auch heute nicht gekannt werden. Es könnte eine reizvolle Aufgabe für das Deutsche Historische Institut in Paris sein, auf dieser Ebene Verbindungen herzustellen.

Die Geschichte des Nachhaltigkeitsbegriffes liefert viele Aufschlüsse über die Probleme und Tücken sowie über seine politischen Implikationen, Aufschlüsse, die man allein aus der Gegenwart in dieser Weise nicht erhält. Aufgrund von Erfahrungen aus der jüngsten Zeit, zumindest aus Deutschland, könnte man den Verdacht schöpfen, »Nachhaltigkeit« sei ein leerer Begriff, eine Worthülse, eine Phrase. Selbst in der Pädagogik ist seit geraumer Zeit ständig davon die Rede, allerdings wird der Begriff häufig ohne konkreten Sinn und präzisen Inhalt gebraucht. Sogar die Luftfahrt macht mit »sustainable aviation« Reklame. Seit der Klimakonferenz in Rio de Janeiro im Jahr 1992 erleben wir eine Inflation des Begriffs »Nachhaltigkeit«, durch die der Eindruck erweckt wird, er bedeute alles und nichts. Aus der Geschichte können wir dagegen lernen, daß es sich um einen hochpolitischen Begriff, um einen Kampfbegriff handelt.

---

[3] Heinrich RUBNER, Forstgeschichte im Zeitalter der industriellen Revolution, Berlin 1967.
[4] Histoire des forêts françaises: Guide de recherche, hg. vom Institut d'histoire moderne et contemporaine, Paris 1982.

Es gab und gibt viele Begriffe der Nachhaltigkeit in der Geschichte. Wiebke Peters[5], eine Forstwissenschaftlerin, hat allein im modernen deutschen Forstwesen über zehn verschiedene Konzepte von Nachhaltigkeit gefunden. Aber gerade weil der Begriff so vieldeutig ist, ist es stets wichtig zu fragen: Wer definiert Nachhaltigkeit, mit welchen Methoden definiert er sie, und wer kontrolliert sie? Das gilt für das Forstwesen des 18. Jahrhunderts und ist auch heute noch eine entscheidende Frage. Nachhaltigkeit wurde in der Forstwirtschaft in früherer Zeit oft als eine Rechtfertigung für den Kahlschlag benutzt, weil man glaubte, nur mit Kahlschlag in bestimmten Gebieten berechnen zu können, welcher Umfang in der Holzentnahme dem Gebot nachhaltigen Wirtschaftens entspreche. Die Methode, mit der man Nachhaltigkeit errechnet, wirkt zurück auf die Forstwirtschaft.

Nachhaltigkeit ist also ein Kampfbegriff. Besonders früh tauchte unser Begriff in Mitteleuropa nicht nur im Bergwesen, sondern auch bei Salinen auf. Salinen hatten ebenfalls einen riesigen Holzverbrauch, sie waren mit die größten ›Holzfresser‹ ihrer Zeit. Um 1730 wurde in der Saline Reichenhall ein Bekenntnis zur Nachhaltigkeit formuliert: Ebenso wie Gott die Saline, die Salzquelle, für alle Ewigkeit geschaffen habe, müßten die Menschen dafür sorgen, daß die Wälder ewig vorhalten. Nachhaltigkeit rückt also in die Nähe der göttlichen Ewigkeit; sie wird geradezu ein religiöses Gebot. Dies erinnert an die Arbeiten von Andrée Corvol: Hochwald als Kult, als eine Art Religion. Nachhaltigkeit ist ein Gebot, mit dem der Mensch auch Gott ähnlicher wird. Gerade bei den Salinen am Rande der Alpen war Nachhaltigkeit ein Kampfbegriff gegen die Bergbauern, die ständig darauf bedacht waren, die Almen, die Weidegebiete, auf Kosten der Wälder auszudehnen. Nachhaltigkeit bedeutete: Wald muß Wald bleiben.

Man kann Nachhaltigkeit im ökologischen Sinne jedoch auch völlig anders definieren. Der Wald ist ja längst nicht immer die artenreichste Vegetation. Sehr aufschlußreich ist die Beobachtung, daß in der französischen Geschichtsschreibung das Konzept des *équilibre agro-sylvo-pastoral* verbreitet ist; in Deutschland ist das in dieser Form nur selten zu finden. Es handelt sich um eine ganz andere Vorstellung von Nachhaltigkeit als die ganz und gar auf den Wald beschränkte: eine solche, die auch die Land- und Weidewirtschaft mit einbezieht. Auch für Umwelthistoriker macht ein solches Verständnis von Nachhaltigkeit Sinn. Die rein auf den Wald bezogene Nachhaltigkeit ist zu eng konzipiert und wird von begrenzten Interessen definiert.

Es ist sicherlich wichtig, sich klarzumachen, daß Nachhaltigkeit ursprünglich mehr ein ökonomischer als ein ökologischer Begriff war und es auch heute teilweise ist. Während der Arbeit an meiner Biographie über Max Weber habe ich auch darauf geachtet, ob der Begriff der Nachhaltigkeit bei Weber vorkommt[6]. In der Tat kommt er über fünfzigmal vor, ist aber fast durchgehend auf die Agrarrente bezogen. Nachhaltigkeit meint bei Weber eine dauerhafte Agrarrente. Indirekt, so kann man sagen,

---

[5] Wiebke PETERS, Die Nachhaltigkeit als Grundsatz der Forstwirtschaft, ihre Verankerung in der Gesetzgebung und ihre Bedeutung in der Praxis. Die Verhältnisse in der Bundesrepublik Deutschland im Vergleich mit einigen Industrie- und Entwicklungsländern, Diss. Hamburg 1984.
[6] Joachim RADKAU, Max Weber. Die Leidenschaft des Denkens, München 2005.

wird Nachhaltigkeit hier als ein ökologischer Begriff verwendet, weil eine dauerhafte Agrarrente auch bedeutet, daß der Boden fruchtbar gehalten wird, in der Essenz bleibt es jedoch als ökonomischer Begriff. Die Wirksamkeit des Ideals der Nachhaltigkeit wird stets auch von bestimmten ökonomischen und politischen Mächten bestimmt. Der große Vorteil des Ideals der Nachhaltigkeit für die deutsche Forstwirtschaft war, daß er gleichsam ein Kartell der Waldbesitzer bewirkte. Nachhaltige Waldwirtschaft bedeutete, nach bestimmten Kriterien den Holzschlag einzuschränken. Das war natürlich ein geeignetes Mittel, um die Preise hochzuhalten. Vor 200 Jahren war das kein Problem, weil die Holzpreise ohnehin anstiegen, aber im späten 19. Jahrhundert begannen die Holzpreise zu sinken. Da wirkte sich die Strategie der Nachhaltigkeit wie ein Preiskartell aus. Etwas Ähnliches kann man auch in den USA beobachten. Dort hat der Begründer des amerikanischen Forstwesens, Gifford Piunchot, schon um 1900 nachhaltige Waldwirtschaft, *sustainable forestry*, proklamiert. Wirklich durchgesetzt hat sich das Konzept allerdings erst seit den 1920er Jahren, als die amerikanische Holzwirtschaft von wenigen Großen beherrscht wurde, oligopolistische Strukturen besaß und als das Ideal der Nachhaltigkeit auch der Erhöhung der Holzpreise diente.

Auch unser gegenwärtiges Leitbild von *sustainable development* ist in Prozessen der großen Politik entstanden. Die Brundtland-Kommission hat in den 1980er Jahren, also vor zwanzig Jahren, das Konzept des *sustainable development* formuliert, das 1992 zum Leitbild der Klimakonferenz von Rio de Janeiro wurde. In den politischen Memoiren von Gro Harlem Brundtland sucht man allerdings aufschlußreiche Ausführungen über den geistigen Hintergrund dieses Konzepts vergeblich; man findet auch hier nur große Politik, *power politics*, kaum intellektuelle Reflexion[7]. Erneut wird deutlich, daß *sustainable development* kein ›unschuldiger‹, sondern ein hochgradig politischer Begriff ist, auch deshalb, weil er zweierlei Dinge zusammenbindet, die viele Umweltschützer gar nicht zusammen haben wollten: *sustainability* und *development*. Für viele Umweltschutz-Aktivisten gehört die sogenannte Entwicklungshilfe zu den größten Umweltschädigungen in der Welt, weil diese konkret sehr oft bedeutet, daß Straßen und Staudämme gebaut und Wasserkraftwerke angelegt werden, häufig mit verhängnisvollen ökologischen Folgen.

1992 wurden in Rio de Janeiro auf Druck der Entwicklungsländer *sustainability* und *development* zu einer unglücklichen Mesalliance zusammengebunden, mit der bis heute viele Umweltschützer nicht sehr glücklich sind. Soll man nun daraus folgern, daß man als Umwelthistoriker den Begriff der Nachhaltigkeit als ein Konzept der Machtpolitik, als ideologisch vorbelastetes Konzept völlig vermeiden sollte? Führende amerikanische Umwelthistoriker haben diesen Schluß gezogen. In John McNeills globaler Umweltgeschichte des 20. Jahrhunderts[8] sucht man das Stichwort *sustainability* vergeblich. Auch Donald Worster, der Doyen der amerikanischen Umwelt-

---

[7] Gro Harlem BRUNDTLAND, Madame Prime Minister: a Life in Power and Politics, New York 2002.

[8] John R. MCNEILL, Something New under the Sun: an Environmental History of the Twentieth-Century World, New York 2000.

geschichte, mißbilligt und vermeidet diesen Begriff. Und auch in der dreibändigen amerikanischen »Encyclopedia of Environmental History«[9] kommt dieses Konzept nicht vor.

Aus meiner Sicht handelt es sich dennoch um einen wichtigen und unverzichtbaren Begriff. Die erste Generation der deutschen und auch der amerikanischen Umwelthistoriker wollte aus der Umweltgeschichte zu sehr eine moralische Geschichte machen, eine Geschichte des Kampfes zwischen Gut und Böse. Meiner Ansicht nach führt dies in eine Sackgasse. Gerade weil Nachhaltigkeit ein Begriff der Macht und der Wirtschaft ist, bezeichnet er wirkliche Triebkräfte des Geschehens, auch historische. Das Streben nach Nachhaltigkeit, nach Dauerhaftigkeit und Ewigkeit war immer ganz intim verbunden mit dem Streben nach Macht und Herrschaft. Der Bau von großen Dämmen gegen die Flut ist inhaltlich verwandt mit dem Festungsbau: Auch hier kommt es auf lückenlose Dichte an. Das ist für mich ein entscheidendes Argument. Gerade weil Nachhaltigkeit ein problematischer Begriff mit vielen Hintergedanken ist, der mit Machtpolitik eng verbunden ist, kann man mit ihm Umweltgeschichte schreiben.

Ich möchte jedoch dazu raten, nicht zu ambitiöse, zu komplizierte Konzepte der Umweltgeschichte aufzustellen. Die Probe aufs Exempel ist immer, ob man damit wirklich Geschichte schreiben kann. Es ist leicht, zu sagen, Umweltgeschichte soll den ›Stoffwechsel‹ zwischen Mensch und Natur, die Koevolution von Mensch und Natur beschreiben oder von solaren und fossilen Energiesystem handeln. Aber es ist schwierig, mit solchen Konzepten wirklich Umweltgeschichte zu schreiben. Meines Erachtens ist es noch nicht gelungen, auf der Grundlage solcher Konzepte und zugleich auf empirischer Basis Geschichte zu schreiben. Unter dem Aspekt der Nachhaltigkeit dagegen geht das, und ich glaube, in Europa sogar weit besser als in den USA, weil die Grenzen des Wachstums, die »Limits to Growth«, in Europa viele Jahrhunderte eine Selbstverständlichkeit waren. Noch vor 50 Jahren hätte das Buch »Die Grenzen des Wachstums« in Europa niemals ein Bestseller werden können, weil die These des Titels dort eine Banalität war[10]. Jeder wußte, daß man sich mit begrenzten Ressourcen einrichten muß. Aber gerade deswegen ist das Konzept der Nachhaltigkeit auch geeignet, um dem amerikanischen Stil der Umweltgeschichte, der bislang international sehr stark dominiert, einen Ansatz entgegenzusetzen, der mehr den Verhältnissen der alten Welt entspricht. Im übrigen ist der Begriff nicht nur in Europa, sondern auch auf China anwendbar.

Die Gefahr dieses Konzeptes liegt vielleicht darin, daß er eine Engführung provoziert, in der Umweltgeschichte nur das Element rationaler Planung zu sehen; Nachhaltigkeit ist ja ein Begriff rationaler Planung. Es ist zugleich aber auch wichtig zu sehen, daß die Mensch-Umwelt-Beziehungen durch starke Emotionen beherrscht

---

[9] Shepard KRECH, John R. MCNEILL, Carolyn MERCHANT (Hg.), Encyclopedia of Environmental History, New York 2004.
[10] Donella H. MEADOWS u.a., Die Grenzen des Wachstums: Bericht des Club of Rome zur Lage der Menschheit, Stuttgart 1972, [16]1994 (engl. Orig. The Limits to Growth: a Report for the Club of Rome's Project on the Predicament of Mankind, New York 1972).

werden, auch und gerade bei der Geschichte der Jagd. Und diese Geschichte der Emotionen sollte keineswegs vernachlässigt werden, schon gar nicht in der Umweltgeschichte.

ROBERT DELORT

Aux racines des idées que les Occidentaux se font de leur pouvoir sur l'environnement

Je voudrais tout d'abord revenir sur quelques définitions en ce qui concerne le mot *Herrschaft*, qui évoque le *Herr*, le seigneur, la domination, la souveraineté, l'autorité, voire la puissance mais n'a pas tous les sens que possède en français le mot »pouvoir«. En effet, pour nous, francophones, le pouvoir est en général la capacité de faire ou de faire exécuter une action particulière, en disposant des moyens nécessaires. Le pouvoir temporel est par exemple aux mains des politiques, des gouvernants qui dirigent, qui peuvent imposer des règles, donner et faire respecter des ordres. Si nous reprenons les distinctions classiques de Montesquieu, on peut évoquer le pouvoir de ceux qui font des lois; de ceux qui jugent les crimes et les différends des particuliers; de ceux qui exécutent les résolutions publiques. Ajoutons entre autres le fondamental pouvoir spirituel ou moral... et la fameuse dictature de la persuasion, chère aux admirateurs de Périclès comme à ceux sensibles aux beaux discours, à tous les moyens »médiatiques«, du livre et de l'image à la Toile, au Net.

De ce fait, j'hésite entre bien d'autres traductions du mot »pouvoir« en allemand classique: *Fähigkeit, Gewalt, Kraft, Macht, Einfluß, Befähigung, Erlaubnis, Möglichkeit*« (et, pourquoi pas, *Regierung*)? Sans compter les nuances plus ou moins subtiles entre les »können, sollen, mögen« et »dürfen«...

Bien entendu, tous ces termes peuvent être associés au mot »environnement« mais là nous avons la chance que *Umwelt* corresponde presque exactement à la définition récente dans l'Union européenne (1991) de »l'ensemble des éléments qui forment, dans la complexité de leurs relations, les cadres, les milieux et les conditions de vie de l'homme en société«[1], c'est-à-dire moins que la *umgebende Außenwelt* de la célèbre formule de Haeckel (1866)[2] qui évoque tout ce qui entoure un organisme quelconque, et pas encore la *Mitwelt* qui ne considère pas l'homme comme le centre obligatoire de la nature.

Finalement c'est avec quelque arbitraire que je vais envisager le pouvoir (de l'homme) sur l'environnement, comme *Macht*, autant que *Herrschaft* sur la *Umwelt* et reprendre quelques idées que j'ai plusieurs fois tenté de préciser, sans aborder les aspects purement politiques, technologiques, scientifiques, sentimentaux, magiques... ou autres.

Ce qui m'a toujours frappé, c'est comment les Occidentaux ont pu pousser jusqu'à ce point leur pouvoir sur la nature. Toutes les civilisations, bien entendu, ont eu des

---

[1] Un certain nombre des idées exprimées ici proviennent de Robert DELORT, François WALTER, Histoire de l'environnement européen, Paris 2001, en particulier p. 19–20.
[2] Cf. ibid., p. 20–21 avec *in extenso* la célèbre formule de Haeckel en allemand (et traduction commentée) et sa référence exacte.

relations avec leur environnement. Mais il semble que l'Occident a, ici, une position spéciale puisqu'on dit bien que la domination sur le monde a été le fait de l'Occident à partir de la Renaissance et des grandes découvertes, et s'est pleinement développée du XVIe au XXe siècle. Quand je dis Occident c'est nous, Européens de l'Ouest, mais également nos frères russes et nos enfants américains, c'est-à-dire cet ensemble de civilisations que l'on dit occidentales. Cette domination de la nature, il faut bien le souligner, est du même type, qu'elle soit accomplie de la part des Soviétiques ou du côté des »capitalistes«. Je vais reprendre la plaisanterie de Coluche mais qui est très vraie: »Le capitalisme c'est l'exploitation de l'homme par l'homme; le communisme, c'est exactement le contraire«. Et, de fait, les Soviétiques au moins autant que les capitalistes ont considéré que la nature était au service de l'homme et même Gorki a signalé qu'»il faut créer une deuxième nature, c'est-à-dire une nature édifiée sur le terrain, sur les forces et les trésors de la première nature en organisant la nature antique, inorganisée et même hostile aux intérêts de l'humanité laborieuse«. C'est-à-dire que Gorki disait ce que le régime soviétique ou que les régimes capitalistes ont essayé de faire, d'exploiter la nature au maximum au profit de l'homme. Mais comment et pourquoi semblent-ils avoir réussi?

Tout le monde connaît le célèbre ouvrage américain, couronné par le prix Pulitzer (1998), qui s'appelle »Guns, Germs and Steel: the Fates of the Human Societies«. Son auteur, Jared Diamond, vient d'essayer de le reprendre ou de l'amplifier dans »Collapse: How Societies Choose to Fail or Succeed«, très proche de l'aussi récent (2006) »La fin du progrès«, du Canadien Ronald Wright et de bien d'autres. On reconnaît assez aisément, à propos de la Nouvelle Guinée, de l'île de Pâques ou de l'Amérique précolombienne que des sociétés se sont ›effondrées‹ par surexploitation de leur environnement mais aussi que les Européens ont pu grandement en aider à s'effondrer parce qu'ils avaient des armes, des armes à feu, des germes qu'ils répandaient dans des milieux vierges, la variole a abattu les civilisations aztèques puis incas, et finalement l'acier, puisque les Européens y ont créé des armes et des instruments efficaces en grand nombre dans leurs aciéries, ce qui leur a permis d'asservir victorieusement (jusqu'à présent) leur propre environnement, et la planète Terre dans son ensemble. On peut à la rigueur envisager le comment. Mais qu'en est-il du pourquoi?

Il peut y avoir quelques raisons qui sautent aux yeux. Nous pouvons suivre en partie Lynn White, c'est lui qui, après beaucoup d'autres écrivains français, allemands ou anglais, a signalé que c'était le christianisme qui probablement avait amené – et il semble bien avoir raison de ce point de vue – les descendants d'Adam à dominer la nature, puisque c'est Dieu qui a donné à Adam cette domination. On connaît les termes de la Genèse: »Que l'homme domine sur les poissons de la mer [...] sur toute la terre etc.«. En fait l'homme après la Faute a bien été puni un petit peu puisqu'il doit travailler à la sueur de son front; n'empêche qu'il a été placé et maintenu à la tête de la Création. Et que effectivement, dans notre idéologie à l'heure actuelle nous exploitons la nature en étant persuadés que nous en sommes les maîtres. Je sais bien qu'il commence à y avoir de timides protestations de la part des Verts et d'autres personnes qui ne sont pas toujours au courant, mais il y a actuellement cette idée judéo-chrétienne (au moins implicite) ou cette persuasion atavique que l'homme est à la tête de la nature et doit l'exploiter. Cela dit, on peut aussi se demander pourquoi l'Occident a accepté cette vue (fondamentalement chrétienne) et bien différente de celle de nombreuses autres civilisations, de la domination de la nature?

Si on remonte avant le christianisme, on retrouve chez les Grecs en particulier, des idées qui concernent, bien sûr, des connaissances sur la nature, mais peu d'incitations philosophiques qui tendent à permettre, à Hésiode par exemple, l'exploitation pratique de son environnement. D'où ont pu naître de telles idées? Il y a au moins deux possibilités. La première, on l'a souvent évoquée, pourrait provenir du seul milieu occidental, qui s'est formé après la dernière glaciation, et jouissait (!) d'un climat tempéré, de beaucoup de feuillus, dont les feuilles formaient un humus fécond sur une terre profonde et des formations argilo-glaciaires, sans méconnaître des ressources minières provenant de l'érosion des montagnes hercyniennes et exploitables grâce au bois des forêts, etc. Il n'est pas impossible que l'environnement suggérait à l'homme occidental des manières de l'exploiter plus évidentes que celles fournies par les milieux exubérants des zones tropicales ou les régions quasi-stériles des hautes latitudes ou circumpolaires…

Mais il y a peut-être autre chose. Et quand on regarde les débuts de la civilisation occidentale, la formation de l'Occident s'est réalisée sous trois influences: les chasseurs-cueilleurs depuis le Paléolithique, les agriculteurs-éleveurs du Néolithique, et puis aussi cette influence qui n'a peut-être pas été portée par les hommes, mais enfin qui a eu une importance fondamentale au moins sur les langues et les mentalités. D'où la question: dans un environnement déjà exploité, au moins partiellement, qu'ont pu apporter les »Indo-Européens«?

On ne sait pas s'il s'agissait de peuples, ou de simples influences, de peuple à peuple; les archéologues ont du mal à en retrouver des traces matérielles caractéristiques mais l'influence a apparemment existé puisque est attestée une langue (que l'on a pu recréer), langue qui est la mère de nos langues actuelles en Occident. Il faut alors regarder de nos jours les gens qui parlent ces langues et par quoi ils se distinguent des autres. Ils se distinguent de trois manières différentes. Si on remonte aux premiers millénaires, c'est à ce moment que l'on découvre le maniement du chiffre et que l'on s'y familiarise en comptant les troupeaux, le nombre de têtes, l'ampleur des stocks. Mais d'autres civilisations, parlant d'autres langues, semblaient les avoir largement précédées dans ces domaines et il est plus évocateur de tenter une étude de la langue elle-même et de celles qui en sont issues. Au Ve siècle, en Grèce, on étudie certes la langue et la philologie et bien sûr la logique, mais il y a un autre endroit où, à la même époque, on étudie également la langue, la philologie et la logique, c'est l'espace indien autour de Panini pour purifier, la fameuse langue« des Védas, le sanskrit, langue particulièrement proche de celle des cousins grecs.

On peut se demander s'il n'y a pas quelque chose dans les structures linguistiques et mentales des gens qui parlent ces langues, qui sont des langues à flexion, lesquelles, comme l'a écrit le regretté Pierre Lévêque, représentent »un outil intellectuel très performant en comparaison avec les langues agglutinantes antérieures, par les qualités intellectuelles qu'il requiert et développe à la fois«[3]. Ces langues, non seulement facili-

---

[3] Cf. DELORT, WALTER, Histoire de l'environnement (voir n. 1), p. 33.

tent la compréhension des choses, mais en même temps, elles permettent de comprendre plus loin... Cette réflexion est certes une attitude de linguiste. Mais on peut la rapprocher aussi d'une autre réflexion d'un grand linguiste, le regretté André Martinet qui considère une relation entre les structures mentales et les structures linguistiques. Dans un ouvrage au titre »environnementaliste«, »Des steppes à l'Océan« (1987), il écrit: »La conquête du monde, par les peuples de langues indo-européennes, qui ont su jusqu'ici garder une avance dans la mise de supériorités techniques au service de la violence, a commencé par la subjugation des populations préexistantes de l'Inde à l'Irlande. Elle ne s'est pas terminée avec la conquête de l'Ouest américain et de l'Asie septentrionale et l'impérialisme colonial [...]«. Doit-on en conclure que ces langues à flexion ont favorisé entre autres la violence mais aussi les »supériorités techniques«? Or il semble évident que le grand apport de la civilisation occidentale, comme l'a dit Valéry est bien »la création de la science«[4]. Et cette science fondée sur la logique et la mathématique semble bien n'être née qu'en Grèce et en Inde. Durant le Moyen Âge, par exemple, les Indiens nous apprennent le zéro, la numération de position, les chiffres, le tout transmis par le monde musulman, et surtout par des savants persans de langues indo-iraniennes utilisant l'arabe comme langue véhiculaire. On peut donc se demander si ces langues très apparentées ne nous ont pas permis d'une part de mieux nous attacher à l'étude de la nature et d'autre part de la mieux comprendre.

Si nous ajoutons (et pourquoi pas?) que ces langues indo-européennes ont entretenu l'agressivité de tous les points de vue: agressivité par rapport aux civilisations voisines, ce qui nous semble vrai, et aussi par rapport à la terre, surtout avec la culture du blé qui demande beaucoup de temps et beaucoup de force pour permettre les récoltes (et les défrichements), on voit s'esquisser une étonnante hypothèse qui peut se renforcer par la constatation que depuis le XVIe siècle tous les savants qui ont amené la domination du monde, en favorisant le développement de la physique et de l'ensemble des technologies de notre civilisation sont tous nés en Occident, en Angleterre, en France, en Allemagne, en Italie, en Russie ou plus récemment ont émigré surtout en Amérique du Nord ou sont nés aux États-Unis, mais toujours dans le concert de ces gens qui parlent ces langues à flexion, ces langues indo-européennes.

Les peuples nés de l'union de la douce Europe venue de Phénicie et du sauvage roi des dieux indo-européens Zeus pater se sont accrochés à une terre féconde (pourvu qu'elle fût travaillée par des efforts soutenus) et ont développé, plus ou moins agressivement, les possibilités mentales ou spirituelles que leur offraient les structures de leurs langues et la religion (venue comme leur mère du Proche-Orient) qu'ils pratiquaient pendant des siècles. Cette hypothèse combine la linguistique, la grammaire, l'histoire, les données de l'environnement ou de la théologie et pourrait apporter une lueur sur le déroulement, dans les sociétés occidentales, de la progressive prise du pouvoir de l'homme sur son environnement.

---

[4] Cette phrase célèbre de Paul Valéry est extraite de l'article »Caractères de l'esprit européen«, paru en 1924 et repris tel quel en prologue à l'ouvrage d'Hélène AHRWEILER, Maurice AYMARD, Les Européens, Paris 2000; cf. aussi DELORT, WALTER, Histoire de l'environnement (voir n. 1), p. 34.

Autorinnen und Autoren

Olivier BÜCHSENSCHÜTZ, directeur de recherche au CNRS

Jérôme BURIDANT, maître de conférences à l'université de Reims

Robert DELORT, professeur émérite à l'université de Paris VIII

François DUCEPPE-LAMARRE, agrégé d'histoire, boursier francophone à l'Institut historique allemand de Paris (2005–2006)

Jens Ivo ENGELS, Professor für Neuere und Neueste Geschichte an der Technischen Universität Darmstadt

Martin KNOLL, wissenschaftlicher Mitarbeiter an der Technischen Universität Darmstadt

Laurence LESTEL, maître de conférences au Conservatoire national des arts et métiers, Paris

Joachim RADKAU, Professor für Neuere Geschichte an der Universität Bielefeld

Gerrit Jasper SCHENK, wissenschaftlicher Assistent an der Universität Stuttgart

Dirk VAN LAAK, Professor für Zeitgeschichte an der Justus-Liebig-Universität Gießen

Bei Fragen zur Produktsicherheit wenden Sie sich bitte an:
If you have any questions regarding product safety,
please contact:

Walter de Gruyter GmbH
Genthiner Straße 13
10785 Berlin
productsafety@degruyterbrill.com